高等院校"金课"系列教材建设·人力资源管理专业

总主编 赵曙明

组织设计与工作分析

蒋春燕 蒋昀洁 孙甫丽 主 编

立体化资源

南京大学出版社

图书在版编目(CIP)数据

组织设计与工作分析 / 蒋春燕，蒋昀洁，孙甫丽主
编. -- 南京：南京大学出版社，2021.10
ISBN 978 - 7 - 305 - 24229 - 8

Ⅰ. ①组… Ⅱ. ①蒋… ②蒋… ③孙… Ⅲ. ①人力资
源管理－高等学校－教材 Ⅳ. ①F243

中国版本图书馆 CIP 数据核字(2021)第 025899 号

出版发行　南京大学出版社
社　　址　南京市汉口路 22 号　　　　　邮　编　210093
出 版 人　金鑫荣

书　　名　**组织设计与工作分析**
主　　编　蒋春燕　蒋昀洁　孙甫丽
责任编辑　尤　佳　　　　　　　　编辑热线　025 - 83592315

照　　排　南京南琳图文制作有限公司
印　　刷　丹阳兴华印务有限公司
开　　本　787×1092　1/16　印张 16.75　字数 377 千
版　　次　2021 年 10 月第 1 版　2021 年 10 月第 1 次印刷
ISBN 978 - 7 - 305 - 24229 - 8
定　　价　49.50 元

网址：http://www.njupco.com
官方微博：http://weibo.com/njupco
官方微信号：njupress
销售咨询热线：(025) 83594756

高等院校"金课"系列教材建设·人力资源管理专业

编委会

总　序

改革开放后,我国一些学者将西方人力资源管理理论和方法引进国内,率先在个别高校开设人力资源管理课程,如我 1991 年由美国学成回国后,在南京大学率先开设"人力资源管理与开发"课程。后来,一些高校开设人力资源管理专业培养专门人才,如 1993 年中国人民大学在全国首次开设人力资源管理专业招收本科生。在这些高校的带动下,我国高等院校人力资源管理专业教育经历了一个从无到有、从课程到专业、从单一性到综合性的发展过程,现在又呈现出从独立专业到学科方向的良好发展态势。从事人力资源管理问题研究的学者越来越多,人力资源管理已成为一个独立的、专门的研究领域。目前越来越多的高校开设了人力资源管理本科专业,不少高校还开设了人力资源管理学科方向的硕士、博士研究生专业,甚至建立了人力资源管理方向的博士后流动站,为国家经济建设和社会发展培养了一大批人力资源管理专门人才。

作为实践性很强的专业,人力资源管理专业的发展离不开国内企事业组织人力资源管理的持续变革与创新实践。1978 年改革开放以来,中国经济快速发展,市场竞争日趋激烈,企业经营管理面临着日益复杂多变的环境,人力资源管理实践更是实现了从计划经济体制下的劳动人事管理向现代人力资源管理的巨大跨越,并依次经历了人力资源管理理念的导入、人力资源管理的探索、人力资源管理的系统深化以及近年来的人力资源管理创新时期,相应地,人力资源管理专业教育教学也顺势而变,进入了一个前所未有的变革时代。

回顾过去,才能更好地理解现在,展望未来。作为国内较早开展人力资源管理教学和研究的学者,我有幸亲历了整个过程。20 世纪 80 年代初期,人力资源管理在美国兴起,并迅速成为美国管理研究的热点之一。然而在20世纪90年代初期的中国,无论是政府管理部门还是企业界,仍以为"人力资源管理"就是"人事管理",很多人甚至连"人力资源"这个词都没有听过。我当时就深切地感觉到,要改变这种状况,首要任务就是要系统地了解和研究发达国家在人力资源管理领域的理论、思想与方法。于是,我倾力撰写了《国际企业:人力资源管理》一书(1992年由南京大学出版社出版第一版,到2016年出版了第五版),系统地介绍西方发达国家在该领域的研究成果和发展趋势,以使读者不仅能够概括了解西方人力资源管理的全貌,而且能够接触到学术研究的前沿,把握其发展规律。

人力资源管理在当时的我国还是新兴的研究领域,最大的困难在于如何构建具有中国特色的知识体系。于是从1993年开始,我的主要精力都集中在解决这一关键问题上。受国家自然科学基金科研项目资助,经过两年多的研究,我于1995年完成并出版了《中国企业人力资源管理》这部专著,从宏观的角度探讨了我国人力资源的配置机制和政策体系,从微观的角度分析了中国企业人力资源管理各环节的优势和劣势。自1995年起,我开始集中研究中国企业人力资源管理的模式选择,这是中国国有企业推行科学管理所面临的紧迫课题。到20世纪90年代末期,我着手进行"中国企业集团人力资源管理战略"等国家自然科学基金资助的课题的研究,力求从战略人力资源管理的视角,探索中国企业的战略人力资源管理模式。21世纪以来,我和我的研究团队又相继开展了"企业人力资源开发的理论基础与管理对策""转型经济下我国企业人力资源管理若干问题研究""中国企业雇佣关系模式与人力资源管理创新研究""基于创新导向的中国企业人力资源管理模式研究"等国家自然科学基金重点课题的研究,着手对中国情境下的人力资源管理理论与实践问题进行更加深入的研究和探讨,以期在中国的人力资源管理领域做出一些贡献。

回顾这些年来中国人力资源管理发展之路,我最深刻的印象就是变化无处不在,人力资源管理的运作环境、管理职能和运行边界正日益复杂化、动态化和模糊化。首先,人力资源管理的环境发生了极大改变。经济全球化、信息网络化、知识社会化、人口城镇化、货币电子化等构成了这个时代的主要特征。每个人都身处移动互联网、大数据、云计算、物联网、人工智能之中,这些正在影响着我们的工作和生活方式,甚至取代了许多人赖以为生的岗位。这些变化对组织人力资源管理的能力提升提出了新的、更高的要求,例如,如何通过培训帮助员工尽快适应转岗等现实问题已迫在眉睫。

其次,组织结构和组织管理体系发生了变化。伴随着创新驱动发展带来的新业态、新组织、新技术的出现以及共享经济的兴起,企业组织从高度集权的金字塔式的组织结构,逐步地向扁平化、网络化、虚拟化、平台化的方向发展,中国一些企业开始学习和引进发达国家先进的人力资源管理理论并在实践中不断进行创新,如腾讯和阿里巴巴采用的三支柱模式、阿米巴经营模式等,均取得了明显成效。在这个过程中,一些企业还结合中国实际,将西方国家人力资源管理理论与中国企业管理实践相结合,创造性地提出具有中国特色的人力资源管理新模式、新方法,受到越来越多的关注,如华为的员工持股计划、海尔集团的"按单聚散、人单合一"模式、苏宁的事业经理人制度等。这些成功的案例启发我们,组织结构和组织管理体系的变化,需要我们从战略高度上去设计新的人力资源管理理论框架和知识体系。

第三,员工的需求日益多元化。员工忠诚度一直是人力资源管理的重要命题之一。新的趋势是从过去强调员工的忠诚度转变到员工幸福感与员工忠诚度并重,强调工作、家庭、生活与学习的多重平衡。尤其是"90后""00后"等新生代员工现已成为职场的主力军,他们对待工作的态度、个性特点、需求特征均与以往代际的员工有所不同,他们更加关注工作、家庭和生活的平衡,更多地追求和强调幸福感,员工体验甚至已经成为吸引、保留、激发人才活力的新战略和新方向。在此背景下,组织如何留住这些新生代员工,要给他们什么样的发展空间,如何满足他们多样化的需求,不断提升他们的满意度和幸福感,就成为人力资源管理中迫切需要解决的现实问题。

第四,工作方式日益创新。在零工经济背景下,远程办公、移动工作、灵活用工、共享员工等取代了传统单一的雇佣方式。零工经济是由一组相互作用但又半自治的实体借助网络平台实现精准交易的生态化经济系统。传统上,雇佣关系是组织进行人力资源管理的逻辑前提,但零工经济下的多方参与实体之间并不存在可识别的直接雇主与雇员关系。网络平台一方面极力避免与零工建立雇佣关系,但另一方面又在工作时间、工作地点、工作效率、工作行为和产出等方面对零工行使控制权。那些在传统组织下频繁进行的人力资源管理活动已成为网络平台实现零工生态系统治理的手段,而当前对网络平台的人力资源管理实践模式及其运作机理还知之甚少。

第五,人力资源管理的外延和对象有所拓展。党的十九大提出要加快建设人力资源协同发展的产业体系,着重发展人力资源服务业。人力资源服务业作为第三产业服务业的分支,能满足组织对于成本管控和人才优化配置的需求,是一个令人瞩目的朝阳产业。过去人力资源管理的对象更多的是组织内的员工,而现在人力资源管理的外延在扩大,对象也变得多元化。此时,人力资源管理在职能边界、知识体系与内容构成等方面均与传统的基于组织内部的人力资源管理有很多区别。

上述五方面的变化需要我们重新思考人力资源管理教学的知识体系与理论框架。总体来看,人力资源管理专业建设取得了长足发展,但在人才培养目标、课程设置、知识体系、教材建设上却滞后于经济社会发展的时代需求。当前,传统商科走向了新商科,在以大数据、云计算、物联网、人工智能、区块链等新商业技术为支撑的商科专业发展背景下,人力资源管理专业人才的培养也面临着新的机遇和挑战。教育部发布的《关于加快建设高水平本科教育 全面提高人才培养能力的意见》中也特别指出,要注重新商科人才的培养。尤其是在一流专业建设和金课建设工作中,课程教材改革需要与时俱进,因为教材是专业建设的核心要素,直接影响人才培养质量。人力资源管理专业作为一门实践性、应用性很强的专业,教材建设必须紧紧把握时代发展趋势和潮流。

南京大学人力资源管理研究和教学团队一直非常重视人力资源管理专业教材编写和课程教学工作。从1991年起,我作为课程负责人开始在南京大学开设“人力资源管理”课程。2000年开始采用电子信息化教学手段和相应的教学方法。该课程后来成为南京大学重点建设课程,并于2003年入选第一批国家精品课程。多年来,我同时致力于人力资源管理专业师资的培养。作为教育部指定的人力资源管理课程师资培训基地,南京大学商学院已成功举办20届全国人力资源管理师资培训研讨会,全国几千名人力资源管理教师参加了培训。该研讨会现已成为我国人力资源管理学科领域参与专家人数众多、最具规模和最具影响力的师资研讨会,为推动我国高等院校人力资源本科专业教育以及 MBA 教育做出了应有贡献。为了给全国从事人力资源管理研究的学者搭建一个学术交流的平台,由南京大学商学院、华中科技大学和《管理学报》等联合发起的、由我任主席的中国人力资源管理论坛于 2012 年成功举办,至今已举办了 8 届,产生了良好的学术影响。

基于多年的科学研究、教学实践、师资培训、人才培养、同行交流等方面的经验,结合当前人力资源管理的发展变化趋势,我们精心梳理了人力资源管理专业相关教材的内容,出版了这套人力资源管理系列丛书。

本套丛书是南京大学出版社在教育部工商管理类专业教育指导委员会的支持下,邀请国内具有丰富人力资源管理教学经验的学者精心编写而成的,旨在为人力资源管理专业的师生提供一套专业、系统、前沿、理论与实践并重的人力资源管理系列教材,并为业界人士发现、分析和解决企业人力资源管理实践中遇到的问题提供分析方法和工具。

本套丛书共分十三册,包括:《人力资源管理总论》《人力资源战略与规划》《组织设计与工作分析》《员工招聘管理》《人力资源测评》《人力资源培训与开发》《员工职业生涯管理》《绩效管理与评估》《薪酬管理》《企业劳动关系管理》《创业企业人力资源管理》《国际企业:人力资源管理》《人力资源专业英语》等。本套丛书有以下五个特点:

(1)注重体系完整性。本套丛书从人力资源管理战略的高度审视各个模块的相互联系,每个模块都有非常完整的知识体系设计,让读者能从企业经营管理的整体视角去理解人力资源管理各个模块的内容。

(2)强调知识的前沿性。将当前外部环境的变革融入到教学内容中,如新生代员工管理、大数据、共享经济、网络型组织结构、企业大学、疫情危机下的企业人力资源管理等知识点,在本套丛书中均有所体现。特别值得一提的是,在创新创业这一时代主旋律下,人力资源管理对创业企业的存续与发展产生日益重要的影响。本套丛书基于创业企业在人力资源管理中的特殊性,编写了《创业企业人力资源管理》一书,希望人力资源管理能够真正成为推动创业企业发展的核心要素。

(3)注重知识的实用性。本套丛书有大量的实例及案例素材,分别以开篇案例、章后应用案例等形式体现。案例教学内容从知识点的讲解出发,通过案例说明知识点的具体适用范围,从而帮助学生透彻地掌握相关知识点。学生通过对案例的分析与解读,可以将这些知识点与未来工作情境相关联,培养学生发现问题、分析问题并解决问题的能力。

(4)融入当前企业人力资源管理新实践。本套丛书吸收了当前企业人力资源管理中的新模式、新经验,如三支柱模式、阿米巴经营模式、华为的员工持股计划、海尔集团的"按单聚散、人单合一"模式、苏宁的事业经理人制度等,在本书中均有所体现。

(5)用全球化的视野思考人力资源管理问题。本套丛书特别设计了《国际企业:人力资源管理》《人力资源专业英语》,希望借此引发读者对人力资源管理国际化的思考。中国企业家曹德旺先生的福耀玻璃在美国开工厂遇到的工会问题以及解决措施等内容,在书中均有所介绍。

总之,本套丛书力图在人力资源管理专业知识体系和内容结构上有所创新,使读者既能够把握人力资源管理专业完整的基础理论知识,同时还能够感受到专业学科发展前沿和未来发展趋势。付梓之际,衷心希望该丛书对我国人力资源管理专业人才的培养产生积极作用。

本套丛书的出版得到了南京大学出版社的大力支持!南京大学出版社社长金鑫荣教授在该套丛书建设研讨会上提出了宝贵建议,使我们受到很多启发;南京大学出版社高校教材中心蔡文彬主任对本套丛书的出版自始至终给予了很多关心和帮助;南京大学出版社责任编辑们对本套丛书进行了精心编校。在此向他们一并表示衷心感谢!

在本套丛书编写过程中,我们力求完美,但囿于能力,存在的问题和不足之处在所难免,敬请各位读者批评指正!

南京大学人文社会科学资深教授
商学院名誉院长
行知书院院长
博士生导师

2020 年 12 月

前　言

　　数字经济时代,互联网技术不断改变着传统企业的组织生产方式。商品、服务、用户以数据形式呈现,各种新兴商业模式层出不穷。云计算、大数据等信息体系正在逐渐摆脱实体经济的工具烙印,甚至可能成为一种操控、重构实体经济的巨大能量。这种能量的源动力在于人。对于企业而言,"人"主要有两重含义,对外是消费者,是市场;对内是员工,是人力资源。数字时代,外部环境变化的程度与速度远超以往,消费者个性化需求迫切呼唤商业模式的迭代创新,同时倒逼企业进行数字化转型,以一种具有更敏捷应变力、更强大适应性的方式主动拥抱全新的商业生态。组织结构作为企业存续与发展的机制要素,其重要性不言而喻。

　　传统工业时代,科层制结构对组织发展意义非凡,它缔造了制度化组织准则,为培育企业的资源优势创造了空间。然而,科层制结构的权力序列也在一定程度上禁锢了创造性力量的显现。随着数字技术的渗透,科层制秩序和个体创造力无序的矛盾越发凸显。于是,一种"去中心化"的共享信息体系正依托于契约的形式摆脱结构边界束缚,得以生根发芽。自由职业、创客平台、共享员工等一些充满共享智慧的工作形式正在实践中逐渐流行。

　　作为人力资源管理理论和实践的研究者,我们一直对外部环境动态性保持高度敏感性和好奇心,努力跟进时代变迁,使组织设计与工作分析的思考和探讨更加"接地气",并希望通过文字的形式记录这些变化,为学科生态的鲜活长青略尽绵薄之力。基于这样的考虑,我们团队经过近两年时间的思路酝酿、框架讨论、素材收集、分工编写,最终形成了这本教材。

　　本教材共包括八章内容,主要由两大部分构成。第一部分是组织结构与设计,第二部分是工作分析的方法与技术。这两大部分能够提供组织结构设计较为宏观的结构信息,也能提供关于职位设计有关的微观操作方法。第一章组织导论,主要介绍了组织的概念与类型、组织理论、战略管理理论、战略管理与组织的关系、战略对组织有效性的意义、外部环境的构成及其对组织设计的挑战等内容。第二章组织结构与设计,主要介绍了组织结构的概念、组织结构设计的基本原则、典型的组织结构、组织规模与生命周期对组织结构与设计的影响、"互联网+"时代的组织设计特征与趋势。第三章商业模式新生代与组织设计,主要介绍了新生代商业模式的类型、商业模式新生代下的组织设计要求、组织变革、组织创新等内容。第四章组织设计与工作分析,主要介绍了组织结构的概念、原则与影响因素;部门岗位管理体系的概念、在人力资源管理中的作用以及工作岗位管理的原则、方法和程序;工作岗位管理与工作分析的关系等内容。第五章工作分析概述,主要介绍了工作分析的概念和要素、工作分析的目的和意义、工作分析的历史和发展趋势等内容。第六章工作分析的过程与方法,主要介绍了工作分析的实施过程以及工作分析的方法,包括传统的工作分析方法、工作导向型分析技术、人员导向型分析技术以及工作分析在实施中的注意要点。第七章工作分析结果,介绍了工作分析的主要结果,包括岗位说明书的编制原则和要点、编制内容等。第八章工作分析应用,主要介绍了工作分析在人力资源管理中的应用,重点介绍了工作分析在绩效管理、人力资源规划、招聘和培训以及职业生涯管理中的应用。

为了便于学习,本教材每一章均设计了完整的栏目。学习目标:每一章以学习目标为指引,内容一目了然,能够精准把握本章的学习重点。开篇案例:在每一章的学习目标之后,均安排了一个与本章内容相关的、来自企业管理实践的现实案例。这些案例有助于学习者对实践有初步了解,找到实践与理论关联的契合点。本章小结:在每一章的结尾,对本章学习内容及学习重点进行了回顾,能够帮助学习者从整体上把握每一章的学习内容。复习与思考:针对本章的学习内容,列出了 2-3 道相关思考题,帮助学习者复习学习内容,提升学习效果。应用案例分析:每一章的最后列有一个拓展案例,有助于学习者将理论学习用于分析管理实践,加深对理论应用的理解。

本教材能顺利编写和出版,离不开本套丛书总主编、南京大学人文社会科学资深教授赵曙明博士的悉心指导。在此,致以最诚挚的感谢!南京大学出版社高校教材中心的编辑们从格式体例、内容校对、出版流程等方面给予了跟踪指导;南京大学商学院研究生熊媛媛、陈媛、杨玉琴、曹旭璋等在素材收集、内容编写、阅读勘误方面投入了很多精力,对他们的努力付出和贡献一并致以衷心感谢!

时间仓促,编者水平有限,文中难免存在一定疏漏,恳请读者批评指正。

蒋春燕　蒋昀洁　孙甫丽
2021 年 6 月于江苏南京

目　录

第一章　组织导论

学习目标

1. 掌握组织的内涵和组织理论
2. 理解战略管理与组织有效性的关系
3. 理解外部环境对组织设计的影响
4. 了解组织柔性的内涵

开篇案例

美国啤酒产业

在过去的几十年,美国啤酒产业一直呈现出市场集中度明显上升的趋势。1980 年,安海斯-布希(Anhesuser-Busch)、南非美乐(SAB-Miller)和摩森康胜(Molson Coors)三大啤酒公司的啤酒产量仅占美国啤酒消费市场的 57%,而如今,这三大公司的市场占有率已经达到 80%。其中,安海斯-布希公司的市场占有率在 1980 年为 28.2%,而到 2006 年该公司的市场占有率已超过 50%,南非美乐(2002 年南非酿酒集团兼并美国美乐啤酒成立南非美乐)的市场占有率为 19%,摩森康胜(2005 年摩森公司兼并英国康胜啤酒公司成立摩森康胜)的市场占有率为 11%。

安海斯-布希、南非美乐和摩森康胜三大啤酒公司支配着啤酒产业的大众市场。目前,这些公司间的竞争主要围绕进攻性定价、品牌忠诚度、广泛的销售渠道以及全国性的广告投资而展开。相反,该产业的其他市场即高端啤酒市场,由大量的小酿造厂和进口商所占有。其中,多数企业或厂商所占有的市场份额不足 1%。高端啤酒市场主要满足于有特殊要求的消费者。高端市场的这些厂商采用人工酿酒技术,它们根据口味建立自己的品牌,而且为了弥补较高的生产成本,公司往往为产品制定较高的价格。以六瓶瓶装啤酒为例,其价格几乎是大众市场啤酒酿造商的 2 倍。这些小酿造厂和进口商如今已获得了 11% 左右的市场份额。

大众啤酒市场厂商集中度的不断提高反映了很多现象。第一,美国的啤酒消费已经逐渐下降(即使高端市场的消费正在上升)。1980 年,啤酒的人均消费量为 30 加仑,而到 2003 年下降为 29.1 加仑。啤酒消费下降的部分原因在于替代产品的不断流行,特别是葡萄酒和烈酒。

第二,广告费用稳步上升,从而使得大众市场中的一些小啤酒商处于明显的劣势。1975年,该产业平均每则广告的费用为0.18美元,而到2002年这一数字变为0.49美元。大众市场中的小啤酒商需要利用全国性电视广告活动来和行业内最大的企业相匹敌,但它们现在难以支付巨大的活动费用,所以这些企业只能看着自己的市场份额萎缩。

第三,由于包装和分销技术的变革,以及广告费用的上升,大众市场中厂商为了获取规模经济所要维持的规模水平(即生产的最小有效规模)已经逐渐上升。1970年,最小有效规模估计为800万桶,该数字意味着每个厂商的市场占有率达到6.4%时就可以获得有效的规模经济。到2000年,最小有效规模增加到2 300万桶,该数字意味着每个厂商的市场占有率达到13.06%时才可以获得有效的规模经济。

(本案例节选自:格里·约翰逊,凯万·斯科尔斯.战略管理[M].北京:人民邮电出版社,2008:034-035,有改动。)

第一节　组织与组织理论

一、组织的内涵

(一)概念界定

组织的产生历史久远。从人们开始一起工作,组织就产生了。公元前2690年左右,古埃及人就开始通过有组织的活动建造胡夫金字塔,这座凝聚早期组织精华的建筑至今仍令世人惊叹。古希腊、古罗马的商船横行整个地中海,由工匠和商人一同组成的行业商会则发挥了巨大的作用,行业管理者也随之产生。在商品经济高度发达的宋朝,我国一年就能生产10万吨铁,展现了组织的神秘力量。当代的组织更是从真正意义上改变了我们的生活:亚马逊将网络购物带入人们的生活,谷歌利用搜索引擎技术拓宽人们的思维,支付宝彻底改变了几千年来的货币形式和支付方式……苹果之父史蒂夫·乔布斯曾说:"它完全是个抽象的概念。虽然,你不得不用砖瓦和泥土建造办公场所,但本质上说,我们发明的公司是一个抽象的结构,它具有不可思议的力量。"

那么,"组织"这种抽象而强大的结构到底是什么呢?

组织,指的是在一定的环境中,为实现某种共同的目标,按照一定的结构形式、活动规律结合起来的,具有特定功能的开放系统。简单来说,组织是两个以上的人、目标和特定的人际关系构成的群体。

(二)特点

(1)由两个或两个以上的人组成。所有的组织都是由或多或少的一群人组成,人是构成组织的最基本要素。

1

（2）拥有共同目标。组织都有一个目标,共同目标将一群人聚合起来,是组织形成的前提。

（3）有稳定的结构。组织结构是一群人分工协作完成共同目标的载体,它保证了组织中的每个人可以各司其职,为达成共同目标而有序地贡献自己的力量。

（三）组织形态类型

明茨伯格描述了六种基本组织形态,它们有助于管理者思考自己的组织形态与组织运营环境的匹配程度。表1-1总结了明茨伯格六种组织形态的主要特点,结合组织结构、流程和关系,指出了这些形态最适合的外部环境。

表1-1 明茨伯格的六种组织形态

形态	环境因素		设计参数	
	环境	内部	组织的主要部分	主要流程
简单类型	简单/多变	小	战略制高点	直接监管
	竞争激烈	新建立的		
		任务单纯		
		总裁控制		
机械官僚类型	简单/静止	大	技术性结构	规划和控制体系
		资格老的		
		正式任务		
		技术官僚控制		
职业官僚类型	复杂/静止	体制简单	核心业务	规划体系
		专业人员控制		
分部类型	简单/静止	非常大	中层管理者	社会机制的控制
	多样化	资格老的		
		任务可分割		业绩目标
		业绩目标		
		中层管理者控制		
专门类型	复杂/多变	成立时间短	核心业务	社会机制
		任务复杂	从事辅助工作的	自我控制
		专家控制	人员	
使命感类型	简单/静止	成立时间适中	文化	社会机制
		"独立王国"		
		体制简单		
		意识形态上的控制		

（1）简单类型。简单形态一般没有正式的组织结构：既没有正式的组织流程，也很少使用计划的手段；它的管理者较少，没有什么等级制度；运营主要依靠首席执行官，通常就是机构创始人，分工也比较模糊；组织受到首席执行官愿景和个人魅力的驱动，并可能通过直接监督和建立私人关系带动组织发展。这种组织形态在小型的、具有企业家精神的组织中是非常有效的，能够以充分的灵活性来应对动态的环境，这也是它们成功的关键。

（2）机械官僚类型。机械官僚类型在市场稳定、组织成熟的情况下较为常见。由于员工和部门众多。机械官僚机构的各项工作程序趋近标准化，并有一套规划与控制体系。这种组织形态能够带来成本优势，特别适用于提供大众产品或一般服务的组织。20世纪初制造业成本效率的提升都是通过推行机械官僚类型实现的。

（3）职业官僚类型。相比机械官僚类型，职业官僚类型在组织内不实行集权，通过提高对员工的要求来提升标准化的服务。比如，要求所有专业人员都具有同样的核心知识和能力。因此，培训以及同行间的交流机制是实现这种标准化做法的重要保证。对于不同群体间的活动，可以通过规划体系来进行整合。

（4）分部类型。当组织需要应对多样化的产品和市场时，通常会采用分部类型。它的组织结构按照分部划分，理清总部和分部之间的关系是比较重要的。特别地，总部会规定各分支机构或各子公司应达到的业绩目标。业绩目标根据管理方式的不同而不完全一致：如果组织的管理方式是财务控制，总部通常会设立一般性业绩目标，如总利润；如果组织的管理方式是战略控制，组织对部门或子公司的业绩目标通常表现为一系列的业绩指标（如市场份额、效率等）。如果各分部之间有供求关系，则可以实行内部市场机制。

（5）专门类型。专门类型比较适用于将创新和变革作为竞争战略的组织。这种组织形态富于变化，依赖员工个体间的直接交流和建立一种鼓励和促进个体交流和自我控制的管理氛围，许多需要根据客户要求提供专业服务的组织会采纳这种组织形态。

（6）使命感类型。在使命感类型里，清晰、独特、坚定和鼓舞人心的组织文化占据主导地位，组织文化的重要作用也决定了组织的目标和运行方式。许多志愿者团体就采用这种方式：它们吸引一批观点相同、信念相同的人为同一使命而工作，因此几乎不需要任何正规的组织结构和流程来保证组织运转。

（四）组织和管理的关系

现代管理理论创始人法约尔提出，管理是由计划、组织、指挥、协调以及控制等职能为要素组成的活动过程。著名的管理学家哈罗德·孔茨和海因茨·韦里克在1993年《管理学》第10版中提出，"管理就是设计并保持一种良好的环境，使人在群体里高效率地完成既定目标的过程。"此外，管理还有更多种定义。本书认为，管理是在组织环境下，管理者运用计划、组织、领导、控制等手段，组织一群人分工协作，从而有效地实现组织目标的过程。

从管理的定义中，可以看出组织和管理的关系是密不可分的。首先，组织是管理的载体。正所谓"巧妇难为无米之炊",组织是管理的对象。没有组织,管理者无法施展自己的才能,也就无谓管理。再者,管理是群体演变为组织的过程。一个行之有效的组织的形成与团队的形成异曲同工,分工和协作都是必不可少的过程,而这些都需要通过有效的组织实现。次之,管理是实现组织目标的手段。组织需要管理支撑,管理是维持组织有序运转,稳步向共同目标迈进的必备要素。最后,管理是推动组织变革的动力。时代不断进步发展,组织也需要不断进化。如前所述,组织结构一直都在不断地变革,而想要组织变革顺利完成,则需要有效的管理。

二、组织理论

各种组织不断出现,处在组织中的人对组织本身的探索也在不断深入。经过长期的积累和总结,一部分人对于组织管理的规律有了初步的总结,一些朴素、零散的组织管理思想初具雏形。这些管理思想经过另一部分人的提炼和总结,并结合管理实践进行验证,在进一步抽象概括的基础上,形成了组织理论。本节将对古典组织理论、行为科学组织理论和现代组织理论进行梳理和概括。

(一)古典组织理论

古典组织理论的萌芽于英国。当时,英国率先开展工业革命,由手工工场制度向机器大工厂过渡,管理实践也处于世界前列,越来越多的人开始关注并研究管理问题。1776年,经济学家亚当·斯密出版了《国民财富的性质和原因研究》一书,最先对管理思想进行系统论述。书中系统阐释了劳动价值论和劳动分工理论,而劳动分工理论则为古典组织理论的发展奠定了基石。

斯密认为分工的益处在于:劳动分工可以使工人固定地完成重复的简单操作,提高工人熟练度,从而提高劳动效率;可以减少在不同工作之间切换的时间;可以使复杂的工作简单化,使工人的注意力只集中在几个对象上,有利于改进劳动和创新。他的观点也得到了数学家查理·巴贝奇的认可,符合当时生产发展的需要。

斯密的劳动分工观点是相对朴素的,真正的古典组织理论产生并盛行于十九世纪末和二十世纪初,主要分为科学管理理论、行政管理理论和官僚制理论三种学派。

(1)科学管理理论。科学管理理论的创始人是美国人弗雷德里克·泰罗。泰罗本人有过丰富的工作经历,从 22 岁开始就在米德维尔钢铁公司当学徒,并一路晋升,分别做过工头、中层管理者和位高权重的总工程师。在该公司各个岗位的磨炼和观察使他对于管理有着更深层次的思考。当时,学徒制盛行,各个熟练的工人对于自己所掌握的技巧和经验都讳莫如深,绝不对除徒弟以外的人传授。而泰罗认为这样的技术封闭环境,不利于工厂整体效率的提高。于是,他提出了三个主要观点,并据此进行了管理改革。

- 科学管理的最根本目的是追求工作效率最大化。只有工人不断提高自己的劳动生产率,工厂整体效益才能提高。"蛋糕"做大,才能使资本家和工人都受益。工作效率最大化是科学管理理论的出发点和基础。

- 打破技术封闭,使用科学管理代替经验管理。在管理实践中,需要通过分析建立明确的说明、规定和标准,使一切科学化、制度化、透明化。这是提高工作效率的重要手段。

- 科学管理的核心问题是思想变革。资本家和工人都应该把注意力从利润分配的矛盾转移到生产力提高上来。双方应该学会对彼此增强责任意识,才能达到共同富裕。

为了提高企业的竞争力,美国福特汽车公司的创始人亨利·福特在泰罗单工序动作的基础上,创造了世界上第一条流水生产线。流水线作业显著降低了企业的生产成本,提高了生产效率,至今也被许多生产型公司使用。

科学管理理论使企业的生产效率提高了2~3倍,适应了生产力发展的需要。同时,科学管理的实施也使得管理和执行职能得以分离,为管理学的发展提供了土壤。但是泰罗把工人看作是“会说话的机器”,这种将人异化成机器的、严格的管理制度限制了工人的主动性,也打击了他们的工作积极性,引发了一定的管理问题。此外,企业财务、销售、人事等方面的工作,泰罗的科学管理理论基本没有涉及。

(2)行政管理理论。行政管理理论,也叫组织管理理论,研究的核心问题是组织结构和管理原则的合理化,以及管理人员的职责分工等,是对科学管理理论的有效补充。它的奠基人为法国的亨利·法约尔。卢瑟·古利克和林德尔·厄威克等人也为此做出过重要贡献。

法约尔曾在较长的一段时间内在法国的一家大煤矿公司工作,并担任总经理,积累了丰富的管理实操经验。与此同时,他还在法国军事大学担任过管理学教授,有机会对社会上其他行业进行广泛的研究。退休之后,他还创办了管理研究所,进一步深入发展组织理论。法约尔的经历为他提供探讨高层管理问题提供了可能。

法约尔首先提出管理的五种职能:计划、组织、指挥、协调、控制。并且,他还提出了管理人员解决问题时应该遵循的十四条原则。

- 分工。劳动专业化有效提高了工人熟练度,从而提高生产效率,使大规模生产成为可能。每位工人工作范围缩小,也降低了培训费用。劳动专业化是每个组织发展的必要手段。

- 权责。权力可分为职位权力和个人权力。职位权力是由组织赋予并由职位产生;个人权力由担任职务的个人特性产生,包括个性、经验、道德品质等。权力和责任相互统一。

- 纪律。员工需要遵守公司各方达成的协议,即纪律。良好的公司纪律需要以下几点来维持:协议应该做到尽量明确,有详细的说明;各级领导应该以身作则;对于破坏纪律者要采取适当的惩罚措施。

- 统一命令。一位员工在工作中应当只接受一位上级的命令,否则就会引起权力和纪律的混乱,扰乱组织活动。

- 统一领导。为了达到某一共同目的的各项活动,应该由一位首脑发号施令,这是统一行动、协调合作、集中力量的条件。

- 个人服从整体。整体利益大于个人利益,整体目标的实现也重于个人目标的实现。为了使员工为组织利益而牺牲个人利益,领导应该做出榜样,并尽量保持公正,时常进行监督。

- 报酬公平。报酬需要公平合理,尽量使员工和公司双方都满意。对于绩效表现极为突出的员工,应该适当给予奖励。

- 集权。集权就是将权力集中在上层管理者中,弱化下级的作用。集权的程度应该视公司具体情况而定,充分考虑员工个性、道德品质、企业规模等因素。

- 等级链。等级链是一条权力线,用以传递信息,确保命令的贯彻和执行,是将最下层和最上层连接起来的等级结构。

- 保持秩序。秩序就是将资源放在合适的位置上。管理人员需要充分了解员工和岗位的特征并进行匹配,有条不紊地安排物资资源,使其效用最大化,各尽所能。

- 注意平等。管理者在执行命令和规章制度的同时,应该注意自己的态度,以亲切、友好、温暖的态度对待员工,使员工感受到平等和尊重,有利于提高他们的忠诚度和敬业度。

- 人员稳定。管理人员的稳定性对于组织发展至关重要。高管人员需要采取适当的激励措施,鼓励员工长期为公司提供服务。

- 发挥主动性。给员工一定的机会和自由,让他们发挥自己的创造力和主动性,对他们来说,工作本身就是一种激励。员工的主动性有时会推动意想不到的创新发生,但主动性也需要受到等级链和纪律的约束。

- 集体精神。培养集体精神需要多方面的努力,包括统一命令、公平安排工作和奖励,保证交流沟通的流畅等等。

厄威克将泰罗和法约尔的思想加以归纳并有机地结合起来,形成了比较完整系统的管理理论。

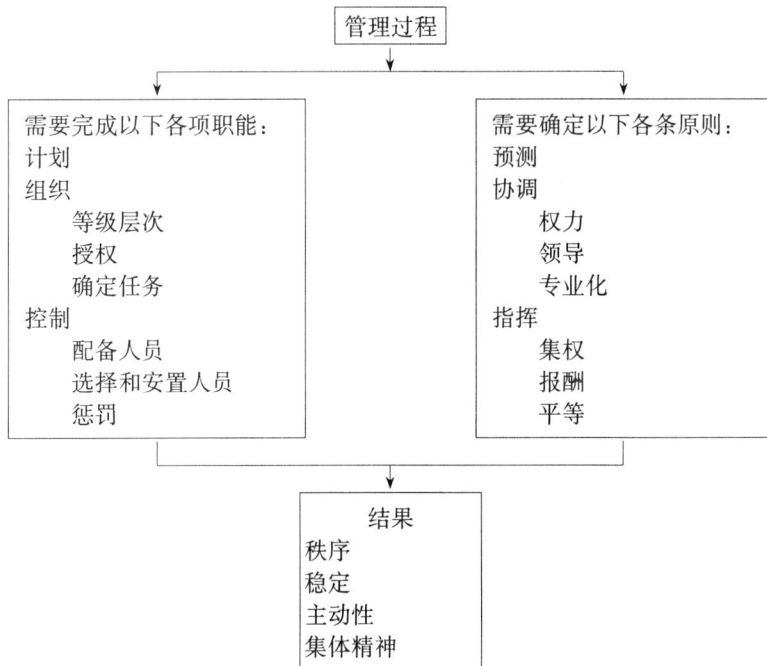

```
                        ┌──────────┐
                        │  管理过程  │
                        └──────────┘
              ┌──────────────┴──────────────┐
              ▼                              ▼
┌──────────────────────────┐   ┌──────────────────────────┐
│ 需要完成以下各项职能:        │   │ 需要确定以下各条原则:        │
│ 计划                      │   │ 预测                      │
│ 组织                      │   │ 协调                      │
│     等级层次              │   │     权力                  │
│     授权                  │   │     领导                  │
│     确定任务              │   │     专业化                │
│ 控制                      │   │ 指挥                      │
│     配备人员              │   │     集权                  │
│     选择和安置人员         │   │     报酬                  │
│     惩罚                  │   │     平等                  │
└──────────────────────────┘   └──────────────────────────┘
              └──────────────┬──────────────┘
                             ▼
                   ┌──────────────┐
                   │     结果      │
                   │   秩序        │
                   │   稳定        │
                   │   主动性      │
                   │   集体精神    │
                   └──────────────┘
```

图 1-1　管理过程与结果关系图

行政管理理论规定了管理的范畴,探讨行政管理的一般职能,提出了崭新的管理原则,并回答了其应用问题,为管理学理论的发展奠定了基础。

(3)官僚制理论。官僚制理论深入到官僚制组织的内部,探讨组织结构、工作程序、运作过程等问题,关注官僚制组织如何活动,以及原因和影响。分工专业化、等级制、对规则的遵守等内容在官僚制理论中都有涉及。官僚制理论的创始人是德国社会学家马克斯·韦伯。

韦伯所提出的官僚制不同于中国传统的官僚制度,而是西方现代主义官僚制度——一种理想的行政组织。他设计了正三角形的科层制模型:顶层是人数最少的最高领导者,负责重大战略决策;中层是管理的中坚力量,也是韦伯研究的重点;底层是一般行政人员,按照指示完成日常工作。韦伯认为官僚制组织有八个显著特征:合理的分工;等级与权力一致的权力体系;以规办事的运作机制;公平规范的决策文书;组织管理的非人格化;专门的培训机构;合理合法的人事行政制度;组织的可预见性。

官僚制理论以组织结构形态为基础研究管理问题,为后人指出了新的研究方向。官僚制组织的高效有序满足机器大生产时代的要求,非人格化、制度化的特征得到科学的认同,推动了工业化的进一步发展。但进入21世纪以来,官僚制限制员工主动性和积极性、过分强调人员稳定性导致员工尸位素餐等问题逐渐浮现。

(二)行为科学组织理论

第二次世界大战前后,世界的政治、经济、文化都发生了巨大的变化,科学研究中的学科越分越细,彼此间的联系也越来越密切。1949年,美国芝加哥大学召开了一次跨学科的学术会议,著名的哲学家、精神病学家、心理学家、生物学家和社会学家济济一堂。科学家们开始考虑如何综合利用现代科学知识研究人的行为,行为科学组织理论应运而生。

行为科学组织理论的发展基础为埃尔顿·梅奥通过霍桑实验提出的人群关系论。此后的主要理论成果包括:马斯洛的需求层次理论、赫兹伯格的双因素理论、麦克利兰的需求激励理论、麦格雷戈的 X-Y 理论,以及波特和劳勒合作提出的波特-劳勒模型。

(1)霍桑实验。霍桑实验的一系列研究发生于1924年美国芝加哥郊外西屋电气公司庞大的霍桑工厂。这个实验初始想要探索的问题是作业车间的照明强度与员工生产率之间的关系,然而实验者发现,不管照明的强度如何变化,实验组和控制组的生产率都有显著的增加。照明研究之后,实验者在继电室再次进行研究,并测试了工作时长、休息时间、薪酬支付方式等诸多因素的影响,但结果却和照明研究基本一致。这说明:并不是这些自变量导致了产量的变化,而是没有控制的某些因素,才是导致产量发生变化的原因。

霍桑实验引起了许多社会学家的关注,他们认为产量增加的合理解释似乎是:参加研究的员工实验者被给予了特别的关注,并且他们都喜欢新奇有趣的、不同平时的工作环境。这个现象也就是著名的"霍桑效应"(Hawthorne Effect)。霍桑实验奠定了行为科学的基础。研究的一系列发现使得人的社会和心理因素以及人在组织中的行为和效率成了组织理论研究的重要内容。

1

（2）马斯洛的需求层次理论。马斯洛认为，人类的需求分为如下五个层次：

- 生理需求。生理需求是需求层次中最为基本的，是人天生的需要以及生存的最基本条件。比如穿衣吃饭、睡眠和性的需要等。一旦生理需求得到满足后，他们就不能再起到激励的作用。
- 安全需求。安全需求也是较低层次的需求。马斯洛认为寻求安全对于人类来说是必要的，安全不仅包括躯体上的和物质意义上的安全，也包括情感安全。
- 社交需求。社交需求是位于中间位置的需求。马斯洛认为人需要一定的社交活动，需要与他人交往；并且最好能隶属于某个群体或组织，由此产生归属感。
- 尊重需求。尊重需求是较高水平的需求。个人对于权力、地位和成就都有一定的向往。因为在此基础上，他们不仅可以满足自尊，也可以得到他人的尊敬。
- 自我实现需求。自我实现需求是需求层次的顶点。当前四个层次的需求都得到满足后，人会追求实现自我价值，需要感到充实，并且充分开发自己全部的潜能。

马斯洛认为，当一个层次的需求得到满足后，就不能再具有激励效应。并且，人类的需求层次是不可跳跃的，需要从低到高逐层得到满足。

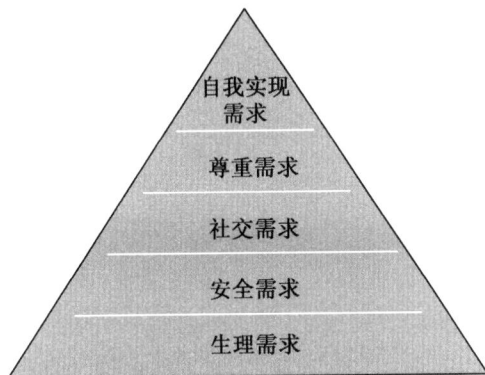

图 1 - 2　需求层次理论示意图

（3）赫兹伯格的双因素理论。赫兹伯格对马斯洛的需求层次理论进行了拓展，建立了一个关于工作动机的更为具体的理论。赫兹伯格对宾夕法尼亚州匹兹堡一家工厂中的 200 名会计师和工程师进行了一项广泛的动机研究。使用关键事件法，让这些专业人士主要回答这些问题：什么时候你对工作感到非常满意？什么因素使你有这样的感觉？什么时候你对工作感到非常糟糕？什么因素使你有这样的感觉？

经过分析，赫兹伯格将这些因素分为激励因素和保健因素两类。激励因素是使员工对工作感到满意的因素，大致等于马斯洛理论中的高层次需求，能够激励工作中的员工；保健因素是指起到预防作用的因素，相当于马斯洛理论中的低层次需求，是避免员工不满意的一个底线，本身并没有激励作用。将两个方面结合起来，就构成了赫兹伯格的双因素理论。

表1-2 赫茨伯格的双因素理论

保健因素	激励因素
公司的政策和行政制度	成就
监督、技术	认可
工资	工作本身
人际关系、上司	责任
工作环境	进步

赫兹伯格的双因素理论为管理者提供了非常具体的指导,为如何提高组织低落的士气找到了有效方法。但是,并没有对个体行为(动机)提出一个全面的理论,仅仅是描述了动机的部分内容,没有发现组织激励背后的复杂过程。

(4)麦格雷戈的X-Y理论。美国麻省理工教授道格拉斯·麦格雷戈在1957年首次提出了X理论和Y理论,用以表示对人的行为的不同看法。

X理论的主要观点是:人性本恶,人类都有好逸恶劳、尽可能逃避工作的特性;奖励是不够的,需要进行惩罚才能使他们完成工作;一般人都胸无大志,喜欢循规蹈矩不用动脑子的工作,而不愿意完成容易产生压力的、需要创造性的工作。Y理论与X理论正好相反。Y理论的主要观点是:人并不是懒惰的,他对工作的态度取决于对工作的情感和判断(工作是使他满意还是让他痛苦);人愿意为自己的行为承担相应的责任;环境允许的情况下,愿意在工作中发挥自己的才能和创造性。

X理论和Y理论解释了人们对于员工需求的不同看法,相应地也应该采取不同的管理方法。根据X理论,应该对员工采取严格的管理措施,密切监督控制他们工作的全过程;根据Y理论,则不应过多地限制员工,而应该创造一个能满足员工需求的环境,让他们充分发挥智慧和能力。

在麦格雷戈的X理论和Y理论提出之后,美国的乔伊·洛尔施和约翰·莫尔斯通过实验提出了超Y理论,认为管理方式应该要根据具体情况进行调整,针对不同的工作性质和员工素质,采取不同的管理方式。

(5)波特-劳勒模型。波特和劳勒在前人的基础上进行了改进和拓展,于1968年出版了《管理态度和成绩》一书,用工作动机模型解释了满意度和绩效关系问题,使管理者对于员工行为有了更深层次的理解。

波特-劳勒模型的前提条件是:动机、满意度和绩效是三个不同的概念,动机不等于满意度或者绩效。并且,动机并不能直接产生绩效,而需要通过能力、特质和认知程度等的中介作用才能产生影响。更重要的是,与绩效相应的奖励将会影响员工的满意度。

波特-劳勒模型比起以往的理论来说更具应用价值。但是,这个模型较为复杂,很难在管理实践中得到应用。

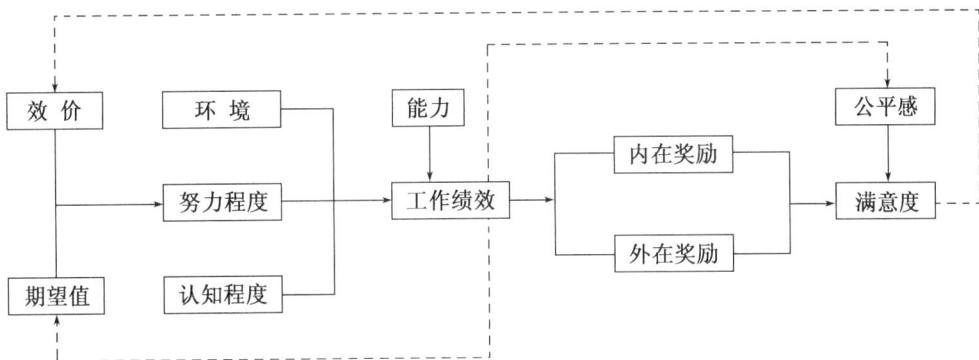

图 1-3 波特-劳勒动机模型

（三）现代组织理论

现代组织理论是在古典组织理论和行为组织理论基础上，自 20 世纪 60 年代以来形成和发展的组织理论，是为了适应科学技术的不断进步、员工素质的提高和外部环境的巨大变化而发展的系统权变性组织理论。它的中心思想是将组织看作开放的组织模式，开始认识到外部组织环境对组织结构和组织管理起到的决定性作用，并将战略目标摆在极高的位置，认为组织结构和管理都应服从于战略目标。

现代组织理论流派的人物主要包括巴纳德、西蒙、德鲁克、伯恩斯和史托克、霍曼斯、利克特等。组织生命周期理论同样属于现代组织理论，本书将在第二章进行详细的介绍。

（1）巴纳德的组织理论。社会系统学派的创始人切斯特·巴纳德在其著作《管理者的作用》中提出协作的意愿、共同的目标和信息的沟通是所有组织都必备的要素。组织由个人组成，协作对于团队合作至关重要，而共同的目标是员工愿意协作的前提。信息沟通则是达成共同目标的必经过程，也是协作中不可缺少的环节。

- 诱因与贡献平衡论。个人作为组织一员，需要对组织有所贡献；而组织受到贡献的前提是需要向组织成员提供回报，即诱因。管理即需要做到诱因和贡献的彼此平衡。这种平衡不是静止的，而是动态的。

- 权威接受论。命令只有得到组织成员的同意和承认才具有权威性，才能够令行禁止。而为了建立权威性，需要使组织成员理解目标的内容，认为组织目标和他的个人利益一致，并使其能遵守命令。

- 注重信息交流。构成组织的基本条件之一是信息交流。因此，巴纳德强调管理部门必须建立、强化信息交流职能。并且，他还指出了"非正式群体"作为信息沟通渠道的重要作用。

- 明晰经理职能。经理的职能主要有三项：维持组织的信息交流通畅；管理、培训、激励员工；规定组织目标。此外，经理还应具有决策和授权的职能。

（2）西蒙的组织理论。美国卡内基-梅隆大学教授赫伯特·西蒙的组织理论为决策理论学派奠定了重要基础。决策理论致力于在管理领域寻找一套科学的决策方法，以便对复杂的多方案问题进行明确、合理、迅速地选择。决策理论的主要观点如下：

- 管理就是决策。管理活动的全部过程都是决策的过程。确定目标、制订计划、选择方案是计划决策;机构设计、生产单位组织、权限分配是组织决策;计划执行情况检查、产品品质控制以及控制手段的选择是控制决策。
- 决策分为程序性决策和非程序性决策。对经常发生的、需要决策的问题,可以制定一套程序,按既定程序进行决策,就是程序性决策。当面对涉及面广、新发生的或者极为复杂重要的问题,需要进行特殊决策处理,就是非程序性决策。

图 1-4　决策类型与组织层次的关系

（3）德鲁克的组织理论。彼得·德鲁克是经验主义学派的主要代表人物,他的组织理论也是经验主义学派的重要组织部分。经验主义学派认为管理学就是研究经验,对管理人员成功经验和失败教训进行总结,会使其他的管理者在未来遇到类似情况时知晓如何处理,从而做到有效的管理。

德鲁克强调战略的作用,他认为战略决定公司结构、组织目标和关键业务活动的内容。《管理的实践》中曾写道:"工商企业……对他们提出的正确问题不应该是'它们是什么?'而应该是'它们应该做些什么,以及它们的任务是什么?'"

经验主义学派重视组织结构,组织结构应为公司战略服务,确保公司战略的实现。德鲁克提出,传统组织理论不能满足现代组织的要求,并指出了六个方面的不适应。在此基础上,他提出了组织结构设计的五项原理:法约尔的职能制、斯隆的联合分权制、工作队制度、模拟性分权制、系统结构。关于组织结构设计原理的内容将在第二章进行详细说明。

组织研究发展到现代,可谓百花齐放,各种理论观点百家争鸣。初步归纳总结后发现,现代组织理论和古典组织理论、行为组织理论的根本区别在于研究方法上的新突破。现代组织理论研究主要涉及以下七个方面的内容:组织间的比较研究、发展理论、管理科学、行为科学、行动理论、系统方法、权变方法。受篇幅限制,本书不一一详述,读者若有兴趣,可以自行深入研究。

第二节 战略管理与组织有效性

一、战略管理的内涵

(一) 概念界定

为什么在诸多行业中,总有一些企业能够取得成功,而其他企业则走向失败? 戴尔在竞争激烈的个人电脑行业屹立不倒,而捷威这样的企业却要在盈亏平衡中苦苦挣扎。在航空业,美国西南航空公司凭借低成本廉航杀出一条血路,而墨守成规的美国航空公司和联合航空公司却不得不面临破产困境。战略管理在公司的命运中起到了决定性的作用。那么,究竟什么是战略管理?

战略管理包括了解组织的战略定位、未来的战略选择和将战略付诸行动。战略管理和组织中的其他管理(如运营管理)有着本质的不同。一方面,战略管理是开创性的工作,没有既定的框架,关注模糊的、非常规环境下的问题,需要开发资源,并且为运营管理提供目标。运营管理则是在公司已有发展战略的指导下,关注的是对已有资源的有效分配和利用。另一方面,战略管理需要关注组织全局,管理者需要既见"树木",又见"森林"。运营管理则有所侧重,重点关注在一个具体的运营单位的日常管理问题。战略管理对企业的影响是巨大的、长期的,而运营管理对企业的影响是相对短期的。

战略定位(strategic position)是进行战略管理的前提。制定恰当的组织战略需要考虑包括外部环境、内部资源和能力以及利益相关方的期望和影响等多方面的因素。组织生存于复杂的商业、政治、经济、社会、技术、环境和法律背景中,大多数因素都是可变的。这些可变因素所构成的复杂多变的外部环境能够给公司带来机遇与挑战。组织的能力和资源,也就是组织内部因素,构成了它的战略能力。准确掌握企业内部情况,明确组织的核心竞争能力,对于组织在竞争中处于不败之地非常重要。组织目标受到诸多利益相关方的影响,每一方都有自己的诉求,而最终哪种观点占主导地位取决于哪个团体具有最大的权力和影响力。由这三个因素产生的一系列问题对于制定组织未来发展战略至关重要。

战略选择(strategic choices)是指了解公司层面战略和业务单位战略的制定基础,并识别未来战略的发展方向和方法。不同层次的管理者需要考虑不同层次的战略部署,对自身管理范围的实际情况有全面清晰的掌握,成为战略选择的基础。战略的发展方向有许多不同的种类,比如低成本或者多元化。企业的扩张方法也多种多样,比如合并或收购等。

战略实施(strategy into action)是指将战略转化为实践的过程。一个好的战略如果没有得到有效的实施,和"画大饼"没有实质性的区别,战略的意义通过实施战略才能得以体现。有效实施战略需要创建一个合理的组织结构,充分调动不同领域的资源,并且适时地进行变革。

（二）特点

（1）战略管理属于长期导向。战略考虑的是组织在较长一段时间内的发展问题。战略管理不是局限于当下的管理，是面向未来的管理。因此，有时需要对组织中的主要资源做出改变。

（2）恰当的战略管理可以为组织取得竞争优势。每个组织都有自己的特点和长处，战略管理为组织选择合适的"赛道"进行竞争，从而进一步放大这些特点，成为组织独有的竞争优势。

（3）战略管理极为复杂，会影响组织的整体。组织运营活动均为战略服务，当战略做出调整时，其他一切活动都要随之做出改变。因此，战略管理一定要从组织全局出发，具有大局观。这也意味着战略管理需要考虑诸多的影响因素。

（三）不同层次的战略

1. 公司层次战略（corporate-level strategy）

公司层次战略关注的是公司的整体目标和活动范围，以及如何增加公司各个不同部门的价值，是公司最高层次的战略。为了完成组织目标，公司层次战略应该根据公司的使命，确定企业的发展方向和途径，首先要解决组织结构设计问题，并制定相应的绩效评估体系。公司层次战略关注的重点是公司业务覆盖的区域、产品和服务的多样化、资源如何在各个部门进行分配等问题。此外，公司层次战略还需要对利益相关者负责，满足股东和股票市场对于公司的期望。公司层次战略的种类包括：发展战略、稳定性战略、撤退性战略等。

2. 业务单位战略（business unite strategy）

战略业务单位（strategic business unit）是组织内的一部分，但不是完全按照组织结构划分。划分不同战略业务单位的标准是它的产品或服务是否有不同于其他战略业务单位的外部市场，即是否服务于不同的客户群。业务单位战略是指如何在某个特定的市场上取得竞争优势。该战略关注的问题是市场机会识别、产品服务定位、客户满意度、公司目标（如保证利润率和市场份额）以及快速对外界环境做出反应。按照业务单位战略，可以将公司分为：探索者、跟随者、防御者和反应者。需要注意的是，业务单位战略应该与公司层次战略一致。

3. 运营战略（operational strategies）

运营战略（operational strategies），也叫职能战略。运营战略是指组织的各个组成部分如何有效地利用组织分配的资源，安排适当的工作流程，选择合适的工作人员来实现业务单位战略和公司层次战略。运营战略通常包括：研发策略、生产策略、人事策略、市场策略、财务策略等。正如上文提到的，战略实施是战略管理的重要组成部分，而运营战略是否得当，对于整体战略实施起着重要作用。

二、战略管理理论

(一)波特五力模型

20世纪80年代,迈克尔·波特提出了战略管理领域著名的分析框架——波特五力模型。当组织所在的产业边界被界定后,管理者就可以借助波特五力模型识别出产业环境中的机会与威胁,从而决定是否进入该领域发展。

波特认为,公司在行业中的竞争力主要受五方面力量的影响:

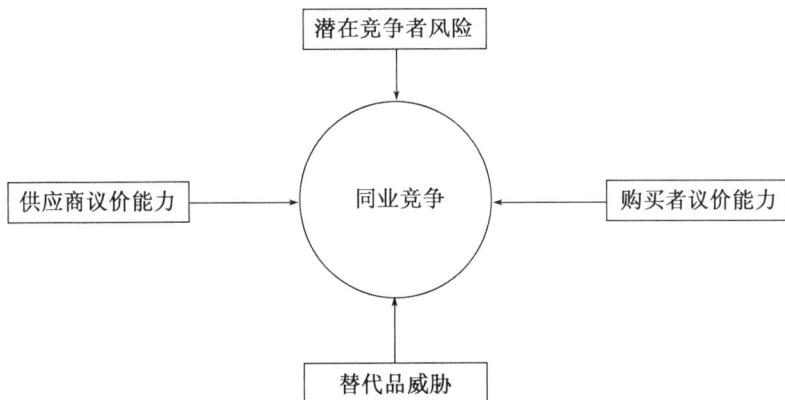

图1-5 波特五力模型示意图

1. 潜在竞争者风险

潜在竞争者指的是尚不在本行业内,但有能力进入并参与行业竞争的企业。通常来说,一个行业的进入壁垒越高,说明新的企业进入该行业需要付出的成本越大,即该行业的潜在竞争者进入的风险较小。构成一个行业壁垒的因素包括规模经济、品牌忠诚、绝对成本优势、顾客转换成本和政府管理制度等。

2. 同业竞争程度

同业竞争指的是一个行业内不同公司为了取得彼此的市场份额而开展的一系列对抗活动。一般来说,一个行业的竞争强度越大,利润越低。因为公司想要在激烈的竞争中取得优势,需要通过降低价格、加强宣传投入、强化分销渠道以及完善售后服务等手段。不管是价格竞争还是非价格竞争,利润率降低都是必然的。同业竞争程度与行业的四个特征密切相关:产业竞争结构、需求环境、成本环境、产业退出壁垒。

3. 购买者议价能力

购买者议价能力是指购买者在与公司谈判时压低产品价格的能力,或者通过要求更高的产品和服务质量从而提高产业内公司成本的能力。这里的购买者是广义的购买者,有可能是个人,即产品的最终使用者;也有可能是其他公司,即产品的分销商。当出现以下几种情况时,购买者将具有较强的议价能力:提供产品和服务的公司规模较小且数量较多,但购买者规模较大且数量较少;购买者对产品和服务的需求量较大;顾客的转换成本较低,购买者可以利用同业竞争压低价格;购买者有能力自己生产该产品或提供服务,并有能力进入供应商所在的行业,形成一定的威胁。

4. 供应商议价能力

供应商议价能力与购买者议价能力相反,是指提高生产要素价格,或者通过降低产品和服务质量从而提高产业内公司成本的能力。这里的供应商能够提供的是任意生产要素,如原材料、服务和劳动力,有可能是组织也可能是个人。当出现以下几种情况时,供应商将具有较强的议价能力:供应商所提供的产品几乎没有替代品,并且对该行业非常重要;该行业并不是供应商的重要客户,对供应商的利润没有明显的影响;供应商所提供的产品具有某种特殊性,如果该行业更换供应商需要付出较高的转换成本;供应商能够进入该行业,并且与该行业中的其他企业形成直接竞争。

5. 替代品威胁

替代品指的是可以满足顾客相同需求的,来自不同产业的产品或服务。例如,速食行业中,方便面和自热小火锅之间属于同业竞争,但餐饮门店的外卖对他们来说就属于替代品。替代品的存在使公司的产品和服务的价格和利润有所降低。

波特五力模型对行业环境分析起到了重要作用,能够帮助管理者进行全面的战略性思考。然而,因特尔公司的前任 CEO 安德鲁·格鲁夫曾指出,波特五力模型忽略了影响一个行业的第六种重要力量——互补品。互补品是指需要和另一个产品共同使用才能满足消费者需求的产品,比如电动牙刷的机身和可替换的牙刷刷头。当互补品对于一个行业的需求有决定性作用的时候,该行业的利润则依赖于互补产品供应商的充足性。当某行业的互补品的供应充足,且对于消费者具有较强的吸引力,则该行业的需求和利润也会上升。

(二)计划学派

计划学派强调战略构造过程中计划的作用。他们认为,战略构造是一个有意识的、有控制的正式计划的过程;企业高层管理者对计划和全过程负责,而具体制订和实施计划的中低层管理者对高层负责;战略计划的实施需要借助目标、项目和预算等工具。

伊戈尔·安索夫曾获得过"公司战略之父"的美誉,也是计划学派的代表人物。安索夫在 1956 年进入洛克希德航天公司工作,成为一名策划师,他在公司积极推广业务多元化,并在《哈佛商业评论》上发表了《多角化战略》一文,提出了产品和市场相匹配的概念,强调"用新的产品去开发新的市场"。安索夫认为,企业生存是由环境、战略和组织三者构成,只有当这三者相互协调,彼此适应,企业才能得以提高效益并取得发展。在此基础上,他设计了安索夫矩阵,根据企业和市场两者的特点,确定企业发展的有效战略。

安索夫矩阵,也被称为"产品市场扩张方格"和"成长矢量矩阵",由产品(现有产品/未来产品)和市场(现有市场/未来市场)两个维度构成,并对应不同的发展策略。

	现有产品	未来产品
现有市场	市场渗透	产品延伸
未来市场	市场开发	多样化经营

图 1 - 6　安索夫矩阵

（1）市场渗透(market penetration)。市场渗透战略用企业已有的产品面对已有的市场,扩大产品的市场占有率是重要的组织目标。一般可以通过促销或者提升产品品质等形式来吸引消费者,或使消费者改变习惯,夺取更多的市场份额,从而增加销售量。

（2）市场开发(market development)。市场开发战略用企业已有的产品开拓新的市场。此战略成功的关键在于,企业需要在不同的市场上以及不同的客户群中挖掘到相同的使用需求,并对产品定位和销售方法进行一定的调整。

（3）产品延伸(product development)。产品延伸战略下,企业为现有的市场和顾客设计推出新的产品。产品延伸战略的基础在于利用现有的客户关系来接力,通常是扩大现有产品的深度和广度,推出新一代或是相关的产品给现有的顾客。比如苹果公司,iphone 的更新换代就属于产品延伸战略的典型。

（4）多样化经营(diversification)。多样化经营战略是最创新最冒险的策略,企业需要面向新的市场开发新的产品。多样化经营的弱势在于企业现有的专业知识和技术可能失去用武之地,所以失败的概率较高。多样化经营中成功的企业多数都能在销售渠道等其他方面获得综合效应。

（5）市场巩固(consolidation)。市场巩固战略是一种相对保守的战略,企业以现有的产品和市场为基础,运营的目的是稳定已有的市场份额。一般来说,企业会采用产品差异化战略来巩固客户忠诚度。然而,一旦市场份额有所萎缩,裁撤公司部门和缩小公司规模则成为迫不得已的应对措施。市场巩固战略和市场渗透战略在安索夫矩阵中同属于一格。

（三）设计学派

设计学派强调战略"设计之美"。他们认为,首先,战略制定是企业内外部不同因素共同作用的结果,需要综合分析企业的优势与劣势,环境所带来的机会和潜在的威胁。其次,高层管理者不仅是战略制定的设计师,也是战略实施的监督者。再者,战略设计不同于具体组织目标设计,应该是简单而意义深刻的,关键在于突出指导原则,一个好的战略应该具有灵活性、衍生性和创造性。肯尼斯·安德鲁斯是哈佛商学院教授,也是设计学派

1

的代表。

在综合分析企业内部优劣势和环境的机会与威胁的过程中,SWOT 分析法是一个有效的分析工具。它用系统分析的思想,将四方面的因素匹配起来分析,从而得出一系列的结论,帮助企业制定战略。

S(strengths)和 W(weaknesses)都是组织机构的内部因素。S 指的企业中构成有利竞争优势的因素,包括:充足的资金、良好的企业形象、先进的技术、规模经济、较高的产品质量、较大的市场份额、畅通的分销渠道、低廉的成本等。W 指的是企业内部相对较弱、有待提高的方面,包括:老旧的设备、混乱的管理、落后的技术、资金短缺、产品积压、人员冗余等。

O(opportunities)和 T(threats)都是组织的外部因素。O 指的是外部环境中蕴藏的机会,包括:新产品的问世、新市场的开拓、新需求的出现、政策变动导致的市场壁垒瓦解、竞争对手的失误等。T 指的是外部环境中隐藏的威胁,包括:新的竞争对手出现、替代产品增多、市场紧缩、政策变动导致行业经营受限、经济衰退、突发事件等。

内部分析 外部分析	优势 S	劣势 W
机会 O	SO 战略 利用机会 发展优势	WO 战略 利用机会 克服劣势
威胁 T	ST 战略 利用机会 回避威胁	WT 战略 减少劣势 回避威胁

图 1 - 7 SWOT 分析框架

从四个方面依次分析后,则可以从下面的四种战略中为企业的发展进行选择。

(1) 优势—机会(SO)战略。SO 战略是一种理想的战略模式,既可以充分发挥企业内部优势,又可以充分利用外部环境机会。例如,当产业有良好的发展前景,供应商规模扩大,恰逢竞争对手有经营管理危机时,而组织自身又有优质产品且市场占有率得以提高,那么可以采取收购竞争对手、扩大生产规模等积极进取的战略。

(2) 劣势—机会(WO)战略。WO 战略是恰当运用外部环境的时机来弥补组织内部的弱点,以提高企业竞争力的战略。例如,当企业面对供应商生产规模扩大,新技术或者新设备降价,而自身恰好原材料供应不足,导致生产能力闲置时,则可充分利用机会,实现纵向整合,以保证原材料供应,重构企业价值链,最终获得竞争优势。

(3) 优势—威胁(ST)战略。ST 战略是充分利用企业自身的优势,来回避外部环境带来的威胁或者降低其影响的战略。例如,面对全球新冠疫情对实体经济带来的打击,互联网企业可以充分发挥自己的优势,继续增强研发能力,同时保持技术领先地位,利用网络经济回避经济下行压力,甚至实现逆势而上。

（4）劣势—威胁（WT）战略。WT战略是一种防御性战略,当企业面对内忧外患的情况时,往往需要调整自身的战略才能维持生存。例如,当企业自身生产能力不足,无法实现规模效益,又恰逢外部出现强有力的竞争对手时,则应该采取差异化战略,回避成本带来的劣势,进行错位竞争,如此才可以为企业赢得继续生存和发展的空间。

（四）战略联盟理论

20世纪90年代以前关于企业战略管理的讨论大多建立在对抗竞争的基础上,侧重于挖掘企业的竞争优势。然而,进入90年代中期,随着产业环境变化速度的日益加快,技术不断的迭代和更新,顾客需求日益多样化和经济全球化趋势的日趋深入发展,企业家们逐渐认识到,如果想要寻求新的发展,必须变单纯的竞争为竞争合作,培养以发展为导向的协作经济群体。

于是,企业间各种形式的联合层出不穷,战略联盟理论随之出现。战略联盟的概念最早由美国DEC公司总裁霍普兰德和管理学家奈格尔提出,他们认为,战略联盟是"由两个或两个以上有着共同战略利益和对等经营实力的企业,为达到共同拥有市场、共同使用资源等战略目标,通过各种协议、契约而结成的优势互补、共担风险、生产要素水平式双向或多向流动的一种松散的合作模式。"战略联盟理论强调竞争合作,认为竞争优势是构建在自身优势与他人竞争优势结合的基础上的,战略管理的重点应该是通过创新和创造来超越竞争。

从定义中可以看出,战略联盟的优势在于:第一,战略联盟有利于进入合作伙伴的市场。2004年,华纳兄弟进入中国市场时,与两家中国电影公司合作,使其电影发行过程极为顺利,还获得了为中国电视台制作电影的机会。第二,战略联盟有利于共担研发成本。波音公司在研发商业喷气式客机时,选择与日本的两家公司合作,并共同分担约80亿美元的投资成本,以及其带来的相应的风险。第三,战略联盟有利于共享生产要素。2003年,微软和东芝建立战略联盟,微软贡献其软件工程技术,东芝则贡献开发微处理器技术,两者共同开发了嵌入式微处理器,实现了汽车内的一系列娱乐功能。最后,战略联盟有利于建立行业标准。1999年,掌上电脑头部制造商——奔迈公司与索尼联盟,帮助其建立操作系统,并使其成了掌上电脑行业的标准。

但是,战略联盟也有一个不可回避的缺陷,即风险。由于战略联盟内的企业实际上都是某个维度下的竞争者,一旦合作过程中企业出现不小心的情况,那它失去的将比得到的更多。例如,20世纪末,很多管理学家指出,日本公司与美国公司的战略联盟事实上从长远角度来看,对日本公司利大于弊,是在"掏空"美国公司。在他们机器设备和半导体产业的合作中,日本为美国产品提供销售和分销网络,保持了高附加值和高回报工作。此外,他们还获得了美国公司的项目管理经验和生产技术。这使日本公司后来在全球市场中获得了竞争优势,给美国公司带来了打击。

再者,战略联盟由于牵涉范围过广,失败率较高。一项针对49个战略联盟的研究发现,2/3的战略联盟在形成的两年内都陷入过严重的管理或财务危机中,且最终三成的联盟都没有渡过难关。因此,为了提高战略联盟的成功率,需要注意以下三个方面的内容:选择合适的战略伙伴;设计合理的联盟结构;调整联盟管理以适应企业文化的不同。

战略联盟理论发展后期,美国学者穆尔在《竞争的衰亡》一书中,提出"商业生态系统"这一全新的概念,标志着战略联盟理论取得突破性的进展。传统的观念是适者生存——只有最合适的公司和产品才能生存,因而竞争是唯一生存之道。穆尔则站在企业生态系统均衡演化的层面上,打破了以行业划分为前提的战略理论的限制,力求"共同进化"。

三、战略管理与组织有效性

(一)战略与组织的关系

1. 组织战略与组织文化相互浸润、相互影响

组织文化是组织中的成员学习如何应对外部适应性和内部整合性问题时发明或发现的思考方式和行为规范。这种规范已经被证明行之有效,并且被用来传授给新的组织成员。组织文化是孕育组织战略的土壤,但也可能导致战略偏移。组织文化的外在表现是价值观,而更深层次的则是信仰及组织范式——一种认为"本应如此"的假设。文化对组织整体的影响浸润在组织生活的方方面面,也包括战略。

文化学派是战略管理流派中重要的一支,它强调组织文化对战略的影响,认为战略形成根植于社会文化力量。美国学者费尔德曼探讨了文化与战略演变的关系。巴内则将组织文化与竞争优势理论结合,提出了文化是否可以作为维持组织竞争优势的一个力量源泉的问题。由此可以看出,组织文化是组织内一切活动的大前提,组织战略的制定也充分受到组织文化的影响。

然而,组织文化的形成是一个渐进式的长期过程,组织战略却需要根据外界环境的变化适时地进行调整。当企业迫于生存压力调整组织战略,却与组织已有文化出现明显的不匹配时,组织文化则会成为战略实施的阻力。例如,英国某地方政府的技术服务部门的员工普遍认为提供高质量服务具有重要意义,但他们强调的是专业标准,而不是客户满意。当政府试图在各个部门推进服务变革,以提高居民满意度时,尽管这些部门的员工对这一政策表示同意,但这一政策也注定会成为一纸空文。这时,需要管理者有意识地推进战略变革,并与其他措施配合来调整甚至重塑组织文化。

2. 组织战略决定组织结构,组织结构对战略实施具有反作用

组织战略决定组织去到哪里、去做什么,组织结构决定组织以怎样的方式去做,两者相互影响。组织结构是实现战略目标的手段,组织结构中的生产、财务、营销、人力等各个部门都是为了实现战略目标而设置的一个企业采用什么样的组织结构,主要依据企业的发展战略和内部资源的配置与协调方式。

以钱德勒、迈尔斯和斯诺为代表的学者认为,战略决定结构,组织结构必须依据战略做出相应的调整和改变。以安索夫、达夫特为代表的学者认为,组织结构决定战略,结构影响组织内部特征,因此对于战略的形成、选择以及完成能力具有决定性影响。以明茨伯格、迈克尔·希特为代表的学者综合了以上两种观点。他们认为,战略与结构相互影响、相互作用、互不分离。当今互联网时代,企业外部环境瞬息万变。战略和结构两者相辅相成,彼此影响。下文以法国电信公司为例,说明二者关系。

法国电信公司原有的组织结构是以业务为核心的,如图 1-8 所示。

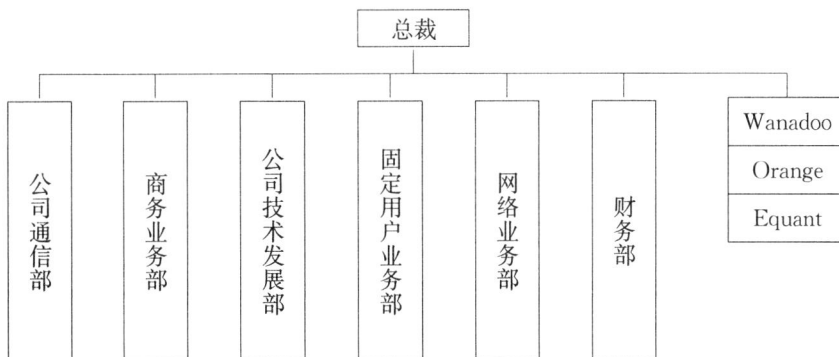

图 1-8 法国电信公司以业务为核心的组织结构

3G 牌照的竞争和全球大规模扩张让法国电信公司面临了严重的战略危机。2002年,公司净利润为负 207 亿欧元,净负债达 680 亿欧元。在此背景下,法国电信做出战略转型的决定,将战略目标调整为"成为综合信息服务提供商,全球通信解决方案的领导者"。它根据新的战略及时调整了组织结构,摒弃了原来的组织结构,向以客户为核心进行转型。如图 1-9 所示,结构调整后的法国电信以客户需求为出发点,追求为客户提供全方位服务,从组织上保证向个人用户、家庭用户和企业用户提供更具有协调性的通信服务。

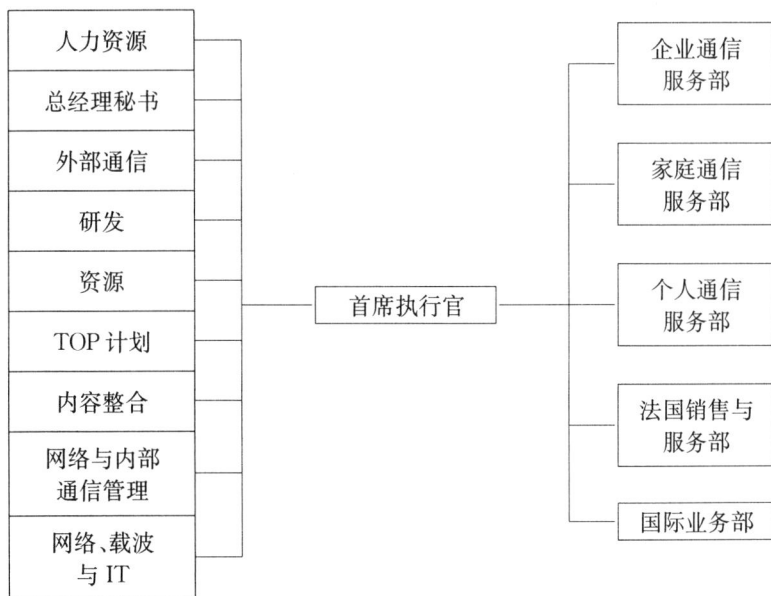

图 1-9 法国电信公司以客户为核心的组织结构

法国电信公司新的战略实施起到了良好的效果,据 2000—2007 年财务报告显示,公司 2003 年进行组织结构调整后,财务情况得到明显改善。2007 年的净利润达到 63 亿欧元,相比于 2006 年增长 52%。由此可见,面对环境的变化,及时调整组织战略十分重要。战略决定结构,与战略相匹配的结构对战略的实施也有一定的促进作用。

3. 组织绩效体系是战略实施成功的保证,良好的战略实施有利于组织绩效提高

企业活动的最根本目的是利润最大化,而组织绩效提高就是利润最大化的外在表现。《财富》杂志曾指出,"大约 70% 的企业运营失败,不是战略不好,而是执行不到位"。高层管理者为提高组织绩效辛辛苦苦制定了适合企业发展的战略后,却遗憾地发现,战略并没有得到很好的执行。为保证组织绩效提高,除了需要设计卓越的战略,战略实施也很重要。

正如前面所提到的,战略实施是将战略转化为实践的过程。博意门咨询公司认为,典型的战略失败,主要原因有以下几种:(1) 没有建立战略实施体系。战略本身只是一个方向,必须与企业运营紧密结合才能确保得到真正的落实和执行;(2) 缺少战略实施的评估工具。组织形成全面的战略执行体系后,还需要定期对战略执行情况进行评估和分析,也就是需要合适的绩效管理体系;(3) 没有形成战略管理流程。战略实施应该有完整的管理跟踪流程,成为一个闭环,才能在组织内得到固化。此外,还有外部环境变化等诸多原因。面对如此复杂的战略实施过程,企业迫切需要管理工具的帮助。于是,平衡计分卡进入了管理者的视野。

平衡计分卡的基础就是企业的战略,它对企业的每项战略进行分解,制定衡量指标和目标值,同时设计可以达成目标的行动方案,形成一套对战略实施进行衡量的考核指标体系。平衡计分卡从四个层面衡量组织绩效:财务层面、客户层面、内部流程层面和学习成长层面。它实现了财务指标和非财务指标的平衡、组织内外部指标的平衡、领先指标和滞后指标的平衡、长期指标和短期指标的平衡。

表 1-3 某银行的平衡计分卡(部分)

层面	战略目标	战略指标
财务层面	F1:提高每股收益	净利润(与计划比)
	F2:增加和保障高价值客户	收入组合(按目标群体)
客户层面	C1:成为可信赖的金融顾问	客户满意度(调查)
	C2:提供卓越的服务	市场份额
内部流程层面	I1:交叉销售产品线	交叉销售比率
	I2:提供快速反应	要求完成时间
学习成长层面	L1:保证战略工作准备就绪	战略工作准备度
	L2:组建领导班子	360 度调查(领导力模型)

管理者借助平衡计分卡等工具,制定合理的绩效体系,才能有效推进战略实施。战略对于组织具有多方面的意义,包括提高组织绩效,推动组织结构调整等,而战略对组织最

突出、最重要的意义是促进组织有效性。

4. 前瞻者战略促进组织创新,防御者战略抑制组织创新

麦尔斯和斯诺把组织战略分为四种战略:防御者战略、前瞻者战略、应对者战略和分析者战略,防御者战略和前瞻者战略是一个连续调整的战略的两极。

前瞻者战略的战略意图是"求变",高度重视创新与变革,总是寻找新的解决方案和新市场,重视组织创造力和群体决策力的培养,强调培养并建立塑造新的能力,愿以先动性和风险承担性的姿态创造新的竞争格局,意图以新产品的高回报来强化自身持续创新的能力。前瞻者战略本身就重视创新与变革,需要构建自身的竞争力,并且组织创新能力是组织核心竞争力的重要组成部分,因此实施前瞻者战略的组织往往会投放更多的资源在研发和投入上,组织创新在到一定程度上也容易取得更好的成绩。

防御者战略的意图是"守",重视现有产品和市场份额的维持,强调组织内现有能力的发挥,积极防御以阻止竞争者进入,在基本稳定的竞争格局中维持并强化自己的地位。防御者战略这种"求稳"的发展态度,一般倾向在组织内部推行渐进式变革,并且在发展的过程中不断积累各种隐性知识,一方面,这构成了企业内部的竞争优势,但另一方面,也阻碍了组织的变革和创新,因为它在一定程度上会抑制企业对新思想和新信息的吸收。

由此可以看出,组织战略和组织创新密不可分。组织对创新的重视程度可以反映在组织战略设计中,而组织战略实施情况又会切实影响到组织的创新能力。

(二)战略与组织有效性

组织有效性是一个广义的概念。对于一个组织来说,组织有效性、战略管理和外部环境一起构成有机的整体,决定组织的目标、战略设计,及其如何适应外界环境变化。组织有效性的定义也较为多样。管理学家达夫特将组织有效性定义为"组织实现其目标的程度……有效性也评价多重目标的实现程度,无论是官方目标还是经营目标。"组织有效性可从三个维度来衡量:(1)组织绩效,即组织的工作是否能够满足需要和接受检查或能否能满足数量、质量和时效方面的要求。(2)成员满意度,即组织成员是否能在组织中体验到个人的发展和幸福感,衡量组织成员满意度、组织承诺以及对管理者的信任等。(3)组织生命力,即组织成员是否能持续不断地共同工作,综合考虑成员的缺勤、离职和安全等情况。本书认为,战略能从推动组织目标实现、提高组织绩效、提高员工满意度和增强组织生命力四个方面,促进组织有效性的提高。

(1)战略通过推动组织目标实现,提高组织有效性。组织目标与战略的概念类似,也有不同的层次,包括长期的战略目标和中短期的经营目标,不同层次的目标以体系的形式指引着组织前进。并且,在组织内部战略与目标一一对应。设计一个好的战略,就是设计出一套合理的目标体系的一大半。有了合理的目标体系,加上有效的战略实施,组织目标实现就有了很好的基础。

(2)战略通过提高组织绩效,提高组织有效性。战略与组织绩效的关系密切性不言而喻,并且已经发展出"战略性绩效管理"这一重要分支。组织战略指明发展方向后,可以

1

通过上文提到的战略地图、平衡计分卡、关键绩效指标以及新颖的目标与关键成果法等多种工具促进组织绩效的提高。

（3）战略通过提高员工满意度，提高组织有效性。首先，如果组织战略不清，员工看不到企业发展的方向，容易感到迷茫，自身的职业发展也只能处在被动状态，无法发挥主动性。再者，组织战略是组织结构的基础。没有明确的战略，组织结构也会混乱不堪，体现在员工层面则是权责不清、角色混乱和沟通不畅。相反地，如果有一个好的组织战略，方向明确，则有利于员工发挥能动性，提高满意度。

（4）战略通过增强组织生命力，提高组织有效性。组织生命力与人力资源管理密不可分。互联网时代的企业，战略人力资源管理已经变得不可或缺。改变传统的人事管理局面，根据公司的战略，提前主动设计人力资源计划，设计有效的激励措施，培养和谐的员工关系，着力提高组织承诺，才能使组织活力生生不息。

（三）组织战略设计

通常组织战略设计包括以下五个步骤：

（1）选择公司的使命和主要目标。战略管理的第一步就是关于组织使命的陈述，这是战略制定的框架和背景。使命陈述主要包括下面四个部分：关于公司或组织存在理由的陈述；对未来情况的预测和构想，即公司的愿景；组织的核心价值观；公司期待实现的主要目标。

（2）分析组织外部竞争环境，鉴别机遇和威胁。在分析企业面对的外部环境时需要考虑三种维度的环境：公司运营所在的行业环境，国家和民族环境，以及更广泛的社会经济和宏观环境。公司运营所在的行业环境的分析通常可以使用前面提到的波特五力模型等工具。关于宏观环境的分析可以使用 PEST 框架（下一节会有详细的介绍）。此外，因为现在许多市场已经是国际化的市场，所以对国际环境也应该给予适当的关注。

（3）分析组织内部经营环境，识别组织内部的优势和劣势。内部分析重点考察公司的资源、能力和竞争力，需要探讨价值链、组织的盈利能力和竞争优势的来源、基础、持久性。

（4）基于组织优势选择战略，纠正自身劣势以利用外部机遇并应对外部威胁。SWOT分析是常使用的分析战略选择工具，它不仅能分析现有的形式，也有助于建立、确定和调整公司具体的商业模式，将公司的资源和能力与公司运营所处环境进行最好的排列、匹配和适应。

（5）实施战略。在高层管理者选择战略后，战略需要在职能层、业务层和公司层进行落实，包括提升产品质量，改善研发方式，进行产品差异化，调整产品定位，施行兼并和收购等。同时，也包括调整组织结构，影响组织文化氛围，并制定相应的控制绩效体系。最后，还需要设计一个反馈回路，用以及时了解内外部环境的变化，调整战略，形成良性的动态闭环。

第三节　外部环境对组织设计的影响

一、外部环境的构成

组织外部环境的分析常用 PEST 模型,这是一种着眼于组织所处宏观环境的分析模型。P 代表政治(Politics),E 代表经济(Economy),S 代表社会(Society),T 代表技术(Technology)。这四种因素一般不受组织掌握,却对组织战略有巨大影响,因此也被戏称为"pest"(害虫)。

(1) 政治因素:主要包括政府稳定性、税收政策、外贸法规和社会福利政策等。这些因素常常制约、影响着企业的经营行为,尤其影响企业较长期的投资行为。

政治因素变化对企业的影响往往是巨大的,比如,字节跳动 TikTok 业务被迫面临出售,华为受到中美贸易摩擦影响。

案例聚焦

华为迎来"至暗时刻"

2019 年 1 月下旬,美国司法部起诉中国科技集团华为,起诉书中包括涉嫌盗窃知识产权,妨碍司法以及逃避美国制裁欺诈行为等 23 项罪名。5 月 15 日,美国政府宣布进入"紧急状态",美国企业不得使用对国家安全构成风险的企业生产的电信设备和服务,矛头直指华为。同日,美国商务部宣布,将华为及其子公司列入出口管制的"实体名单"。迫于政府压力,谷歌母公司 Alphabet 暂停向华为转让硬件、软件和技术服务,这代表着华为失去对安卓操作系统的全部使用权限。

美国政府的管制政策对华为产生了三大方面的直接影响。

首先,收入增长放缓。根据英国《金融时报》网站 2020 年 10 月 23 日题为《随着美国加大制裁力度,华为收入增长放缓》的报道,华为在 2020 年第三季度营收同比增长为 3.7%,较 2019 年同期增幅(27%)大幅下滑。值得注意的是,在过去整整 5 年里,华为营收的年均复合增长率为 21%。

其次,供应链破坏。2019 年 5 月 20 日,英特尔、高通、赛灵思等公司也表示不会向华为继续供货。华为支柱产业手机业务的命脉——芯片供应受到严重影响。纳利斯咨询公司移动业务全球副总裁彭路平在谈到美国的最新限制措施时表示:"中国市场现在有多少需求并不重要,因为华为的零件供应有限。"华为已暗示,最新 Mate 40 旗舰智能手机有可能是同类产品中的最后一款,此前华为曾承认这些产品所需的高端芯片采购"短缺"。

第三,多元化战略。华为的手机业务前景并不明朗,于是它开始向汽车领域发力。目前,华为已经与包括上汽、北汽、比亚迪、长城等头部车企在内的 18 家车企共同成立了 5G

1

汽车生态圈。并且,华为在2020年9月8日100%控股成立了华为电动技术有限公司。该公司的经营范围包括:工程和技术研究和试验发展、智能车载设备销售、智能车载设备制造等。车载OS、车路协同、自动驾驶有希望成为华为的下一个战场。

　　(本案例节选自:英媒.美国禁令致华为收入增长放缓[J].中国商界,2020,26(11):103;张延陶.华为迎来"至暗时刻"谁在哭? 谁在笑? [J].英才,2020,24(Z5):44-46.有改动。)

　　(2)经济因素:主要包括经济的周期性变化、国民总收入、利率、货币供应、通货膨胀、失业和可支配收入等。国民经济发展的总概况、国际和国内经济形势及经济发展趋势,这些直接影响着企业所面临的产业环境和竞争环境。

　　2020年,新冠肺炎疫情冲击之下,世界经济面临严峻考验,许多公司市值大规模缩水,甚至被收购,乃至破产。

案例聚焦

美国史诗级破产

　　根据标普全球市场情报(S&P Global Market Intelligence)数据,截至2020年8月9日,美国已有424家公司申请破产,这超过了2010年以来任何可比时期的破产申请数量,甚至比2008年经济危机带来的冲击更为严重。

　　最近提交的破产备案文件的公司包括男仕服饰公司(Men's Wearhouse)的母公司Tailored Brands Inc.;大型显示屏开发公司Prysm Inc.;石油钻井公司Fieldwood Energy Inc.;以及收购、勘探和开发国内陆上天然气储备的公司Summit Gas Resources Inc.。

　　美国大型零售巨头彭尼百货(J.C Penny Company Inc.)轰然倒下。早在1902年彭尼百货公司已经在美国开始经营,营业范围覆盖服装、家具、保险等,它也是美国最大的药品连锁店,在经济大萧条和2008年金融海啸中都屹立不倒。然而,这个曾经在美国50多个州和墨西哥、智利、波多黎各经营1230多家商店,拥有20万员工的巨型零售商没有经受住这次经济危机的考验。

　　彭尼百货由于未能在规定期限内支付1200万美元债务利息,触发了违约条款。2020年5月15日,彭尼百货正式向得克萨斯州南部地区的联邦破产法院提交了破产保护申请文件。据路透社知情人士透露,彭尼百货正在与亚马逊公司进行谈判。等待这个百年零售巨头的,可能是被一直以来的竞争对手全面收购。

　　(本案例节选自:年双渡.美国百年老店彭尼百货或被亚马逊收购[N].中国商报,2020-05-22.有改动。)

　　(3)社会因素:主要包括人口分布、收入分配、社会流动性、生活方式、对待工作和休闲的态度、消费者利益的保护运动、教育程度及文化因素等。许多大公司进行产品研发之前,会进行一定的市场调查,以此来确定产品的目标客户群。短视频平台中,抖音和快手的不同定位和战略很好地体现了这一点。

案例聚焦

抖音VS快手:从用户定位看产品功能设计

近两年,短视频在国内外都开始火爆,其在整个移动互联网中时间占比不断加大。短视频是指以新媒体为传播渠道的视频内容,一般时长不超过5分钟。是继文字(如知乎、豆瓣等)和图片(如微博等)信息载体后的又一流行网络信息载体。而短视频平台的两大巨头抖音和快手,有着不同的用户定位和相应的差异巨大的战略。

产品定位与理念。抖音的产品定位是"专注于新生代的音乐短视频";快手的定位则是"以短视频记录生活的社交平台"。这体现了两个背后不同的理念,我们从口号入手分析:抖音的口号是"记录美好生活",希望用户能够分享并看到美好的、高质量的东西。为了满足高质量的视频需求,平台就需要着重推荐优质的流量,向中心化方向发展。快手的口号是"记录世界,记录你",它背后的价值观是让每个人自由地发声、自由地表达自己,这也决定了平台不会着重推荐头部流量,不刻意培养关键意见领袖(KOL,Key Opinion Leader),向去中心化方向发展。

用户画像。根据企鹅调研平台数据,性别上,抖音、快手的用户中都是女性用户偏多,但相比较而言,抖音平台的女性用户更多;年龄上,两个平台的用户多为24岁以下的95后,但抖音平台的用户更为年轻化;在城际分布上,抖音侧重重于一二线城市,而快手则侧重于三四线城市;学历上,抖音用户学历平均水平高于快手,本科和专科比例较多,而快手平台多是高中和本科学历。

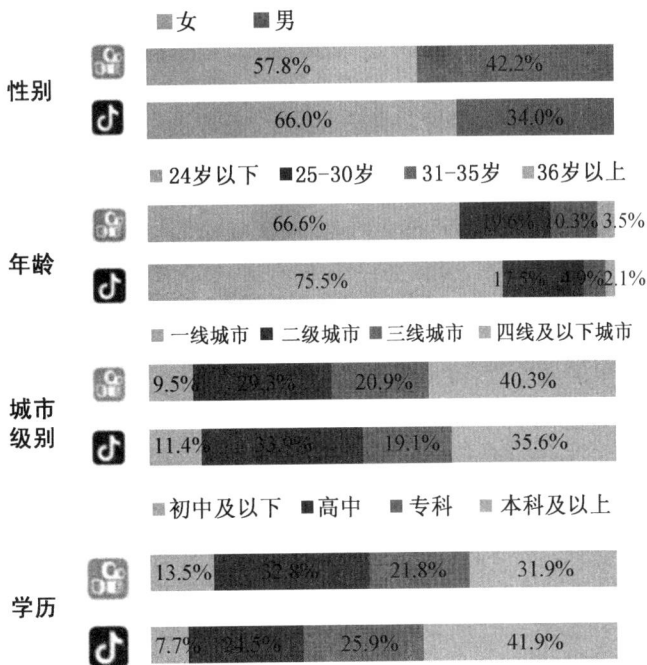

图1-10 抖音、快手用户画像

搜索功能聚焦。在呼出方式上,抖音可直接左滑进入搜索页,快手则需要两步,先点击左上角菜单栏,再点击"查找";搜索推荐形式上,抖音的搜索维度众多,包括热度数据、点赞量、评论量和时效性,快手则只推荐话题标签;搜索前推荐样式上,抖音多按标签推荐,快手多按用户推荐;搜索结果排序上,抖音按照获赞量和播放量为排序重点,快手按照粉丝数量为排序重点;热搜榜单更新速度上,抖音按照是否有新内容更新榜单,用户无法手动更新,快手用户直接下拉就可以更新榜单。对于抖音而言,搜索功能属于消费类产品,为用户提供新鲜、及时的热门话题,也需要满足用户趣味需求;快手搜索属于功能类产品,主要为满足具有明确需求的用户。

用户画像是产品定位和理念的先决条件,而产品功能设计则需要根据产品定位精确灵活设计。

(本案例节选自:DRUCKER. 抖音 VS 快手:从产品理念来看产品的功能设计[EB/OL]. [2018-09-25]. http://www.woshipm.com/pd/1445026.html/comment-page-1.

从搜索功能看产品定位:抖音 VS 快手[EB/OL]. [2018-12-03]. http://www.woshipm.com/evaluating/1645607.html. 有改动。)

---

(4)技术因素:主要包括政府的研发投入、政府和行业对技术发展的关注、新技术发明发展、科技成果转化速度、技术淘汰速度。当今社会,科技更新换代的速度不断加快,科技因素对企业的影响越来越重要。

曾经,苹果公司掀起手机革命的浪潮,而诺基亚公司对自己已有的科技故步自封,导致手机业务惨淡收场。随着 5G 时代的到来,诺基亚是否有望再次崛起?

案例聚焦

诺基亚——王者归来

2013 年,诺基亚将手机业务出售给微软,结束了其在手机领域的霸主地位。接着,诺基亚凭借其强劲的研发实力和周密的专利布局,在通信网络设备和 5G 专利方面实现华丽转身,上演了真正的王者归来,并成为一家和爱立信、高通相媲美的,更轻灵、更赚钱的企业。

2010 年对于诺基亚来说是个分水岭,从此之后庞大的帝国开始走向没落,取而代之的是苹果、华为,以及更为年轻的小米等多家手机公司的争锋斗艳。随着诺基亚手机销量的下滑,曾经辉煌一时的塞班系统也渐渐退出历史舞台。2013 年 1 月 24 日晚间,诺基亚宣布,今后将不再发布塞班系统的手机,意味着塞班这个智能手机操作系统,在长达 14 年的历史之后,终于迎来了谢幕。诺基亚也因此到了危急存亡的时刻,面临着企业转型。

那么诺基亚能否通过换血来再创辉煌呢? 答案是"不温不火",直到暂时退出手机市场。诺基亚拥抱微软,甚至想蹲下身子找安卓合作,却都没有达到预期的效果,诺基亚的再转型迫在眉睫。

诺基亚不仅是为人熟知的手机巨头,实际上通信业务也是诺基亚最早开展的业务之一。诺基亚曾与西门子联合宣布将两家公司的电信设备业务合并,双方各出资 50% 成立诺基亚西门子网络公司,简称"诺西。"2007 年 4 月,诺西正式运营,2012 年业绩向好,出现了盈利的曙光。此时正值诺基亚和西门子合约到期之时,加之手机业务失利,这份曙光为正处在悬崖边上试探的诺基亚带来希望。

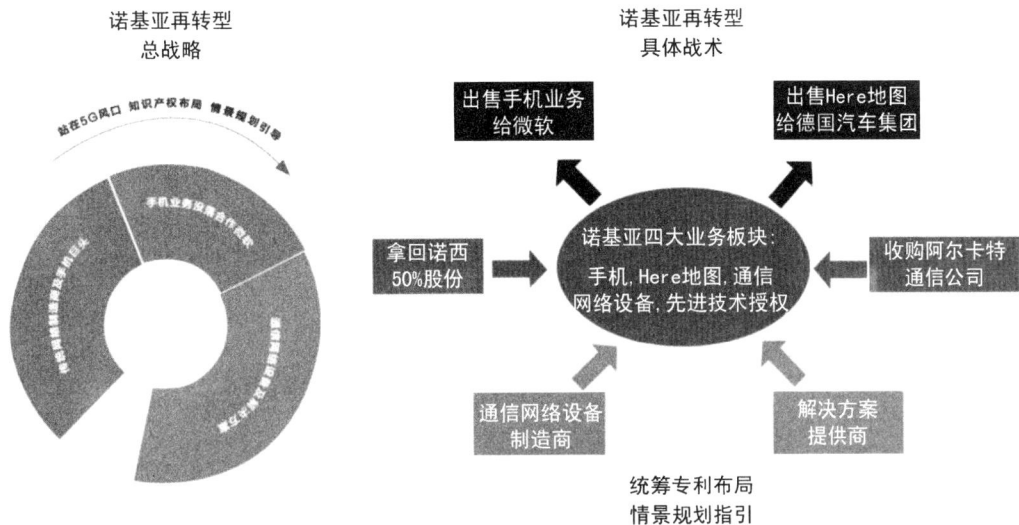

图 1-11　诺基亚再转型战略战术

战略的成功讲究的是天时、地利、人和,此时的诺基亚都具备了——2013 年正值 5G 布局的风口,可谓之天时;诺基亚在知识产权方面家底雄厚,可谓之地利;在董事长李思拓(Risto Siilasmaa)带领下,诺基亚员工们团结合作积极投入情景的规划与分析中,可谓之人和。

具体的战略是抛弃手机业务再转型通信业务,战术上诺基亚也制定了一系列完备的措施。2013 年,诺基亚将手机业务出售给微软,之后又进行了上万人的大规模裁员。为了进一步精简业务,诺基亚又在 2015 年将 Here 地图业务出售给奔驰、奥迪、宝马等公司组成的德国汽车巨头集团,以保证公司新的发展方向能轻装上阵。与此同时,诺基亚先拿回了诺基亚西门子合作的 50% 股份,又宣布以 166 亿美元收购全球主流通信设备商阿尔卡特通信公司。这一系列举措被看作是诺基亚专注通信网络设备及解决方案的最后冲刺,也可以看出诺基亚终于依依不舍地砍掉手机业务,投入通信网络设备及解决方案的决心。

诺基亚在经过了一系列的业务重组和收购兼并之后,为自己积攒实力并把目光瞄准了下一代的无线通信技术,希望凭借着无线运营商的网络升级东山再起。截至 2019 年 4 月,诺基亚 5G 标准必要专利申请量为 1 427 件,占比 13.82%,仅次于华为稳居全球第二位。可以说,诺基亚掌握了 5G 的话语权。同时,截至 2019 年诺基亚在 5G 方面已经抢占了不少市场份额。诺基亚通过官网宣布,其已经在全球范围内达成 63 个商业 5G 合同,并且不包括任何其他类型的 5G 协议,例如付费网络试用,试点或演示等。如果将这些协议包括在内,则 5G 协议的总数将达到 100 多个。并且,在中国,诺基亚贝尔联合三大运营商完成了多项外场测试。如诺基亚贝尔与雄安新区携手中国联通网研院、中国联通河北分公司共同打造业界最大规模的 4G/5G 无线虚拟化外场试验网络等。至此,诺基亚一跃成为全球 5G 巨头。

(本案例节选自:刘启诚,田小梦.诺基亚贝尔章旗"回归"中国 5G 市场势在必得[J].通信世界,2020,22(28):11-13.

王玉峰,张志浩.诺基亚再转型[J].中国工业和信息化,2020,6(05):72-77.有改动。)

有学者在经典的 PEST 分析框架基础上,额外添加了其他的影响因素,形成了 PESTEL 框架。其中,E 指环境(Environment),包括环境保护法规、废弃物处理和能源消耗等;L 指法律(Law),包括反垄断立法、劳动法规、医疗和安全、产品安全等。这些因素对于企业战略的影响也越来越重要。

二、外部环境对组织设计的影响

外部环境多种因素对组织的影响复杂而深远。为了适应环境的不确定性,组织结构需要做出相应的变化和调整。

(一)组织规模扩大

当外部环境的复杂程度增加时,组织需要增加相应的部门,以解决新的问题,开发新的产品或者提供新的服务等,更好地应对组织外部多种多样的新因素。

(二)建立缓冲和边界跨越

建立并发挥缓冲部门,比如出现原材料供应情况变化时,采购部则可以发挥缓冲作用,通过调整库存再影响生产部门。边界跨越主要涉及跨部间的信息交换,方便将环境变化的消息在组织内传递,同时也向外部环境传递组织状态良好的信号。这主要通过市场调研、市场和营销等部门来实现其作用。

(三)部门分化与整合

劳伦斯和洛希认为,组织分支单位的结构是和它们面对的环境不确定性程度相关的。当面对的环境不确定较低时,可以采用较稳定的组织结构——机械型结构,注重章程、程序和权威。当面对的环境不确定性较高的时候,可以采用较灵活的组织结构——有机型结构,注意分权与协作。

(四)机构性模仿

当企业发现在行业内存在一个较为成功的竞争者,两者的产品、服务、顾客和主要环境因素都比较类似时,可以采取模仿的策略。企业向头部企业看齐,模仿它的组织结构、管理方法和经营策略,可以显著降低环境不确定性带来的影响。模仿的结果是和同行的企业日趋相同。

根据环境不确定性的四个层次,组织结构设计呈现出相应的特征,如表 1-4 所示。

表 1-4　某银行的平衡计分卡(部分)

低度不确定性 (简单、稳定)	中低度不确定性 (复杂、稳定)	中高度不确定 (简单、变化)	高度不确定 (复杂、变化)
机械结构: 规范集权	机械结构: 规范集权	有机结构: 下属参与、分权、团队	有机结构: 下属参与、分权、团队
部门很少	部门很多,有些边界跨越	部门很少,边界跨度大	很多不同部门,广泛的边界跨越
无整合作用	很少整合作用	很少整合作用	很大的整合作用
很少模仿	有些模仿	迅速模仿	广泛的模仿
计划少	有些计划	计划导向	全面的计划预测

三、组织柔性

关于组织柔性的研究最早起源于 20 世纪 30 年代,经济学家哈特等人研究经济周期性震荡等外部环境因素对企业的影响。之后,霍普夫在《管理论文集》中明确指出了"组织柔性"的概念,他认为组织动态最优化状态的实现,要求组织具有较高的灵活性,即柔性,从而使企业绩效实现动态最优。50 年代后,随着大公司官僚制体系普遍失效,以及企业外部环境变化速度日益加快,组织柔性问题开始受到众多管理学家的关注。

组织柔性是组织结构内刚性结构(机械结构)和柔性结构(有机结构)的动态平衡,体现了组织与环境变化程度相匹配的一贯能力。组织柔性在组织结构设计中发挥的影响主要有五个关键维度:权力分配问题、信息传递问题、业务流程优化问题、组织变革问题、柔度选取问题。

(1)权力分配问题。传统刚性结构强调科层制结构,权力相对集中。柔性组织则强调组织扁平化,权力相对分散,员工有一定的自主权和决策权。可以通过减少组织层次,增加管理幅度等手段提高组织柔性。但也要注意集权和分权间的平衡,避免各自为政的局面,不利于组织战略目标的实现。

(2)信息传递问题。传统的刚性结构信息传递速度较慢,因此对外部环境变化感知也较为迟钝。柔性结构则需要建立畅通高效的信息传递网络,这也符合信息时代的整体趋势。通过现代网络技术以及计算机技术,将整个组织内的信息进行集成,以实现信息的快速传递,推动知识在组织内的传播、共享与积累,更快速地对外界环境变化做出反应。

(3)业务流程优化问题。传统的刚性结构中,各个部门之间存在交流"壁垒",协调困难。柔性组织设计则有利于推进业务流程再造,通过提炼核心流程,建立业务流程团队,打破部门间交流障碍,形成组织学习与组织创新的基础。

(4)组织变革问题。为应对外界环境的迅速变化,创新对于当代组织是不可缺少的。为了适应组织战略的调整,满足新的组织功能需要,则要对组织结构进行变革。柔性组织结构应对变化具有天然优势,能更顺利、快速地进行结构重组。

（5）柔度选取问题。组织柔度却并不是越高越好，需要根据企业自身发展阶段、企业所处行业发展阶段、企业规模以及发展目标等因素，为组织结构设计选择恰当的柔度，才能最大地发挥组织的潜能。

综合考虑五方面的影响，并应用于组织设计，可以应对瞬息万变的外部环境，实现柔性组织管理。

本章小结

本章第一节首先介绍了组织的相关内容。组织，指的是在一定的环境中，为实现某种共同的目标，按照一定的结构形式、活动规律组合起来的，具有特定功能的开放系统。明茨伯格提出的六种组织形态，分别是简单类型、机械官僚类型、职业官僚类型、分部类型、专门类型和使命感类型。进而对古典组织理论、行为科学组织理论和现代组织理论进行梳理和概括。

第二节引入了战略管理的内容。战略管理包括了解组织的战略定位、未来的战略选择和把战略付诸行动。公司内部存在不同层次的战略：公司层次战略、业务单位战略、运营战略。而后介绍了波特五力模型、计划学派及安索夫矩阵、设计学派及 SWOT 分析框架，以及战略联盟理论。通过探讨战略与组织的关系，战略对组织的意义，说明了战略管理如何促进组织有效性，并说明了组织战略管理的步骤。

第三节通过 PEST 框架介绍外部环境的构成因素，并探讨了外部环境对组织设计的四种影响。引入了组织柔性的概念，指出组织柔性在组织结构设计中发挥的影响主要有五个关键维度：权力分配问题、信息传递问题、业务流程优化问题、组织变革问题、柔度选取问题。

复习与思考

1. 科学管理理论为什么会在 19 世纪末的美国产生？泰罗为什么要研究并提出科学管理理论？其理论的实质是什么？谈谈科学管理理论对我国企业管理的启发。

2. 请你以所在的组织为分析素材，找到其战略目标，并分解出三个层次的战略体系，探讨其战略设计是否合理。如果合理，运用相关理论进行解释；如果不合理，找到改进措施。

3. 讨论以下说法：正规战略体系已经过时了，不符合当今高科技行业公司的需要。高精尖技术的更新换代速度如此之快，以至于按部就班的计划在急剧的环境变化面前显得毫无用处。

应用案例分析

建设同一个 BBC

BBC(英国广播公司)创建于 1922 年,当时它是一个公有的广播电台,后来又开展电视转播业务;它独立于政府管理之外,受一个监督委员会的管辖;它的收入来源是 2 200 万家庭交纳的电视收视费,其年收入达 20 亿英镑。英国广播公司每年在全球销售自己的节目和相关产品能收入 1 亿英镑,因而,它成为世界上少数几个不播广告的大型广播公司之一。在英国(甚至在世界的许多其他地方),BBC 通常被认为是个机构,而不是个公司。每周有超过 5 000 万的英国人收听收看 BBC 的节目,它在全世界的听众与观众每周几乎达 3 亿人;它的节目质量、报道深度以及多元化的内容在全球享有盛誉,特别是它的新闻、评论和戏剧。

2000 年 4 月,信任总裁格雷格·戴克(Greg Dyke)向 BBC 400 个经理发表了讲话,阐述了他对 BBC 未来的设想和重组的计划(这个讲话后来传达到了公司的每一个员工)——报纸是这样报道他的讲话内容的:

在前任总裁伯特(Birt)领导时,BBC 重视的是各种业绩报表、统计图表和无休止的费用清单。新的 BBC 于昨日被格雷格·戴克揭开了面纱,这是一个有着多个"花瓣"的组织……在发给员工的宣传材料《建设同一个 BBC》中,格雷格·戴克总结了新的施政纲领——观察家们称之为"以快乐的方式管理这个出名不快乐的机构"……

……"我与伯特的管理风格不同。我认为,我们如果想获得并保留住最有才华的人,就应该为他们提供一个他们喜欢的组织。"格雷格·戴克说。

毫不奇怪,这样一个有名的机构——不管它的节目,还是它的管理与业绩——无时无刻不被人注意。格雷格·戴克出任总裁使不少人"大跌眼镜":他不像他的前任们那样出身望族,他有商业电视行业的从业背景,作风浮夸,具有在城市底层生活的能力。像许多新的领导者一样,格雷格·戴克上任后的第一把火就是重新审察 BBC 的结构和管理机制——这在他 2000 年 4 月的讲话和《建设同一个 BBC》的宣传册中都能看得出来。

2000 年以前的组织结构

约翰·伯特领导下的 BBC 的结构是建立在当时许多公共部门都接受的原则之上的。通过将管理责任落实到三个主要分部——资源(比如音像工作室、室外广播设备等)、节目制作和节目转播,他在内部建立了市场机制。

这些分部有自己的"总部"和下属业务单位,分部间以市场机制互相进行交易,与BBC 之外的第三方也是如此。比如,节目转播部门会将转播任务承包给内部或外部的机构;节目制作部门会租用 BBC 的基础设施,也会用外面的演播室和设备——它们将制作的节目卖给 BBC 或是其他电视台;BBC 可以将其他设备租给外面的公司。这种机制是为

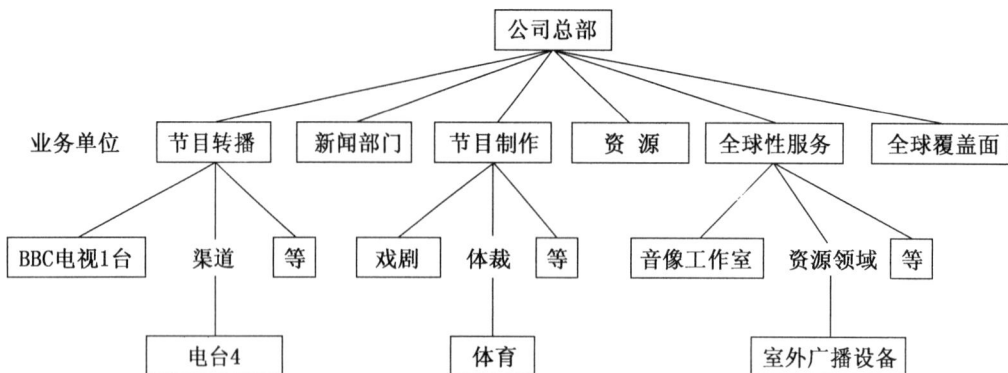

图 1-12 简化的约翰·伯特领导下的组织结构

了保证各分部间按市场规则运作,提供给其他分部不比外面公司差的服务。在 BBC 的内部市场里,约翰·伯特认为总部的角色是市场规范者——确立市场规则,并建立相应的制度和程序以保障其运转:这包括内部"需方"与"供方"之间的转移价格和各自的业绩目标;在其他组织中被集中控制的东西(比如财务管理),在 BBC 被下放,甚至重复存在;由于新闻的时效性,新闻部门的制作与转播独立出来,并实行单独管理——实际上,直播新闻通常是在制作的同时即被播出。

未来的新目标——建设同一个 BBC

在《建设同一个 BBC》的前言中,格雷格·戴克解释了机构改革的背景:

我们的目标是使 BBC 的人们能相互协作、喜欢他们的工作、团结一致地为同一目标奋斗——这一目标就是提供出色的电视节目和优异的网络服务。如果 BBC 要成为吸引全英国最优秀人才的"磁铁",它必须是一个充满活力和想象力的地方。

……人人都为在 BBC 工作而自豪,但人人都希望能改革。人人都相信 BBC 会在数字时代大步向前,但也认为 BBC 管理层次过多,程序复杂——这使我们的成本很高,在内部协商和谈判上花费的时间太多;因此,作为一个组织,我们前进得太慢了。人们在谈起 BBC 的文化时,都是在谈部门或者内部的事情,却忽视了我们的听众与观众。

然后他列出了改革的五大目标:

- 听众与观众第一,创造性和节目制作是 BBC 的核心——这是 BBC 在数字时代取胜和留住听众与观众的唯一手段,因为只有这样才能向听众与观众提供更多的选择。
- 将节目制作方面的资金投入比例由原来的 76% 增加到 85%;换言之,管理费用比重将由 24% 削弱到 15%。
- 创造一种协作的文化,使人们能为制作优秀的节目而一起工作——潜台词是,现有的结构滋生了分裂的文化。
- 改革组织的运营方式,以实现快速决策、快速行动,同时保持足够的审查与平衡,以减少重大失误。在数字时代,新的进入者(如微软或美国在线)行动很坚决——格雷格·戴克对 BBC 提出的这种平衡的做法,与它们有根本的区别。

- 保证 BBC 拥有数字时代高效竞争所要求的技能：新技能包括跨媒体的品牌建设、分销渠道和知识产权管理。

格雷格·戴克倡导的改革

为实现"建设同一个 BBC"的目标，需要进行 9 个方面的改革：

- 导入扁平化组织结构。BBC 转播和 BBC 节目制作的总部被裁撤，节目制作与播放集中到 BBC 总部，管理费用因此而大大降低——这个结构被形象地比喻为"花型结构"。

- 设立更广泛的高级管理层。节目制作和转播部门的人员在管理委员会的名额由 4 个增加到 9 个，他们与 50～60 个高级经理一起组成"领导小组"——这个举措的目的是提高节目制作与转播的战略重要性，也让这些部门的主管在战略制定上享有更多的发言权。

- BBC 节目制作被三个节目组[戏剧、娱乐与儿童节目组（DEC），报道与教学节目组（FL），体育节目组]取代；这三个组直接向总裁汇报，并且都有代表参加管理委员会。

- 将体育节目、儿童节目和教育节目的制作与授权转播分别进行整合，在这三个领域各建立一个统一的 BBC 部门。以往，只有新闻节目可以采取这种方式。这样做的原因是：体育与新闻相似，有大量的直播内容。同样，不管是儿童节目还是教育节目，如果管理者可以对这一类节目的制作进行统一协调，将有助于他们"跨媒体能力"的提高，并能增加收益。比如，体育节目制作人既能提供网上服务，也能转播大型赛事。

- 电台广播中的音乐节目的制作与授权也进行整合。

- 这个组织建立起统一协调的授权转播程序和节目质量保证体系。这意味着制作部门和广播部门要协同工作，共同制定出合理的节目时间表（不管是一个季度的还是一年的）——这是为了降低内部市场机制所引起的内耗。

- 设立一个"新媒体"部门。BBC 网络服务和互动电视转播结合在一起，同时还有其无线服务部分。这是为了吸收新技术，并保证 BBC 能够在全面了解新技术的基础上，制订一个整体的而不是一个支离破碎的战略计划。

- 在各部门撤销与总部相重叠的保障职能（如市场营销、战略、财务和人力资源）——如果各部门需要这样的服务支持，它们可以向总部申请。

- 内部交易便利化。内部的业务单位由 190 个减少到 40 个，这大大简化了内部交易的程序，也降低了交易成本。

最后，总裁提醒员工："……要记住，BBC 的改革并不是到此为止……敏捷、灵活是改革所要达到的主要目标。我们要不断改进我们的结构与机制，以适应环境的变化与发展——改革没有结束，而是刚刚开始。"

（本案例节选自：格里·约翰逊，凯万·斯科尔斯著. 王军等译. 战略管理：第六版[M]. 北京：人民邮电出版社，2004：301 - 304，有改动。）

思考题:

1. 约翰·伯特的组织结构有何优缺点? 为什么有的部门(尤其是新闻部门)不受内部市场机制的管辖?

2. 对格雷格·戴克的改革进行评价;针对 9 个方面的改革措施,逐一分析其对 BBC 提高服务水平的作用。

3. 讨论公司总部的角色所发生的变化,你对总部与新分部之间的关系有何看法?

4. 各分部之间的关系将如何变化? 内部市场是如何进行改进的? 为什么格雷格·戴克没有完全废除内部市场机制?

第二章　组织结构与设计

学习目标

1. 了解组织结构的构成要素
2. 掌握组织结构的形式
3. 理解组织生命周期的内涵
4. 理解互联网+时代的组织设计理念

开篇案例

PMC AG 的兴衰

PMC AG 是一家生产高档运动车的德国公司,创立于 1930 年。它在早期是一个小型咨询工程公司,主要为客户解决汽车设计难题。第二次世界大战末,PMC 创立者的儿子决定扩展公司业务,自己制造精密汽车。

1948 年,第一辆 PMC 汽车模型从这个小工厂驶出。每个部件都由技术高超的工人手工制成。以后的几年里,发动机和部件由其他公司设计和生产,在 PMC 工厂里组装。到 20 世纪 60 年代,PMC 开始自行研发生产部件。

从 20 世纪 60 年代到 80 年代,PMC 迅速发展。60 年代早期,公司设计出一款全新车型,1970 年推出一款低价位车型,1977 年增加了一款中价位车型,到 80 年代中期 PMC 盈利丰厚,它的名字也成为有钱的企业家和绅士的象征。1986 年,PMC 销售了 54 000 辆汽车,是其销售史上最高的一年。其中有 2/3 的汽车销往北美。

PMC 的结构

PMC 的组织结构随着它的成功而扩展。公司早期只有一个工程部和一个生产部。到 20 世纪 80 年代,雇员们被分成十多个职能部门,分别负责生产流程的不同阶段以及上游活动(如设计、订购)和下游活动(如质量控制、市场营销)。雇员们被严格限制在一个部门里工作,如果一个员工自愿转到另外一个部门简直如同造反一样。

PMC 的生产工人被组成为传统等级阶层。生产一线的雇员向工作小组的负责人汇报,后者向主管汇报,主管再向地区主管汇报,地区主管向生产经理汇报,生产经理向生产总监汇报,生产总监再向 PMC 生产执行副总裁汇报。接近 20% 的生产员工会同时涉及管理工作。以 20 世纪 90 年代早期为例，2 500 名生产一线的雇员的管理人员就包括 48 名地区主管、96 名主管和 162 名工作小组负责人。

PMC 的传统工艺

PMC 拥有支持工艺技术的优秀历史和深厚文化。它给雇员机会去试验和发扬他们的技术，因此 PMC 吸引了德国的熟练劳动力。PMC 的工人被鼓励去掌握长时间的工作流程，一个单元达 15 分钟之多。他们的理想是尽可能地独立制造一辆汽车。举例来说，有少数的熟练技工能够装配一整辆汽车，对他们的奖励是他们可以在完成的部件签上他们的名字。

设计部工程师的工作完全独立于生产部门，结果是生产部的工程师不得不修改设计以适应实用的部分。不过他们并不认为这是一件烦心事，相反，他们认为这是一项让他们的手工技术更成熟的挑战。类似地，制造工程师偶尔也会按加工能力重新设计产品。

1977 年，PMC 为了提高效率引进了一条移动卡车生产线。即使在那时，仍然非常强调手工技巧。公司鼓励员工们快速地将部件放到汽车上，技艺高超的故障检修员在汽车离开生产线后检查和修复缺陷。结果是，PMC 的汽车在销售给客户时几乎没有任何缺陷。

结果是成功的吗？

PMC 跑车满足了小部分人的需求。PMC 以卓越的发动机技术创造的巅峰性能而闻名，但这些性能价值不菲。日本跑车根本无法同 PMC 相提并论，可是制造一辆日本车的成本对 PMC 来说是九牛一毛。

这种成本劣势于 20 世纪 80 年代晚期和 90 年代早期打击了 PMC 的销售。先是德国货币对美元升值让北美市场的 PMC 跑车价格更为高昂。到 1990 年，PMC 汽车的销量只抵得上四年前的一半。接着，北美经济衰退席卷而来，进一步压低了 PMC 的销量。1993 年，比起 1987 年的 54 000 辆汽车，PMC 的销量只有 14 000 辆。尽管 1995 年，销量回升到 20 000 辆，PMC 的价格标签让很多潜在顾客望而却步。对创立 PMC 的家族来说，改革势在必行，但他们无法确定何去何从。

（本案例节选自：史蒂文 L. 麦克沙恩，玛丽·安·冯·格里诺. 井润田，王冰清，赵卫东译. 组织行为学：第三版[M]. 北京：机械工业出版社，2007：323 - 324. 有改动。）

第一节　组织结构基本原理

一、组织结构设计原则

组织结构是组织中正式确定的，使工作任务得以分解、组合和协调的框架体系。第一章叙述了外部环境对组织结构设计的影响，除了外部环境因素，设计组织结构时还需要详细考虑企业自身的内部因素。

2

（一）技术

组织结构的设计必须与其核心技术紧密结合。影响组织设计的两个技术性因素，分别是工作的多样性和可分解性。工作多样性是指团队或工作单位的标准流程之外的，可能发生的例外事件的数量。工作可分解性是指从资源投入到产出的转换过程，能够简化成为标准步骤的个数。

当员工执行的任务具有高多样性和低可分解性时，他们需要运用自身的技能来处理这些不可重复的特殊情况，比如一些科研团队的研发工作。这些情况要求一个有机的组织结构，即低正规化的、拥有高度分散的决策权，团队成员间主要通过非正式沟通来进行协调。

高多样性和高可分解性的任务经常遇到常规活动之外的例外事件，这些例外事件通常可以通过标准流程得以解决，例如工程设计团队就经常遇到这种情况。这种类型的工作单位应该采用一种有机结构，不过因为任务的可分解性，它们在实际中更多地采用正规化和集权化。

有的工作是常规性活动，任务多样性和可分解性都比较低。这代表着员工一直都按部就班地执行同样的任务，当例外事件发生时，依照既定的规则来处理，几乎没有不可预测的事情。比如，汽车生产流水线上的工人，既有高度的正规化和集权化，又有工作流程的标准化。但是，有些常规性工作，尽管例外事件很少出现，一旦出现却又难以解决，比如贸易人员。这时，比起一个单纯的有机结构，还应当允许更强的集权化和正规化，但非正式沟通等协调机制是一定要存在的，这样才能使特殊问题得以解决。低任务复杂性、高可分解性的工作，在管理实践中并不常见。

随着互联网时代的到来，信息技术在企业中的应用非常广泛，这也使组织设计发生了一些显著的变化，比如组织结构更加扁平化，集权化和分权化都得到了增强，协作性加强等。

（二）组织文化

组织文化需要组织结构相互配合，才能发挥其作用。组织文化至少从四个方面影响组织结构设计，创新意识、顾客意识、员工意识和组织文化一致性。

1. 创新意识

在一个鼓励创新的组织文化中，一旦有人提出了新的想法，它很快就会被传达给组织里的每个人。这个想法会不断地得到修改、调整和补充，并最终达到令人满意的效果。

因此，创新导向型组织文化要求减少管理层级，并且淡化组织分工，使信息能够及时快速地在组织内部实现横向和纵向流动。淡化组织分工指减少分工形式多样化、降低专业化分工程度。

创新导向型组织文化要求员工拥有较大的自由度，对工作内容、工作时间和工作手段有较大的自主权，这意味着组织规范化程度相对较低。智能技术和专业技术知识的发挥在很大程度上依赖于员工的创造力，更多地自我引导和团队工作，宽松、不过多干预的管理对知识工作者是必要的,这样才可以保持一种有利于创造性思考的环境,以便对外部环境变化迅速做出反应。

要维持一种创新的组织文化,管理人员必须为员工提供理想的工作环境,让他们有权做出决定,有学习和实践的资源,并且能通过努力尝试获得赞赏,不管这种尝试是否能最终成功。由此可见,创新导向的组织文化要求采取相对分权的组织结构,对员工进行授权。

2. 顾客意识

顾客导向型组织文化的特点是组织全体成员以客户满意为组织目标,强调对顾客需求信息进行积极传递,并在组织范围内对这些信息做出反应。顾客导向型文化认为,组织能否生存和发展,归根到底取决于这个组织与客户的关系,只有在为客户创造价值的同时,能从客户身上获取自身所需要的价值,才能够生存和发展。这需要不断为客户创造新的产品和服务价值,并不断开拓新的客户市场。

顾客导向型组织要求顾客拥有综合全面的组织信息,充分实现信息在组织内部的共享,实现信息在生产、销售、财务、运营等各个部门间的横向流动。同时,还要求各个部门能进行协调与配合,从而形成整体优势。因此,在组织结构设计上要尽量减少管理层级,降低分工形式多样化和专业化分工程度,加快信息在组织中的传播和反应速度,增强组织各部分的灵活性、协调一致,使组织能对顾客需求的变化做出反应。

为了提高顾客满意度,组织需要在质量、服务水平、周转时间和其他绩效方面表现优异。而这些因素都在一定程度上依赖于组织中规范性的强弱,好的规范性是好绩效的保证。因此,顾客导向型组织往往要求较高的组织规范性。

顾客导向型组织以顾客满意为目标,需要迅速快捷地对市场做出反应,因此更倾向于分权,给予基层管理者和员工更大的权限。

3. 员工意识

员工导向型文化的组织认为,员工是组织存在与发展的根本,组织的发展从根本上取决于员工的发展。因此,在管理工作中要重视员工的参与,关注员工的成长,并把员工的发展作为组织绩效的一部分。

员工导向型文化要求低复杂性的组织结构,即较少的管理层级、低分工形式多样化和低专业化分工程度。宽管理幅度、少管理层级有利于发挥员工的积极性和主动性,提高员工参与工作的热情,而不是机械地完成上司交代的任务。同时,精细的分工使员工长期从事某一单一操作,限制了员工对于其他岗位知识和技能的了解。企业关注员工发展的需要,则会降低专业化和部门化程度,为员工的职业生涯发展做出考虑。

员工导向型文化的组织一般规范性较低。在高度规范化的组织中,有明确的工作说明书和繁杂的规章制度,员工发挥和选择的空间很小。而规范性较低的工作,员工可以灵活安排自己的日程,对自己的工作拥有一定的管理权限,有选择工作行为的可能,有利于员工的成长。

员工导向型文化的组织一般倾向于分权管理。集权组织管理的出发点是增强对员工的控制,以降低工作中的不可预见性,这样的管理方法将员工视为完成组织目标的工具而不是企业发展的力量。分权组织通过将决策权下移,让员工享有充分的自主权,并对决策结果负责,这有利于员工实现自我管理、自我发展。同时,这也要求员工有较强的素质和能力。

4. 组织文化一致性

一致性导向文化的组织认为,组织成员之间的协调和整合是组织有效性实现的根本保证,组织成员为实现组织目标进行协调与整合的程度,直接关系到组织绩效的表现。一致性导向文化的组织要求组织结构的设计有利于组织成员的协调与整合。

一致性导向文化的组织同样倾向于低复杂性的组织结构。复杂性高的组织结构容易形成部门间的沟通壁垒,阻碍跨部门合作,较多的管理层级也不利于纵向沟通。因此,降低机构多样化形式和管理层级,有利于组织内的横向和纵向沟通,从而促进组织成员间的协调与整合。

在进行组织结构设计时,一般需要遵循以下原则。

(1)任务目标。任何组织都有自己特定的目标,组织结构、制度、流程、文化等都是为完成组织目标服务的。组织设计必须以组织任务目标为标准,一个完善的组织结构体系能够充分发挥员工的能力和潜能,促进组织任务和目标的实现。

(2)精干高效。无论是营利性组织,还是政府、社会团体等非营利组织,都在努力完成组织目标的前提下力求将成本降到最低,效率至上已经成为衡量组织有效性的一个重要标准。因此,在进行组织设计时,要考虑效率原则,努力设计一种使组织能以最低的成本来实现目标的组织结构。

(3)统一指挥。统一指挥最早是由法约尔提出来的。他指出,无论一个组织怎么设计,都要保证指挥和命令的集中统一性,都要在组织的总体发展框架下运作。没有统一指挥,组织目标和战略根本无法实现,甚至组织的生存都岌岌可危。换言之,组织只有按照统一指挥原则运作,所有员工在组织高层的统一指挥下工作,才能发挥其协同效应和整体效应。

(4)分工协作。组织目标的实现需要多种工作活动相互配合,尤其在现代组织中,组织运营和管理所涉及的工作活动种类更多、强度更高、专业化程度更高,因此,劳动分工与协作是不可缺少的。在组织设计过程中,可以通过设置不同的专业部门和专职人员以完成各种具体的、细致的工作来践行分工;同时需要注重协调各部门、专职人员的工作活动,使他们的活动既符合特定部门和职位的特性,又符合组织战略和总体目标的要求,兼顾协作来保证组织与领导的有效性。

(5)跨度适中。每个部门和职位都有一定的管理跨度,即管理幅度。管理幅度也影响着管理层级的数量:在组织规模一定的情况下,管理幅度越大,管理层级越少;管理幅度越小,管理层级越多。管理幅度的大小没有绝对的最优值,但应保证信息交流顺畅,以及组织和领导的有效性。

(6)执行机构和监督机构分设。执行机构是直接执行组织决策、保证组织任务完成的机构;监督机构是监督执行机构是否按照国家法律法规和组织规章制度来完成组织任务的机构。如果两个部门设置在一起,就会造成既当"裁判员"又当"运动员",不能发挥监督机构应有的作用。

（7）稳定性与适应性相结合。第一章已经讨论过，组织外部环境的变化对组织设计有重要影响。因此，在设计组织结构时，既要保证组织外部环境发生变化时，能够继续正常运转；又要保证组织在正常运行过程中，能根据外部环境的变化及时做出相应调整，使组织具有一定的弹性和适应性。

二、组织结构的构成要素

组织结构能够用特定的结构来分配任务给人们，并将人员和不同职能的活动联系起来，为组织成员创造价值的活动提供可能。在设计组织结构之前，管理者需要首先思考三个问题。

- 如何能更好地将任务按职能分配，以及将职能按业务或者部门分类，以满足特定战略的需求？
- 如何把权力和责任恰当地分配给不同的职能和部门？
- 当组织结构演化愈加复杂时，如何提高职能和部门之间的协调与整合水平？

（一）任务、职能和部门

组织的任务是战略的功能。哈佛的商业历史学家艾尔弗雷德·钱德勒研究了杜邦和通用等美国大公司在 20 世纪前几十年成长过程中经历的组织问题，并得到了两个结论：组织结构取决于组织选择从事任务的范围和多样性；美国公司的结构以可预见的方式随着它们的战略而改变。正如第一章讨论的，公司选择一个合适的组织结构与组织战略相匹配。一般情况下，公司首先将人员和工作按职能分类，然后再将职能按部门分类。

职能是一个组织中一同工作并执行同类任务或占有类似职位的人员集合。以汽车行业为例，一个汽车经销商的销售人员属于销售职能。汽车销售、汽车维修、汽车零配件和会计等，所有这些加在一起是一整套职能，保证汽车经销商能够顺利出售和维修汽车。

随着企业不断地成长，覆盖更广阔的业务范围，人员、职能和业务子单元间，工作的交流配合更加频繁，也更加复杂。相应地，科层制管理成本也随之增加，也就是这些产品沿着公司价值链流向消费者的过程中，对产品附加价值必须进行的监控和管理等相关成本相应增加。

在这种情况下，管理者需要采取措施来降低这部分成本——将任务分成不同的职能，然后将职能分成一个经营单元或部门。例如，戴尔开始生产不同种类产品时，就建立了独立部门，每个部门都有它自己的营销、销售和会计职能。部门化是将一个职能分类以方便组织更好地生产和运作其产品和服务给消费者的途径。在形成组织结构的时候，管理者必须决定如何以一种能够有效达到组织目标的方式按职能和部门将组织的活动分类。

高层管理者能够基于企业的战略能力和经营模式，在众多种结构中选择企业所需要的那一种，来对他们的生产经营活动进行分类。

（二）权力和责任配置

为了降低组织规模过大带来的管理成本上升，并有效协调人员、职能和部门间的活动,管理者必须形成一个清晰的权力领导层或者指挥链,用它明确每个经理的相关权力,包括首席执行官—中层管理者—一线经理—制造商品或提供服务的非管理类雇员。当经理明确知道他们的权力和责任时,会减少信息失真问题,避免不必要的冲突,提高管理效率,并降低管理成本。

1. 塔式结构和扁平结构

公司的战略和职能任务是选择管理层级数量的基础,随着组织规模扩大和管理复杂度的增加(通过员工人数、功能和部门数量来衡量),公司的权力层级增长,组织结构也会相应地提高。塔式结构的管理层级较多,扁平式结构的管理层级较少。管理层级的增多也会带来新的管理问题。

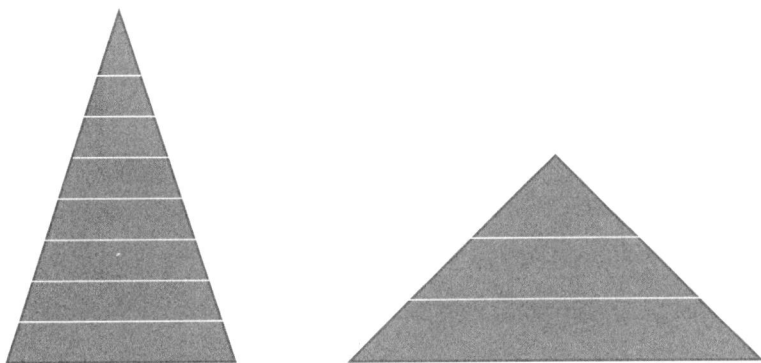

图 2-1　塔式结构(左)和扁平式结构(右)

当管理层级很多的时候,高层管理者的决策和指令需要很长时间才能传达到较低的经理层,而高层管理者也要很长一段时间才知道自己的决策进展如何。由此,过多的管理层级会导致信息传递的速度降低,反馈速度也会减慢。并且,由于信息需要传递的次数过多,容易出现失真和扭曲的情况。不同层次的管理者从自己相对狭窄的职能的角度进行理解,容易产生偏差,而更低层次的管理者则无从正确理解。此外,如果管理者想从中取得个人利益,甚至会发生故意歪曲信息的情况。

管理层次较多产生的另外一个突出问题是成本的上升。管理层次较多往往代表着组织中的管理者过多,而管理者的人工成本是相对昂贵的。管理人员的工资、福利、办公室和秘书等费用加总起来对于组织来说是一项不小的开支。像 IBM、通用和戴尔这些大公司每年要为它们的经理花费几十亿美元。当企业面对危机时,可能通过重组和缩减规模来降低运营成本,中层管理者则容易成为裁员的对象。相对于传统的金字塔式等级组织,扁平化组织减少了管理层次,扩大了管理幅度,纵向沟通反应迅速,横向沟通非常活跃。扁平化组织以目标为导向,以团队协作为基础,团队成员拥有较大的决策权。对组织柔性、响应速度、团队协作和创新创造有着更高要求的组织,扁平化组织结构已经成为他们的首要选择。

弗兰克·奥斯特洛夫和道格拉斯·史密斯在麦肯锡公司丰富的案例咨询经验基础上,提出了设计扁平化组织的指导原则。

2

- 任务流程主导。组织的建立应该围绕 3～5 个核心流程,而不是按照传统的职能一一对应。每位员工都有自己的业绩目标和自己明确负责的流程。
- 打破等级制度。充分减少管理层级,适当合并任务,停止不必要的管理流程活动(批准审核制度等),并且充分发挥员工的能动性,以最高效率完成自己的任务。
- 使用团队管理。改变传统的领导者一人发号施令的局面,使用自我管理团队建构组织,赋予团队一定的权限。
- 重视客户需求。以客户需求为出发点,在绩效评价体系中重视客户满意度,弱化利润和股价的影响。
- 奖励团队绩效。奖励以团队绩效为标准,而不是完全根据个人成就。
- 充分信息知情。团队全部成员知道所能获取的全部信息,充分享有信息公平,而不是仅仅获得"需要知道"的信息。对成员给予一定的训练,使他们明白如何恰当分析、使用这些信息,做出明智的决策。

扁平化组织的优点是:对外界环境变化的响应速度快,灵活性高;管理层次减少,信息传递速度快,同时降低管理成本;较高的团队自主性,有利于提高非正式性决策的效率;员工有较大的权限,从而有较高的自主性、积极性和满足感。它的缺点是:在团队发展的早期阶段,员工花费在协调上的时间和精力较多,甚至产生冲突的可能性也更大;角色模糊性增强,有可能导致工作职责重合,加大某些员工的压力;只适用于规模较小的团队,随着团队规模的逐渐扩大,管理难度和成本上升较快,不再适合使用扁平化组织结构。

2. 最短指挥链

为了避免上面提到的管理层级过多的问题,高层管理者应该遵从一个基本的组织原则:最短指挥链原则,即公司应该选择能充分高效利用组织资源所必需的最少的管理层级。

称职的管理者随时负责审视他们的指挥链,确保管理层级能够减少。常用的方法就是减少一个层级,并将该层管理者的责任分配给其上级和下级员工。科林·巴雷特作为西南航空公司的第二执行官,就是一位致力于通过权力下放以保证组织结构扁平的管理者。她作为航空产业中居于最高阶层的女性,因其不断重申西南航空的宗旨而闻名。她的核心思想是西南航空珍惜并信任其员工,因此需要将权力和责任赋予他们,鼓励员工不要总等着上级的指示,而是要有责任感,发挥自己的主动性。这样做的显著效果就是西南航空公司的中层经理数量维持在一个极小值。

当指挥链过长时,高层管理者有失去对中低层管理者控制的风险,这也意味着它们会失去对这个战略的控制,为公司引来灾难。解决这个问题的主要途径是分权。

3. 集权还是分权

集权是指公司的高层管理者自己保留大部分决策权;分权是指权力被授予公司低层的部门、职能和员工。通过分权,组织不必为了决策而将信息层层传递到高层管理者,能有效降低管理成本,并提高沟通和协调效率。

分权制的优势明显。首先,当高层管理者将运营决策责任交给中层和基层管理者时,他们减少了不必要的信息传递过程,从而为公司制定战略和强化经营模式节约了时间。

其次,公司的基层管理者对具体的情况有着最详细的了解,当他们被赋予一定的决策权时,他们的积极性和责任感增强了。如此,有利于基层经理立足于具体的情况,灵活、及时地做出最优决策。最后,当基层管理者需要对当地情况的战略实施情况负责时,他们就不再需要那么多监督和指挥,这也有利于组织结构向扁平化发展。

当然,集权也有相对优势。集中决策更容易协调组织内的活动,使其共同向公司战略所规划的方向努力。尤其当组织的分支机构运营失去控制,或者出现经济危机等情况时,集权使得决策迅速且整体组织反馈和协调一致,更有利于公司的发展。

（三）整合机制

在组织中的人员、职能和部门之间总是在不断进行协调。然而,随着组织结构的日渐复杂,部门间的沟通协调会变得更加重要也更加困难,这时就需要高层经理利用各种整合机制来增强部门间的协作。

1. 直接接触

来自不同部门的管理者之间的直接接触为解决复杂问题创造了条件,但也存在一些问题。通常,不同部门的经理都拥有同等的权力,但对于如何运作达到组织目标却容易有不同的看法,如果他们之间就需要沟通的问题无法达成共识,那么就会引发冲突。事实上,一个组织中高层管理者需要解决的问题越多,则代表组织的运作越有问题,也代表着管理成本的提高。

2. 联络角色

部门的管理者可以通过建立联络角色提高不同部门间的协调,当两个部门间的接触频率提高时,提升协调水平的一个途径就是给予两个部门的管理者协调责任。这些经理可以按照一定的频率来解决交接和传递问题,比如每天、每周、每月或者按照需求。协调只是联络角色的部门职责,它经常还包含一种非正式人际关系的形成,由此减轻冲突发生的可能,降低部门间的压力。此外,联络角色也是组织内信息传递的途径,这对于大型组织非常重要。

3. 团队

当两个以上部门共同承担很多问题时,直接接触和联络角色可能无法提供足够的协调。在这种情况下,需要使用更复杂的整合机制——团队。每个部门都委派一个管理者到团队里进行会面来解决特定问题。团队成员也有责任将这些解决办法及相关内容反馈到自己所在的部门。在现代企业中,团队机制被越来越多地使用。

三、组织结构形式

经典的组织结构类型主要包括直线型、职能型、直线职能型、事业部型和矩阵型。

（1）直线型结构。直线型结构中一切管理工作,均由管理者(通常是雇主)一人完成,没有专门的职能机构和固定的职责分工。直线型组织是最简单最灵活的组织结构,雇佣少数几个人,生产一种产品或提供一种服务,常见于小规模企业,比如中国家庭作坊。很多学校门口的煎饼铺就是最典型的直线型组织,没有过多的等级,每个人承担的角色都很灵活、宽松。夫妻二人一起加工原材料,并搬运到学校门口。丈夫小王负责煎饼制作,妻子负责收钱找零。在两人卖早餐的同时,小王的母亲会去早市帮忙采购第二天所需的蔬菜等原料。

一些非遗传承的手工作坊,往往一个人就完成了很多工作,夸张地说,一个人就是一个组织。

案例聚焦

非遗传承人手作,百年瓷坊冰裂杯

"裁剪冰绡,打叠数重"。龙泉青瓷中的"冰裂纹",釉色莹润,似一汪深泉;开片层叠,如薄冰骤裂真乃鬼斧神工。

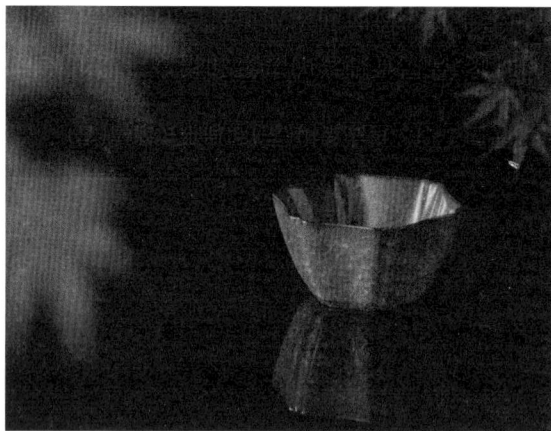

图 2-2　冰裂纹瓷器

兰宗民,是龙泉青瓷制作非遗传承人,也是"蓝义丰瓷坊"的第四代传人。"蓝义丰"始建于清代,是有 100 多年历史的瓷坊,其出品的釉料还供应着龙泉各大青瓷厂家,堪称一绝。兰宗民老师手作的冰裂杯,量少求精,其釉色堪称一绝,已接近南宋龙泉青瓷中的上品;纹片层次感丰富,曲折多变,市面上无人能够复制其神韵。在收藏市场上有很高的辨识度,很多藏家至少要提前半年预订。

制作冰裂杯需要经过选矿、揉泥、坯体晾干、洗刀痕、上釉、烧制、出窑和落款八个流程,全部都由兰宗民一人完成。其中每个环节对细节的要求都极高,以上釉为例,釉薄,不起纹片;釉厚了,坯体会拉裂、变形,釉面剥落或出现黏足,所以成品率极低。兰宗民烧制的青瓷采用浸釉加 4~5 次喷釉结合的方式,形成厚达 2mm 的釉层,才能令成品莹润如玉。

(本案例节选自:收藏级冰裂杯,非遗传承人手作,百年瓷坊出品[EB/OL]. [2020-10-05]. https://mp.weixin.qq.com/s/YOEX88AjZh-C9H6xxw-3PA. 有改动。)

直线型组织结构的优点是:管理成本较低;决策速度快;命令统一;指挥灵活;容易维护纪律和秩序。它的缺点是:管理者个人智慧和精力有限,容易出现决策失误;管理简单粗放;难以完成复杂的目标任务。

（2）职能型结构。职能型结构是在直线制的基础上,分别设置不同职能部门的行政负责人,管理采购、研发、销售等不同业务,从而把拥有专业知识或其他资源的员工组织起来。职能型组织结构是最常见的组织结构形式,适用于规模不大、经营范围单一、外部环境比较稳定的组织。目前我国很多传统行业的中小型企业都采用这种组织结构形式。

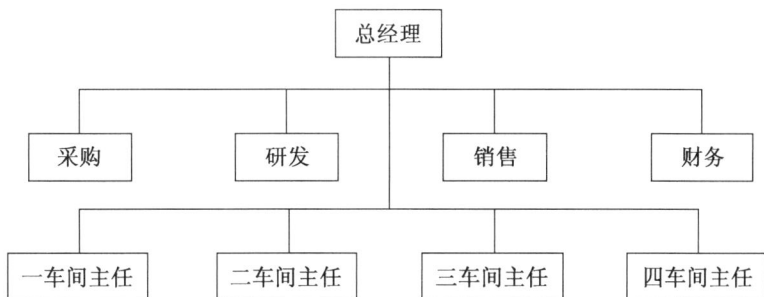

图 2-3 职能型结构示意图

职能型结构的优点是:保持了直线型结构的统一领导,又可以充分发挥组织中每个人的长处,提高管理效率;每个部门的领导者都是对该部门业务充分熟悉的专家,方便直接监督指导下属;每个业务部门都可以为公司中全部的项目服务,从而产生规模效应,降低经营成本。它的缺点是:权力过分集中,一线工作人员缺乏自主权;各部门之间的横向联系较差,各部门之间容易产生冲突;每个部门各自拥有自己的分组目标,并倾向于将其放在上级组织目标之上,不利于公司战略的达成;信息传递链较长,灵活性较差,对于外部环境变化反应较慢。

（3）直线职能型结构。直线职能型结构是指组织的设计以直线制为基础,在各级直线主管之下设置相应的职能部门,即在保持直线组织的统一指挥的原则下,增加了参谋机构。在这种组织形式下,直线部门是骨干,原则上担负着实现组织目标所需要完成的直线业务,如生产销售等;而职能部门只是同级直线主管的参谋与助手,可以对下级职能机构进行业务指导,但无权对下级直线发号施令,除非上级直线主管授予他们某种权力。

直线职能型结构按组织职能来划分部门和设置机构,实行专业分工,并实行统一指挥;将管理机构和人员分为两类,一类是直线指挥部门和人员,另一类是参谋部门和人员;实行高度集权。

其优点在于各级直线主管人员都有相应的职能机构和人员作为参谋和助手,因而能对本部门进行有效管理。每个部门都由直线人员统一指挥,满足了现代组织活动需要统一指挥和实行严格的责任制度的要求。

缺点在于下级部门的主动性和积极性的发挥受到限制;部门之间缺乏沟通,不利于决策;各参谋部门和直线指挥部门之间不统一,比较容易产生矛盾,使上层主管的协调工作量大;难以从组织内部培养熟悉全面情况的管理者;整个组织适应性较差,反应不灵敏。该组织结构对中、小型组织较适用,但对于规模大、决策时需要考虑的因素复杂的组织则不太适用。

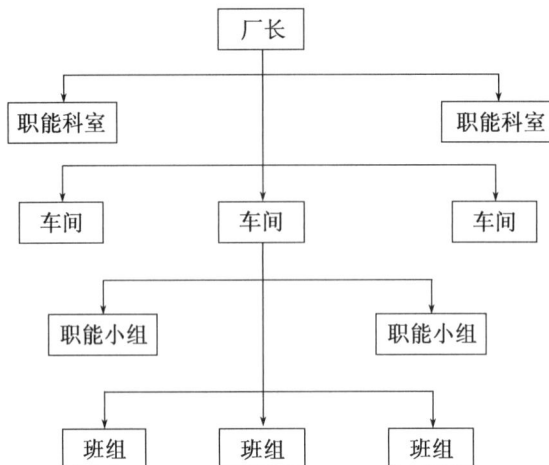

图 2-4　直线职能制结构示意图

（4）事业部型结构，也叫分部式形态、产品部结构等，其中的各事业部被称为战略运营单位（strategic business unit，SBU）。事业部型结构产生于1924年，时任美国通用汽车公司总裁的阿尔弗雷德·斯隆提出了"集中管理、分散经营"的经营战略，事业部型组织结构随之诞生。

在事业部型结构下，总部只保留重大事件的决策权，以及通过财务等指标对事业部进行必要的控制，其余员工按照地理区域、利润中心或者产出种类（产品/服务）等不同的标准被组合分配到不同的事业部中。事业部享有较高的自主权，可以全权决定市场调研、研发设计、采购生产、售后服务的全过程。事业部型结构主要适用于技术复杂、市场范围广阔、产品服务种类多样的大型企业。尤其随着经济全球化的不断深入发展，使用事业部型组织结构的大型跨国公司越来越普遍。

比如荷兰电子公司飞利浦，按照不同产品类型对劳动力进行了分类。如图2-5所示。

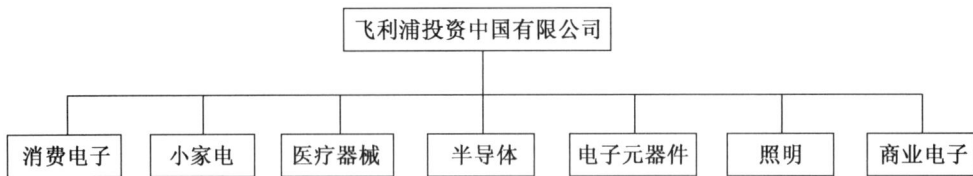

图 2-5　事业部型结构示意图

事业部型结构的优点是：积木式的结构，可以相对容易地适应公司的成长；能够根据不同地区的情况灵活地制定自身的经营策略，更加快速地响应外界环境的变化；有利于实现事业部内各个职能之间的高度协调；责、权、利分明，易调动员工的积极性。它的缺点是：失去了职能内部的规模经济，资源利用效率较低；各个事业部容易形成相互竞争的关系，导致内耗；各个事业部拥有极高的自主权，容易削弱总部的控制，不利于组织整体目标的实现。

（5）矩阵型结构。矩阵型结构是职能型结构和事业部型结构的综合体，是一种既按照产品（服务）又按照职能或地区来划分部门的一种组织结构形式。矩阵型结构的突出特点是下属相当于同时处在产品部门和职能部门之中,需要向产品经理和职能部门经理同时汇报。当面对临时性强、任务复杂、涉及面广的重大工程项目或者管理变革任务(例如科学研究、改革试点等)时,矩阵型结构较为适合。

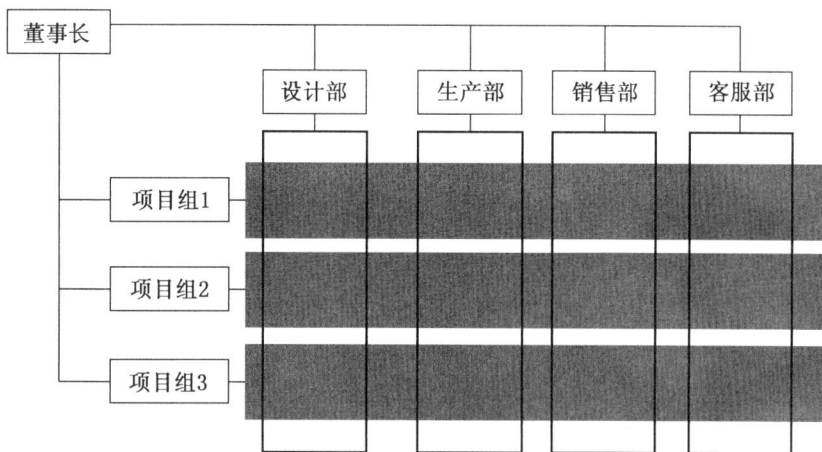

图 2-6 矩阵型结构示意图

矩阵型结构的优点是:以项目为出发点,加强了不同职能部门之间的交流和配合,优化了资源和人才配置;可以根据项目进程调整组织结构,灵活性和针对性强;项目组成员都是各个领域的专家,各有所长,为攻坚克难和重大创新提供了条件。它的缺点是:员工通常要接受来自两个方面的领导,容易出现命令模糊不清、角色混乱等情况;各个项目组容易被成员视作临时组成,从而难以形成团队凝聚力,激励的难度也相应提高;相对复杂的组织架构对于管理人员的沟通能力和管理技巧都有了更高的要求。

直线型、职能型、直线职能型、事业部型和矩阵型这几种经典的组织结构,曾缔造了许多伟大的公司。然而,随着互联网时代的到来,这些传统的组织结构已经难以充分应对迅速变化的环境,于是新的组织结构也随之产生,将在本章第三节有详细的介绍。

第二节 组织规模与生命周期

一、组织规模

组织规模是影响组织结构设计的一个重要变量,小型组织和大型组织的结构有相当大的差异。随着企业的发展,企业活动的规模日渐扩大,活动内容也更加复杂。这导致对组织管理正规化的要求逐渐提高,管理的文件越来越多,对不同的岗位和部门之间协调的要求越来越高,组织也变得更加复杂。

(1)规范化。规范化是指规章、程序和书面文件,如政策手册和工作描述等,这些规定了雇员的权利和义务。大型组织更依靠规章、程序和书面工作来实现标准化和对大量的员工和部门进行控制,因此具有更高的规范化程度。相反地,小型组织则可以通过管理者个人观察进行控制,因此不需要对规范化作过多要求。规范化也可能提高大型官僚组织中更加规范的和非人格化的行为和作用方式;小型松散的组织中则更多是自发的偶然性行为和社会性作用方式。

(2)分权化。集权化和分权化主要与组织中决策权力的集中或分散有关。在集权化的组织中,决策主要是由高层管理者做出的,而在分权化的组织中,类似的决策在较低的管理层次上即可完成。在完全官僚制中,所有的决策都是由具有完全控制权的高层管理者做出的。然而,随着组织的成长壮大,会有更多的部门和人员,决策也会更多。因此,组织规模越大,越需要分权化管理。

(3)复杂性。复杂性与组织中的管理层级(纵向复杂性)以及部门和工种的数量(横向复杂性)有关。大型组织显示了复杂性的明显特征。首先,大型组织中专门化更加普遍,为了满足对计划的巨大需要,经常需要建立新的管理部门来解决规模带来的问题。其次,随着部门规模的扩大,产生了细分压力,以至于管理者不能有效控制过大的部门,需要再次细分为独立的部门。最后,传统的纵向复杂性需要保持对大量人员的控制,为保持管理幅度不变,则管理层级会更多。

(4)专职管理人员的数量。大型组织的另一个特点是管理人员、办事人员和专业人员数量的激增。随着企业活动规模的扩大,必然增加对直接生产以及基层员工的需要,进而必然产生对管理者以及对更多管理者的需要。

(5)协调机制。大型组织拥有更加完善的协调机制,通过采用标准化的工作过程和产品,以处理更为庞大的生产经营活动。这些协调机制需要更多的管理层级和更强的正规化程度。从传统意义上来讲,非正式沟通也属于组织的一种协调机制,不过,随着组织规模的扩大,非正式沟通会减少。但近几年,随着计算机技术的发展和人们对于授权的强调,非正式沟通再次发挥了它的重要作用。

二、组织生命周期

任何一个系统都有其生命周期,公司也需要经历自己的生命周期轨迹。在每个阶段,它都会面临某些挣扎——克服某些困难或过渡期的问题。每当企业进入生命周期的下一个阶段,为了克服这些问题,需要对包括组织结构在内的多方面活动进行调整。

(1)婴儿期。处于婴儿期的企业以产品为导向,确保企业能生存是最大的目标。完成产品设计和打磨之后,销售成为企业最重要的任务。同时,公司需要一定的现金流来支付各种开支。

婴儿期公司规范程度较低,很少有政策、制度、流程或预算。公司中的每个人都有许多事情要做,需要每一位员工都是独当一面的"全能型"选手,因此工作专门化程度不高。

婴儿期公司没有成型的组织结构,管理层级较少,员工间几乎没有等级之分。公司的氛围相对轻松,大家甚至可以直接称呼彼此的名字。但是,公司的集权化程度很高,领导人往往事必躬亲,几乎一个人处理公司全部的重大决定,不愿意授权给他人。这种高度集权的组织结构也是婴儿期公司生存的关键。

严格地讲,公司发展的最初始阶段是孕育期,但这一阶段还停留在"创业空想",不涉

2

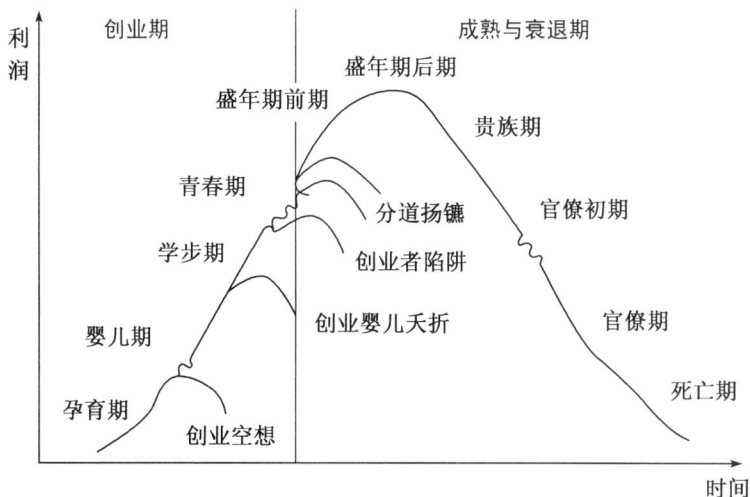

图 2-7 某公司生命周期示意图

及组织结构的问题。比如,著名的共享短租服务平台爱彼迎,在运营初期,也是三个室友组成了整个公司。

案例聚焦

三个青年的逆袭之路

目前估值 310 亿美金,超过全球第一大酒店集团希尔顿,全球 400 万个房源,遍布 190 多个国家和地区的 6.5 万个城市,接待过 2.6 亿人次房客,这就是火遍全球的共享短租服务公司爱彼迎。谁能想到,独角兽公司的萌芽,只是因为付不起房租的创始人想通过出租充气床来赚外快。内森·布莱查奇克等 3 个 80 后创始人,从穷光蛋室友变成了如今的亿万富翁,还因为开创了分享经济这个商业新方向,开始影响世界经济的格局。

2007 年秋天,爱彼迎创始人布莱恩·切斯基和乔·格比亚都是毕业于罗德岛设计学院的学生,哥俩都穷得付不起在旧金山的房租。当时有个设计师大会在旧金山举行,酒店的房源供不应求。乔想了个点子,在邮件中对布莱恩说:嘿,兄弟,我想了个办法赚点外快:把我们的公寓变成一个提供住宿和早餐的民宿,在 4 天的会议期间,给设计师提供无线网、小工作桌、充气床还有早餐!他俩迅速行动起来,把 3 个充气床摆在房间里,就准备迎接客人了——虽然简陋,但这是爱彼迎的第一个房源。这里入住的第一批客人,两位男士和 1 位女士,每人向房东支付了 80 美元房租。

从此之后,乔和布莱恩看到了在线短租的前景,拉了工程师朋友内森·布莱查奇克入伙开始创业。2008 年,爱彼迎抓住了大型线下活动的机会。充气床和早餐服务(Airbed and Breakfast)首先在 2008 年 3 月的大型线下活动"西南偏南大会"(SXSW)上推出了产品,当时也适逢美国总统大选,他们在美国总统候选人之一奥巴马的演讲地点丹佛市做推广——因为丹佛酒店很少,但是去看奥巴马的人又很多,所以他们一下火了。不过,充气床和早餐服务的发展在这些大活动之后很快陷入了停滞。很多人曾告诉他,爱彼迎是他们知道的最后能成功的、最烂的创业想法。

爱彼迎公司濒临破产、难以为继,乔和布莱恩一度靠透支信用卡来维持。后来,借美国大选的东风,布莱恩设计了两款总统选举主题的麦片——奥巴马口味和麦凯恩口味(当时的共和党总统竞选人),每盒40美元,市场反响比预计的要好,在卖出了1 000盒麦片后,他们最终挣了3万美元——这也是爱彼迎早期最重要的一笔资金来源。而那些没有卖完的麦片,成了布莱恩他们的一段时间的口粮。

在导师的推荐下,布莱恩团队得到了硅谷的创业孵化器YCombinator创始人保罗·格雷厄姆面试的机会。"他们的点子糟糕透了,"保罗·格雷厄姆面试时并不看好这个疯狂的想法,认为那些想要把自己的家租给陌生人的人都有病。在离开之前,乔和布莱恩送了一盒麦片作礼物给保罗当作纪念品,保罗问他们哪里买来的这个麦片,爱彼迎说是他们自己做的,于是讲述了这个卖麦片为生的故事。保罗·格雷厄姆说,他决定给爱彼迎提供2万美元的启动资金,让这个初创团队加入YCombinator的孵化项目,"因为创始人们有不死的信念,而且很有想象力"。

2010年1月,爱彼迎总预订天数还只有10万,但是到年底时这个数字就增长到80万,它在一年内实现了700%的增长。此时,爱彼迎早已走出纽约,成长为一个全球性的网络服务。

(本案例节选自:李湘莹. 爱彼迎创始人:3个青年的逆袭之路[EB/OL]. [2017-12-08]. https://m.sohu.com/a/209139870_161795. 有改动。)

---

(2)学步期。处于学步期的公司开始产生效益,不仅销售在增长,也有了稳定的资金流。但是创始人容易被婴儿期公司的成功蒙住双眼,被外部环境"牵着走",参与过多不相干的业务,因为每个机会看起来都不容错过。

学步期公司容易出现的问题是权责不清,因为公司牵涉太多的业务,缺少一致性和焦点,员工往往需要从一个任务跳到另一个业务,产生对任务和责任的模糊不清。此外,工作任务相互重叠也是造成责任无法落实到个人的原因。

学步期公司的组织结构不稳定,夸张地说,可能出现每天一换的情况。并且,公司的指挥链也是不清晰、不稳定的,容易出现一个员工向不同的人汇报的情况。这种围绕人来管理而不是围绕任务来管理的模式,容易为公司带来混乱。

一旦混乱出现,员工就只能去找唯一的领导者——创始人。但长此以往,创始人会无法承受过多任务带来的压力,放权给部分员工,这时公司的集权化程度有所降低。不过这种被动的放权,却容易为组织带来更多的问题。此时,公司需要更多的专业管理人员。

学步期的公司随着组织规模的扩大,沟通和协作也容易出现问题。以往创始人能够充当黏合剂的作用,团结公司向目标努力。但随着覆盖业务范围逐渐广阔,组织人员不断增加,双向沟通制度的建立也是必要的,否则公司则容易陷入流言的困境。

(3)青春期。青春期公司的特点是矛盾和多变,这时的公司希望可以脱离创始人,公司内的新老员工出现思维方式的差别,组织的目标、薪酬和激励制度都是经常变化的。

青春期公司的规范化程度提高。创始人会说："我愿意让自己服从公司的各项规定和政策,而不是让公司服从我变来变去的政策。那些约束别人的政策也同样约束我。"制定完善的规章制度,并确保它对公司内部的每个人实施,是青春期公司的需要。

青春期公司的专业化和分权程度提高。正如之前提到的,许多创始人不仅担任总裁的职务,同时还承担首席销售员、收款人、产品创新者,以及融资人等角色。随着公司的成长,这种独行侠式的管理风格无法继续适用。青春期公司需要进行专业化管理,而关键点就是在保持对公司控制的同时,恰当地授权给他人。这是十分困难的,职业经理人往往在这时进入公司。

这时公司的组织结构还是较为简单的,结构图还画不满一张纸,没有明确规定的以任务为基础的组织结构。因此,尽管公司内部拥有很多数据,却不能转化为信息,无法为决策和协作提供支持。

首个将社交和电商进行融合的平台——拼多多也经历着公司青春期带来的成长之痛。

案例聚焦

拼多多的成长之痛

2015 年,拼多多成立;2018 年,在美国上市;2020 年,市值突破千亿美元。什么使得拼多多迅速取得成功? 创始人离去,拼多多未来之路在何方?

拼多多创始人黄峥在生病时注意到,社交软件正在快速发展,微信、抖音这些社交平台虽然拥有很多流量,但是却没有与之匹配的商业模式使其实现高效的卖货变现,这让他萌生了进军社交电商领域的想法。由此,2015 年 4 月,他正式推出了以卖水果为主、让用户在社交软件上进行低价团购的"拼好货"。

"拼好货"的班底是黄峥第一次创业留下的技术团队。2015 年下半年,当"拼好货"正以强劲的势头快速壮大时,他认为这种拼单模式可以做成平台。虽然这个新想法的难度很大,做平台要不断地烧钱,而且面临的竞争环境会更加激烈。但团队没有犹豫,将之前创办的游戏公司——寻梦游戏最核心的员工抽调出 20 多人投身于平台的建设,又将之前游戏赚的钱投到了新项目——"拼多多"。

"拼多多"是一个让商家入驻的第三方电商平台,同样以社交低价拼单为主打,更重视玩法的创新。它不再强调某一垂直领域的购物体验,这就是其与"拼好货"的区别。拼多多的商业模式迅速取得了巨大成功。

然而,好景不长,随着拼多多平台不断扩张,假货问题变得日益突出,拼多多甚至被戏称为"拼夕夕",借以嘲讽其以次充好,假货泛滥的问题。拼多多不愿再做牺牲者,要改变大家认为平台卖假货、低端的印象。于是在 2019 年,拼多多上线了一个开创历史的活动——百亿补贴。就是拼多多自掏腰包 100 亿,挑一些高端热门商品,以比成本价还低的价格往外甩。拼多多想得很简单:"让你们说我卖假货,我用一个超低价,吸引那些不敢在拼多多买东西的用户,让他们实际体验一下。"结果万万没想到,百亿补贴价格便宜,还不用等。一炮而红，口碑炸裂。占了拼多多便宜的用户，一传十，十传百。在百亿补贴的帮助下，拼多多2020年第二季度新增年活用户5 510万，超过阿里、京东总和。

距离阿里的7.42亿年活用户，也仅差5 900万。

"拼多多"实施"百亿补贴"后不久，阿里巴巴、京东、苏宁都开始了补贴活动，想和"拼多多"抢夺用户，其外部竞争加剧。"聚划算"在"双十二"也采取"百亿补贴"后，"拼多多"的平均销量相比上半月（不含"双十二"当天）下滑了32.9%，成交总额则下滑了34.4%。不过在黄峥眼里，想投资就要肯花钱，这样才会有长期的机遇，这也是实现增长的策略。黄峥对未来的发展和用户的增长也抱有乐观的心态，他表示企业将仍然保持这样的长期战略，持续投资于用户的参与度上。

拼多多内部也同样存在问题。它的品牌供应链劣势，其与品牌商的沟通需要好好思考。尤其是疫情期间，"拼多多"没有专属的物流系统和供应链系统，相较于淘宝和京东受到的影响更大。而通过此次疫情，持续对商家和物流的补贴扶持，就是"拼多多"要做到的另一个重要决策。

2019年的财报发布后，"拼多多"盘前由涨转跌，收盘也跌到了6.89%。2020年7月1日，一向以"低调"作为人设的创始人黄峥进入大众视野，却宣布了自己将不再担任拼多多的CEO，由原CTO陈磊出任首席执行官。拼多多的未来之路在何方？

（本案例节选自：陈慧雯.基于"社交＋电商"商业模式的价值创造研究[D].哈尔滨：哈尔滨商业大学，2020.有改动。）

（4）壮年期。壮年期是生命周期的最佳阶段，也是自控力和灵活性达到平衡的一个阶段。此时，公司的远景和价值观清晰，且组织有序地朝着共同目标努力前进，不会去做边界外的事。在销售额和边际利润上有显著的增长，业绩表现卓越，并且公司文化稳定，有较强的凝聚力和整合力。

壮年期公司规范化表现良好，公司拥有制度化的管理流程，完善的规章和政策，摆脱了少数人主导决策的做法。工作流程得到精简，没有冗杂的烦琐程序，并通过管理者的整合成为运转良好的系统。

公司的组织结构也得到恰当的调整并逐渐稳定，每项任务有最合适的负责人，他们对自己的权责有清晰的认识；权力结构相对合理，一定程度的分权又不危害管理者的控制；信息交流畅通，对外界环境反应速度恰当。

值得注意的是，公司这一阶段组织繁殖力强，可能正在创办新的公司——有自己的产品、自己的生产能力和销售能力的新的业务单元。这对于组织结构也有一定的影响，事业部或矩阵型结构可能被采用。

（5）衰退期。按照伊查克·爱迪思的企业生命周期理论，公司在衰退期内还会度过贵族期、官僚早期和官僚期，最终走向死亡。这些阶段的组织结构特点相对较为相似，因此不分别论述。

全球最大的租车公司之一，赫兹租车就是从鼎盛逐渐走向被收购乃至破产的一个实例。

2

案例聚焦

又一巨头倒下——赫兹租车

赫兹租车是全球最大的汽车租赁公司之一。在美国1 900个租车门店遍布全国,在全球各地还有6 600个租车门店。赫兹租车提供短期租赁服务——日租、周租和月租。在中国,共享汽车平台之一神州租车就是拿到了赫兹为期5年的经营许可权,运作赫兹在中国的租车业务,并且在全国主要城市按照其发展路径建立赫兹全方位服务高端门店网络。然而,在2020年疫情影响下,这样的行业巨头也不堪重负,最终在5月22号申请破产保护!

对于租车行业而言,车和资金的循环都是至关重要的,需要源源不断地供应。赫兹在这方面一直运作良好,但这也代表着高度的规范性和程序化,难以迅速应对环境的变化。2020年全球疫情暴发,旅行租车需求受到严重影响。"疫情对旅行需求的影响是突然而剧烈的",在阐述业务受到的影响时,赫兹这样解释道。2020年初,该公司在全球共有56.8万辆汽车,以及1.24万个经营地点,其中约1/3在机场。作为一家依赖机场和旅游的汽车租赁公司,当旅行禁令到来时,赫兹的业务就遭遇了重创。一方面出行需求减少,资金链断裂;另一方面,即便没有人租车,车龄还在持续增长,折旧成本仍然在不断增加。

面对这样的困境,赫兹也曾挣扎过。在声明中,赫兹坦言,已经采取了一些措施,如取消车队订单来降低计划的车队水平,减少折旧成本投入;同时让2万名员工休假或裁员,约占全球员工总数的50%。与此同时,赫兹还试图通过出售二手车来获得收入。截至3月初,该公司在美国的车队售出了4.1万辆汽车,在欧洲的车队售出1.3万辆汽车。美国克利夫兰北海岸研究公司的分析师兼董事总经理约翰·希利直言,"他们一直做得很好,但是当你没有了收入,你拥有的这些车突然间就变得不值钱了,这是一个非常艰难的行业"。

贷款问题更是使赫兹雪上加霜。此次申请破产的导火索之一就是,在4月到期的大笔汽车租赁款项被取消后,尽管赫兹一直积极与债权人合作,以暂时减少公司车辆运营租赁下的所需付款,并就短期救济进行谈判,但仍然无法达成长期协议。CNN指出,截至3月31日,赫兹的账面上有188亿美元的债务,比去年底增加了17亿美元。其债务主要由43亿美元的公司债券和贷款,以及144亿美元的特殊融资子公司的汽车抵押债务组成。相较之下,截至同一时间,它的资产负债表上只有10亿美元现金。

面对环境的巨变,庞大、成熟但僵化的企业,最终也难以为继。

(本案例节选自:王瑞斌.百年租车巨头赫兹申请破产保护共享出行模式瓦解?[N].华夏时报,2020-06-01(014).有改动。)

衰退期公司的规范化程度过高,控制过于严格,以至于组织在一定程度上僵化。员工在遵循企业规章制度,"走流程"花费了过多的时间和精力,只知道执行命令,而无法发挥主动性,不能完成本来的任务。

公司的集权化程度在此时空前加强,员工的权限非常小,很难通过自己的决策推进工作。成长阶段的公司中,高管们可能会说"既然没有一个人说这件事不应该做,那就让我们做起来。"而在衰退阶段的公司,高管的回答则是"既然没有一个人说我们能做这件事,为什么我们还要没事找事?"职位的责任是明确的,但权力却是模糊的。

衰退期公司的组织结构非常固定,但也会面临一些"修剪"。当公司面临经营不善,为了降低成本,可能会裁撤一部分部门和职员。但是,如果公司决定发起彻底的改革来扭转局势,那么组织结构则有可能被推翻重建。

三、组织成长

与企业生命周期理论类似,格林纳提出了组织成长五阶段模型。他认为,组织的成长大致可以分为创业阶段、指令阶段、授权阶段、协调阶段、合作阶段五个阶段。每一阶段都要采用一定的管理策略以达到成长的目的。

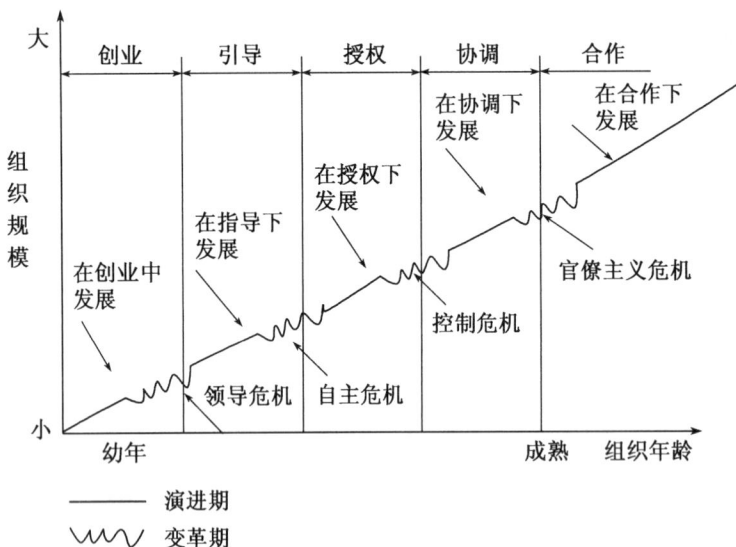

图 2-8　组织成长五阶段示意图

（1）创业阶段。创业阶段的企业与处在婴儿期的企业类似。这一阶段的特点是组织规模小,人心齐,关系简单。企业的集权程度很高,决策权完全掌握在创业者手中,或者由少数几个高层管理者一起做出决定。因为企业的业务范围有限,对于协调的需求不高,只存在着非正式的信息沟通。企业的组织结构相当不正规,企业能否生存与发展完全取决于创业者的素质和能力。不过,一般创业者是"业务型",不善于管理,于是,随着领导力危机引发第一次组织变革,标志着第一阶段的结束。

（2）指令阶段。这一阶段,企业人员增多,组织不断扩大,员工情绪饱满,对组织有较强的归属感。指令阶段的公司规范性得以提高,组织结构功能化、会计制度建立,以及资本管理、激励机制、预算制度、标准化管理出现,专业化程度提高,多采取职能型组织结构。但是这阶段各项职能机构之间的协调问题变得更多,信息量也明显增加,沟通变得重要但困难。为了防止组织陷入混乱状态,必须明确组织的发展目标,集权化程度不降反升,创业者倾向以铁腕作风来指挥各级管理者,这就是"成长经由命令"。然而,过度集权化可能会让员工感到不满,希望取得一定的自主权,企业也会就此进入下一阶段。

（3）授权阶段。随着企业经营范围的扩大，分散的组织结构、运营及市场层面的权责不清、各自的利益中心、盛行的财务激励机制、基于阶段性回顾的决策机制等由职能机构引发的问题增多。如果组织要继续成长，就必须采取分权式组织结构，"成长经由授权"。高层管理者将权责一起委托给下属，建立起以产品、市场或地区为基础的事业部型组织结构。这一阶段中，高层管理者在组织内的信息主要来自事业部的纵向信息流动。但是，由于过分分权，管理者可能会失去对组织的控制，新的剧变再次开始。

（4）协调阶段。协调阶段组织的规范化程度较高，各种管理系统已经相对成熟，如正式的产品组群、正式的规划评估、中心化的支持系统等等。这一时期企业可能会采取矩阵型组织结构，集权程度较为适宜，加强整体规划，促使高层管理者加强监督，负责下属事业部对战略规划和投资回收，同时强化各部门间的协调、配合。但是，随着企业的继续发展，这些正规的措施有可能带来文牍主义，影响工作效率，阻挠创新，甚至产生"官僚主义危机"，需要再次变革。

（5）合作阶段。合作阶段的企业需要通过团队协作来解决各项问题，克服官僚主义危机，强调主动合作，引入社会控制和自我约束概念。这一阶段，企业的规范化程度相对适中，体系和规章制度得以精简，避免对于文牍的过分依赖。集权程度有所提升，高层管理者对业务控制增强，重要的权力得以回收。矩阵型的组织结构仍然适用，团队协作和沟通非常重要，跨功能区的任务团队、去中心化的支持团队等十分常见。这个阶段的重点是提高组织的柔性和创造性，采取一定的变革措施，比如精简机构、开拓新的经营项目和更换高级管理人员等。

格林纳后来为组织成长添加了外部组织解决方案阶段，即通过并购、持股和组织网络等外部手段实现组织成长。

第三节　互联网+时代的组织设计

进入互联网+时代后，企业的经营管理都发生了翻天覆地的变化。企业的外部环境瞬息万变，企业内部技术更新迭代速度加快、沟通协作更加便捷等。这些都要求更加柔性、更加开放的组织结构，把合作能力整合到组织管理之中。下面将简要介绍几种典型的互联网+时代的新型组织：网络组织、生态型组织、无边界组织、自组织系统、共享员工模式和组织平台化。

一、网络组织

网络组织是几家组织为共同创造一种产品或者提供一种服务而组成的联盟，它的突出特点是充分利用现代信息技术。组织理论家迈尔斯和斯诺对网络组织有这样的描述："不分层级、具有高度的灵活性、由市场机制而非行政程序控制，具有这种新结构的公司根据它们的核心职能在商业价值链上排列自己，通过战略联合和外包来获取补充资源。"可以说，网络组织完全抛弃了传统的等级制组织结构，这种合作伙伴式的关系更适用于现在无边界的先进信息技术和经济全球化趋势。

领先世界的 B2B 计算机网络生产商——思科,就是通过网络组织将错综复杂的计算机技术网络连接起来的体系。大多数情况下,思科公司的员工并不会直接接触产品,而通过供应商、分包厂商、装配商和其他合作伙伴,产品很快就会被送到顾客手中。

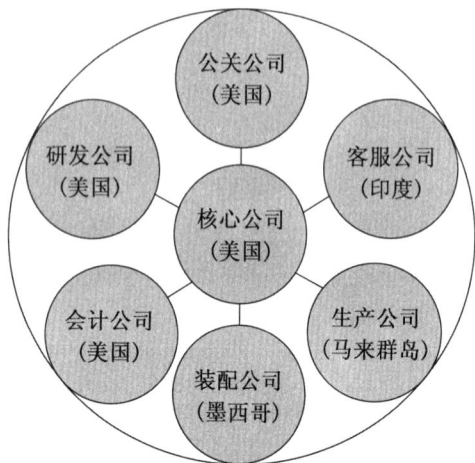

图 2-9 网络组织示意图

信息时代的到来,使得网络组织的形成和发展成了可能。而网络组织也通过"外包"的方式,在世界各地选择上下游最佳的合作伙伴,使得全球要素资源分配得到优化,进一步推动资源利用最大化。但是,网络组织在一定程度上削弱了组织的控制职能,通过合同规定等手段来保证转包商的质量,显然没有在自己公司内部控制员工业绩那样容易。此外,如此复杂的跨文化环境,也对管理者的管理水平提出了更高的要求。

虚拟组织这个概念和网络组织十分相似。它和网络组织主要有三点区别:首先,虚拟组织是为了特定的客户提供定制化产品和服务的一支特殊队伍,会不断地调整重塑自己,而网络组织合作者之间彼此提供的产品和服务可以说是标准化的;其次,虚拟组织是一个自我组织结构,它们之间如何分工合作,是彼此间相互决定的,而不是像网络组织由一个特定的核心公司"安排";最后,虚拟组织是临时存在的,当特殊的生产任务完成,各个独立的公司会再次自发进行新一轮重组,而网络组织结构更加稳定持久。

二、生态型组织

1. 生态型组织的定义

生态型组织的理论基础是组织生态理论。组织生态理论以达尔文的自然选择观为基础,将生态学"物竞天择,适者生存"的理论逻辑移植到组织分析中来,是 20 世纪 70 年代以后发展起来的一种新的组织理论。组织生态学的奠基人是迈克尔·汉南和约翰·弗里曼,他们在 1977 年发表的论文《组织种群生态学》代表着组织生态学研究的开始。组织生态理论的核心观点是,组织与环境不可分离,强调组织与环境之间的密切关系,组织的顺利发展取决于它对环境的准确掌握和及时的自身改造。

因为生态型组织发展时间较短,目前还没有一个公认的概念。较为宽泛地,生态型组织可以被定义为基于相似系统工程和生态系统的自然原理,使组织能够按照自然生态系统的机能运作的一种新型组织形式。生态型组织能够不断地进行自学习、自组织、自进化,实现对知识的创新,并且对复杂环境有快速响应的能力。理想型的生态型组织就像自然界中的最高智能生物——人,它具备极强的自主学习能力,从而能够创造性地适应环境,实现组织的生态进化。

2. 生态型组织的特征

生态型组织所竞争的核心资源是知识资源而非自然资源,学习对于生态型组织异常重要。在高度知识化的社会环境中,学习已经成了组织生产和发展的唯一手段。只有通过学习才能形成组织的运用与创造机制,进而通过自组织、自重构发展组织进化和适应环境的核心能力。如同自然生态系统中的要求一样,一个有机体要想生存下来,就必须满足学习的速度等于或大于其所处环境变化的速度。只有通过学习才能形成创造力,只有创造性的企业才能占据生态系统的上层。创造性的组织必然是具有极强学习能力的组织,只有通过学习才能形成创造力,也才能真正形成一个具备高度智能化和自适应能力的生态型组织。因此,生态型组织天然就应具有快速学习的能力。

作为一种新的组织形态,生态型组织具有不同于学习型组织的新特点,主要表现在以下三个方面。

(1)学习。学习型组织的目的主要是为了适应快速变化的环境,而生态型组织不仅仅如此,它学习的目的超越了对环境的适应,其学习的目的是进化。根据自组织理论,这种进化不是对环境的被动适应,而是组织内部各子系统协同作用的结果。

(2)组织生态位。组织生态位是一个多维的概念,由时间、位置和可用资源三个变量决定。生态型组织强调组织必须发展与其他组织有所差别的生存能力和技巧,找到最能发挥自己作用的位置,也就是组织生态位。它的位置变化既包括组织市场所处的地理位置,还包括组织在价值链和组织生态系统价值网中所处的环节位置。通过确定组织生态位,实现不同组织间生态位的区别和分离,可以有效减少组织间不必要的竞争。更重要的是,这为组织间功能耦合形成超循环、实现自组织进化提供了条件。

(3)自组织。自组织是生态型组织的重要特征。如果一个体系在获得空间的、时间的或功能的结构过程中,没有来自外界的特定干涉,就说该体系是自组织的。生态组织学习的根本目标就是创建条件,从而在组织内部形成并保持自组织,这样就能实现更快速地学习、自适应、进化和变异等。

严格来说,生态型组织是一种未来的组织模式,反映了组织演化的趋势。尽管在实践中严格意义的生态型组织还未出现,但近些年,有些组织已经表现出生态化的迹象。例如,阿里巴巴改变了原来的金字塔结构,正朝更生态化的组织形态转变。

2

三、无边界组织

（一）无边界组织的定义

传统的组织结构一般包括四种边界：垂直边界、水平边界、外部边界和地理边界。垂直边界是指企业内部的管理层级和职位等级；水平边界也是组织内部的，分割职能部门及规则的围墙；外部边界是企业与顾客、供应商、管制机构等外部环境之间的界限；地理边界是区分文化、国家和市场的边界。

无边界组织（boundaryless organization）是指组织的边界不由某种预先设定的结构所限定或定义的一种组织结构设计。除了上述四种边界外，无边界组织还需要打破心理边界，实现知识共享。无边界组织力图取缔指挥链，保持适当的管理跨度，以授权团队取代部门。它是以计算机网络化为基础，强调速度、弹性、整合、创新为关键成功因素的一种适应环境快速变化的组织，与传统的官僚组织有显著的区别。

表 2-1 传统官僚组织与无边界组织的比较

组织特性	传统官僚组织	无边界组织
外部环境	简单、稳定	复杂、快速变化
成功关键因素	规模、职责清晰、专业化和控制	速度、弹性、整合、创新
开放性	较为封闭，难以对环境做出有效反应；通过选择环境来减少不稳定性	较为开放，能接受环境变化并具有对环境的反应能力
结构的稳定性	倾向于固定不变，组织结构的刚性较强	弹性、动态性及多样性，具有持续适应新环境的能力
协调方式	硬性协调方式	"软硬结合"的新型协调方式
任务与职能	通过组织	根据有关的情况及彼此之间的期望值等随机性说明
程序与规则	具有多而具体的正式的成文性规定，且严格按规定程序和规则行事	成文性规定较少，且往往是非正式的
决策方式	集权式，集中于高层	分权式，分散于整个组织
权力结构及来源	具有集中的、等级的权力结构，权力来源于职位	分散的、多样化的权力结构，权力来自知识和专门特长
活动的差异性及专业化	专业明确的、互相孤立的职能和部门	工作丰富化和工作扩大化，通常或有时为重叠的活动

（二）无边界组织的特征

"无边界"并不意味着组织原先各种界限的完全消失，而是将传统企业中的四种边界模糊化，形成像"隔膜"一样的新边界。"隔膜"一方面可以使组织具有固定的外形和界定，另一方面信息、资源、构想又能够快捷地穿越组织"隔膜"通过组织协调。无边界组织由此提高整个组织间的信息传递、扩散和渗透能力，达到激励创新和提高工作效率的效果。

（1）打破组织的垂直边界，实现组织的扁平化。垂直边界主要是由传统的金字塔式组织结构引起的内部等级制度、管理层级。组织按一定的标准划分为层级机构，各个机构都界定了不同的职位、职责和职权。无边界组织突破了僵化的定位，使权力得以下放到基层，让对事实结果负责的人做出决策；使职位让位于能力，绩效突出者就能获得较高的报酬。在无边界组织中，各个层级之间相互渗透，能够最大限度地发挥各自的能力。

（2）打破组织的水平边界，组建多功能团队。按照职能划分的组织结构下，各个部门都依据自身职能的特点行事，容易与其他部门发生矛盾和冲突。无边界组织要以最终目标为导向，突破各个职能部门之间的边界，真正使计划、生产和销售等各个部门形成一个统一的有机系统。正如杰克·韦尔奇所说，"应该将各个职能部门之间的障碍全部消除，工程、生产、营销以及其他部门之间能够自由流通，完全透明"。

（3）打破组织外部边界，实现企业集权化、虚拟化经营。无边界组织把企业的外部围墙推倒，让企业与供应商、顾客、竞争者、政府管制机构、社区等外部环境融合，成为一个有价值的系统，真正做到为顾客服务。这一过程中也牵涉到供应链管理、战略联盟管理、虚拟化经营和网络化管理四大部分的内容。

（4）打破组织的地理边界，实现跨国公司组织。地理边界的存在往往使新方法、新思路局限于跨国公司的某一市场或区域内，难以传播。但在无边界组织中，跨国公司的地理边界慢慢被打破，不同国家的组织部门之间相互学习，跨国公司慢慢地与当地的文化相融合。

（5）打破组织的心理边界，创建学习型组织。现代社会要求学习的速度必须大于环境变化的速度，学习型组织应运而生。它打破了传统官僚组织的心理边界，使每个员工都践行终身学习的理念，并将学到的知识与其他员工分享。从而，每个员工都能系统地思考，进而增强个人知识与经验，并强化组织变革和创新的能力。

四、自组织系统

自组织现象广泛存在于自然界和人类社会中，它强调在一定条件下，组成系统的各个元素，不需要外界特定的干预，便能够自发组织起来，相互协同作用，最终使系统在宏观上表现出一种有序的状态。就像《企鹅日记》这部电影中呈现的，一群企鹅并没有领导者，每一只企鹅都不知道自己该往哪里去。但当企鹅们作为群体一起前进时，他们就有了方向。人类也是这样。

（一）自组织系统的定义

自组织理论（self-organization theory）是研究自组织现象和规律的一个全新的理论体系，主要包括耗散结构理论（dissipative structure theory）、超循环理论（hypercycle theory）、协同学（synergetic）和突变理论（catastrophe theory）。这四个理论分别从不同的角度阐释了自组织的形成和发展过程。其中，耗散结构理论从组织内、外部条件两方面进行分析；超循环理论主要考虑组织进化的形式；协同学主要讨论系统内部子系统的竞争、合作产生的协同效应，及随之产生的根本动力；突变理论主要解释了自组织形成的方式和途径，以及演化的结果。

所谓自组织，是指特定的组织、企业或个人，以特定的目的、兴趣、利益等自发聚集形成团体、组织的现象。在自组织中，没有严格的管理规则，成员没有明确的边界和特殊的归属。在互联网+背景下，自组织具有独特的优势，包括发展速度快、无边界复制、骨干成员忠诚度高等。从治理机制角度出发，自组织是内部系统从无序到有序的过程，这一过程形成的新治理模式，不同于以交易关系为基础的市场治理，也不同于自上而下、来自外部权力关系为基础的层级治理，它是一种建立在包括情感性、认同性关系以及共同志向和事业基础上的治理模式。

（二）自组织系统的特征

自组织是一群人基于关系与自愿的原则主动地结合在一起的组织形态，它有以下特性：一群人基于关系与信任而自愿地结合在一起；结合的群体产生集体行动的需要；为了管理集体行动而自定规则、自我治理。具体而言，自组织的特征体现在以下四个方面。

（1）结构特征：扁平化、无边界。扁平化是为了对抗多层级导致的信息衰减与扭曲。自组织的无边界化和无边界组织类似，垂直边界、水平边界、外部边界都逐渐被打破。其中，具有代表性的企业是小米，这种组织结构设计是雷军管理理念的集中体现。小米公司的自组织方式，从内部管理一直延伸到与用户进行互动，市场、产品也以自组织的方式迭代进化。

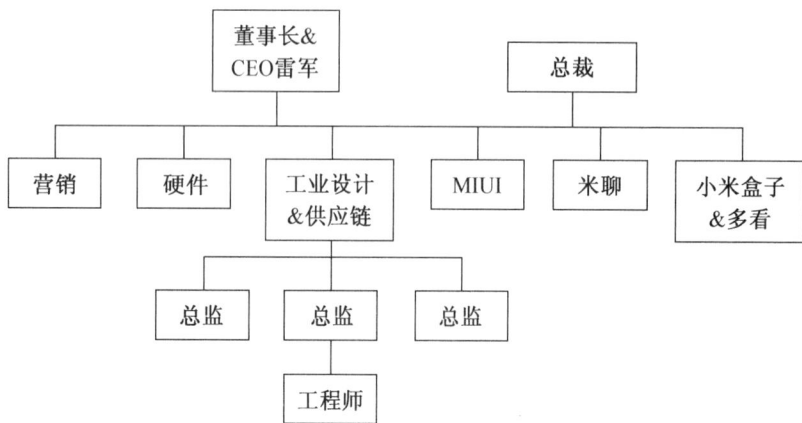

图 2-10 小米公司的组织结构图

（2）流程特征：去中心化。传统企业的组织形式采用的是集权命令链方式，各项决策的源头均来自顶层管理者，当管理者处理的决策信息量增大或者专业度不足时，就可能导致决策的延缓或错误。与传统企业不同，自组织采用的是去中心化的形式。去中心化是将决策权下放，让组织内部的底层拥有更多的决策权。去中心化趋势的最终目标是个体的自我决策，以及个体与个体间的协同共建，这成为组织扁平化的推动力量。

（3）奖惩特征：去KPI化和利益分配透明。KPI承载了奖金、晋升等多种职责，驱使员工为了上级指定的指标服务，而不是为了解决客户需求服务。在传统的治理结构下，公司老板和员工是雇佣关系,老板希望以更低的成本获得更高的回报。对于企业的利润,更多地认为属于股东价值回报。自组织采用的公开和透明的奖惩机制,带来的是员工的公平感。但这种透明的机制也给领导者极大的压力,因为必须保持公平的考核管理。

(4)人员特征:甄选。甄选是组织在明确目标下,识别并招募那些有足够能力匹配和价值观认同的人,同时识别和淘汰那些不符合能力和价值观要求的人。甄选不是为了在后期对员工进行改造,而是一开始就能找到符合公司目标要求、与公司价值观匹配的候选人。基于自组织其他的特性,除了硬性技能要求外,员工的自我驱动和管理能力也是非常重要的指标。如果招来只有技能但毫无动力的,或者不具备创新精神的人,那么团队就无法运行自组织模式。另外,甄选的理念不是入职招募完成就结束,而是时时贯穿于人才的使用和考核当中。

需要注意的是,尽管自组织是指在无外力和中心控制的前提下实现有序状态,但组织结构设计仍然是必要的。首先,企业组织不是完全的自组织,它具有非自组织(纵向控制性组织)等属性,因此,控制方式是立体的、多样的、融合的。其次,对原本属于纵向控制型的组织而言,只有通过控制中心的作用,自组织才有可能实现导入和嵌入。为了使自组织能够正常运行、产生功能,控制中心有必要进行管理,如制定规则、维护秩序、整合资源以及提供保障。最后,即使是完全的自组织,为了特定的目的或使其生成所需的功能,也是可以对其进行干预的。比如改变输入、调整反馈(改变或增减正或负反馈),甚至也可以不同程度地改变系统的内部结构和机理。

五、共享员工模式

2020年,新冠肺炎疫情暴发,全球经济下行压力显著加大,餐饮、旅游、住宿、健身、线下零售等多个行业受到了严重的冲击。然而,物流配送和电商等行业却因为消费激增而出现了人手短缺。为了应对用工短缺的困境,一些企业想到了"借人"。2020年2月3日,盒马发布"招募令",表示与云海肴、青年餐厅(北京)达成合作,邀请该企业部分员工入驻盒马各地门店,参与打包、分拣、上架、餐饮等工作。仅仅2天,就有近500名员工到盒马门店上班。之后,沃尔玛、生鲜传奇、京东、苏宁等多个企业也都纷纷推出了相关举措,"共享员工"成为热点话题。

(一)共享员工的定义

共享员工模式被各界称为"天才商业模式",但其实并不是新生产物,类似形态早已在国内外出现,只是相对较少,而未被广大受众所认识。这种特殊时期劳动力共享和自由调配方式在发达国家尤为流行,是灵活用工的一种表现形态,以解决特殊时期的用工难题。

主流观点对共享员工定义如下:不同用工主体之间为调节特殊时期阶段性用工紧缺或富余,在尊重员工意愿、多方协商一致且不以营利为目的的前提下,将闲置劳动力资源进行跨界共享并调配至具有用工需求缺口的用工主体,实现社会人力资源优化配置、员工供给方降低人力成本、员工需求方解决"用工荒"、待岗员工获得劳动报酬的多方共赢式新型合作用工模式。

（二）共享员工的特征

共享员工模式拥有四个特征。

（1）各主体要素参与共享用工的基本前提是存在可供贡献的闲置劳动力资源，以及各方均是平等自愿的。共享用工不以员工调剂进行非法盈利，其根本动机是实现多方共生共赢。

（2）共享员工本质上是一种"跨界用工"，这种跨界包括跨地域、跨行业、跨企业、跨部门、跨职能等。共享员工也是临时借用、分享"过剩"劳动力、信任经济下的新型用工模式。

（3）从适用情形和条件来看，并不是所有企业、所有岗位均适用共享员工模式，该模式主要适用于突发事件导致的企业停工停产（如自然灾害、公共卫生事件、缺乏订单等）、生产淡季出现员工富余、行业特性导致季节性用工峰谷波动等特殊情形；同时，该模式一般适用于季节性用工、密集型服务用工、用工流动性较大的企业。通常，共享员工仅适用于低技能、非保密性、"短期培训快速上岗"的非核心岗位，高门槛、高技能、高知识的岗位则难以实现共享用工。

（4）从企业角度出发，共享员工模式还具有短期应急性、高灵活流动性、不打破原有雇佣关系、用工关系多元化，以及"有限止损，无法盈利"等基本特点。这些强调的是共享员工更多是特殊场景、特殊时期、特殊阶段且短期性的应急对策。

（三）共享员工的实现模式

一般来说，传统的"共享员工"有三种模式，分别是直接派遣型、双重劳动关系型以及平台加盟型。

直接派遣型的"共享员工"模式是劳动力输出企业和输入企业双方，在企业层面直接达成合作协议，输出企业将闲置员工派遣至输入企业"打短工"。直接派遣型员工共享模式与劳务派遣具有一定的相似性，但却不具有营利性质，可以视为短期变更工作地点、工作岗位和工作内容。

双重劳动关系型的"共享员工"模式，一方面，通过输出企业或闲置职工与输入企业进行沟通，达成合作协议；另一方面，由闲置职工和输入企业签署一份短期的各类"劳务协议"，在法律层面实质上建立双重劳动关系。

平台加盟型的"共享员工"模式常见于各类共享经济平台，合作协议一般不通过双方企业达成，而是由输出企业的待岗职工直接以个人名义与各类平台建立起劳务关系。

"共享员工"介于直接派遣型和双重劳动关系型之间，由劳动力输出企业和输入企业双方在企业层面达成合作协议；员工拥有自主选择性，可决定是否到输入企业参加工作；劳动力输出企业仍然保持和员工之间的劳务关系，并且为员工提供工资报酬、社会保险等权益保障，同时需要监督劳动力输入企业为员工提供必要的劳动保护，合理安排劳动者工作时间及工作任务，保障劳动者在借调期间的身心健康。员工的薪酬为劳动力输入企业实际承担，但由劳动力输出企业代为发放。

（四）共享员工的挑战

共享员工作为一种仍在发展的用工模式,还面对着国家、社会、企业、员工个人等不同层面的挑战。

从国家和社会层面看,共享员工模式带来的挑战主要有以下几个方面:(1)法律法规亟待健全。当前国家法律规制在一定程度上较为滞后,企业劳动关系、合作双方权责利划分、劳动者权益保障等都缺乏明确的法律依据;同时,传统的劳动合同、劳动用工制度多是基于标准雇佣模式,而共享用工模式下的工资结算、岗位标准确定、劳动用工风险分担、非法劳务派遣和营利等问题都亟待相关政策引导。(2)缺乏政府主体引导。当前的共享用工方式主要依靠企业间的一些零星而不成规模体系的对接方式,更大范围对用工余缺进行精准及时匹配的实现难度较大,导致这种模式难以更大规模地复制推广。(3)共享员工模式在社会认可度上的提高仍然需要一个过程。高流动性、高不稳定性等共享员工模式的天然特性导致用工企业、劳动者群体等均需要一个逐渐适应和认可的过程。

从企业层面来看,共享员工模式的主要挑战有:(1)对企业人力资源管理体系的挑战。比如跨组织和跨体系员工管理(如招聘、考核和奖惩)的挑战、共享员工企业双方管理权重划分与管理制度重塑、部分员工对新企业文化"水土不服"导致人才流失等。(2)用工风险的挑战。诸如企业文化和员工忠诚度被稀释、岗位适应性、团队磨合、业务竞争与商业泄密风险等。(3)用工质量与成本的挑战。特殊时期共享员工个体的准入门槛低、人岗技能不匹配等导致产品和服务质量稳定性难以保障;高知识、高技能等岗位难以使用开放共享模式;员工风险挑战、员工培训等综合成本较高,共享员工模式只能实现"有限止损、无法盈利"。

从个体层面来看,共享员工模式的挑战主要有:(1)对员工个体工作技能、角色转换、场景适应等多方面综合能力提出新挑战,要求员工掌握"一专多能"的技能结构。(2)共享员工模式下的员工个体更多处于被动状态和弱势地位,在劳动力输入企业扮演非正式员工、非核心岗位、辅助性的工作角色,进而导致员工个体的职业生涯发展受到影响,心理安全感缺失。(3)员工合法权益、工资待遇、工作安全等面临挑战,缺乏成熟的法律保障等。

六、组织平台化

伴随着互联时代的到来,"创客"一词逐渐兴起,组织功能由传统的制度型结构向契约型平台转化。组织作为一个平台,可以孵化出一个个相对独立的"创客"。"创客"代表着一种工作与生活结合的方式,吸引越来越多的大学生、社会群体参与其中,以实现自己的价值。创客逐渐成为新时代影响群体行为的重要力量。

（一）创客的定义

创客一词来源于英文单词"maker"或"hacker"。21世纪初,美国麻省理工 Fab Lab(个人制造实验室)进行了一次自主实验课题。首先考量客户需求,参与实验的学生可在

2

实验中获得已开放的源代码及相关硬件设施与材料,通过个人设计制造与灵感交融进行个人创意设计,进而推出自己的全新产品。该制造模式一经推出就引起了极大关注,参与该课题的学生被称为"创客"。

从狭义层面理解,创客是指那些酷爱科技、热衷实践、乐于分享,努力把各种创意转变为现实的人。在广义层面上,凡是有创意,并能够付诸实践并进行创新的人,参与"大众创业、万种创新"的人都是创客。创客的共同特质是创新、实践与分享。创客通常有着丰富多彩的兴趣爱好以及各不相同的特长,一旦他们围绕感兴趣的问题聚集在一起时,就会爆发出巨大的创新活力。因此,创客是具有新颖的想法,追求自身创意的实践,具有开源精神,乐于分享的一类群体的总称。

(二)创客的特征

《连线》杂志前主编、3D Robotics 公司 CEO 克里斯·安德森在 2012 年出版的《创客·新工业革命》一书中,完整系统地定义了"创客"的概念,并提出了创客具有的三个变革性的共同点。

(1)数字化实现。个体在现有条件下,通过数字工具,进行自主创造设计,能将创意实体化,并制作模型。

(2)开源化分享。个体愿意在开源社区(即我国的在线创客空间等虚拟社区)分享自己的设计成果,并与其他个体或企业进行合作。并且,这样的分享和合作已经形成了一定的主观规范,具有相应的模式流程。

(3)可自主制造。第三方在经授权后,对个体在虚拟社区分享的设计成果,可以通过3D 打印等技术,自行制造一定数量的相关产品。

创客是自主创造者,创造世界需要但目前还没有的产品,创客将个人制造与数字制造合体,通过在线分享的新工具,获得灵感与寻求合作。创客运动将实现全民创造,掀起新一轮工业革命。

(三)创客运动

创客运动(maker movement)是在全球范围内推广创客理念,培育创客文化,推动大众参与创客实践的一场创新运动。它包括了探索创新的精神、动手实践的文化、开放共享的理念,以及对技术的极致钻研和对美好生活的不懈追求。在全球创客运动之父、《制作》杂志和制汇节(maker faire)的创始人戴尔·多尔蒂看来,"创客运动已然成为一场社会运动,其中包含了各种类型的制作和形形色色的创客,它连接着过去,也改变着我们对未来的看法。实际上,创客运动可以被看作是对植根于我们历史和文化中的、注重动手创造的深层文化价值观的重新诠释。"创客运动的源头可以追溯到 20 世纪,欧美盛行 DIY 动手活动和黑客社区的黑客文化。

DIY 表现为不依赖专业的工匠,通过利用适当工具与材料,对物品进行修缮,之后慢慢演变成发挥个人创意的一种风潮。这种现象的背后是一种对所有权的探讨,倡导一种创造文化而非消费文化。随着信息技术、开源软件运动与新型生产工具的发展,DIY 活动向科技领域蔓延,爱好者可以利用互联网、3D打印机和各种加工设备将创意变为实际产品。

创客运动继承了黑客文化的传统,体现了"开放、共享、分权和对技术的崇拜"核心价值。美国 Noisebridge 创客空间的创始人米奇·奥特曼认为:"在创客空间中人们可以通过黑客行为来探索他们热爱的东西,并且可以得到社区成员的支持,而黑客行为即指最大程度上提升自己的能力且愿意分享。"

(四)创客空间

创客空间有别于一般孵化器,它没有固定的模式与主题。在帮助个人提高制造能力的宗旨下,不同创客空间的运营模式与具体功能各不相同。目前创客空间有以下三种典型形态。

1. 社区型创客空间。位于美国麻省的 Artisan's Asylum 是美国东岸最大的创客空间,也是典型的社区型创客空间。这个空间如同一个巨型的车间,按照不同的"工种"分为机器人、焊接、电子、玻璃及珠宝设计、自行车、木工、3D打印等不同的工作区域,甚至还有一个啤酒工坊可以让人们自己酿酒。人们可以以几百美元一个月的价格租用联合办公(co-working)空间或是成为会员租用设备或参加课程与工作坊。它成功孕育的项目包括宽5.4米,重达1814千克的六足液压机器人 Stompy,以及世界上第一支3D打印笔,在众筹网站 Kickstarter 上成功募款300万美元的 3D Doolder。这里的会员既有专业的发明家也有业余玩家,但基本都以兴趣为出发点,每个人都专注于自己手中的作品,利益不是他们最关心的问题。这一类社区型创客空间占了创客空间总数的大多数,上海创客空间"新车间"的"鱼菜共生"项目就是其中的典型。

2. Fab Lab。Fab Lab 是 Fabrication Laboratory 的缩写,专注于使用数字化技术实现个人制造(personal fabricaton)。如前面所提到的,它起源于麻省理工学院的课堂,学生通过制作个性化发明来表达自我目标,比如设计能够保护女性安全的自动防御裙子等。尼尔·格申非尔德称其为"当代社会的读写能力"(modern literacy)。位于波士顿的 South End Tech Center 是全美第一家 Fab Lab,由美国国家科学基金会(NSF)在2001年拨款建造,也是第一家以教育为核心的创客空间。目前在全球各地共有超过200家秉承教育与社会创新理念的 Fab Lab,它的真正推力不是技术,而是社会。通信技术与数字制造结合起来,学生可以分享全球网络资源,联系本地需求开展协同合作项目,积极探索科技与社会创新结合的模式,成为公民参与科学的一种新型路径。

3. 商业型机器商店。创客空间的另一种运行模式是以 Techshop 为代表的开放式硬件工厂(machine shop)。Techshop 以连锁的方式运行,自从2006年在加州的 Menlo Park 开设第一家分店以来,目前在全美共有9家门店。它如同一个巨型工厂,不仅有激光切割、3D打印等新型生产工具,也有用于切割、焊接铸造的传统器械。这里采用会员制运营,通过支付每月175美元的会费,会员便可以使用包括场地和工具等所有资源。对于零基础的会员,这里还提供各种使用新工具与创新方法的课程。这里同样产生了许多充满创意的革命性产品,最著名的当属移动刷卡支付鼻祖产品 Square 信用卡读卡器。Techshop 比上面两种模式更为规范化,对喜欢在有规则的环境下工作的创客和创业者来说更为理想。它的 CEO Mark Hatch 在采访中将这种模式称为"硬件平民化"。

目前国内的创客空间比较多,正式的、形成一定规模的大约有 11 家,最为出名的包括上海新车间,以及北京创客空间、深圳火柴创客空间和杭州的洋葱胶囊。

（五）组织的创客平台

随着科技更新换代的速度不断加快,一些企业为了满足自身创新的要求,在组织内部搭建了自己的创客平台,推动自身员工发展成为创客,刺激创新。这种组织内的创客平台也发展成了一种新的组织结构。组织的创客平台不同于上文提到的创客空间,具有以下三个突出特点。

（1）有明确的主题。企业的创业创新最终为自身业务发展服务,因此要求组织内的创客平台也服务于企业的主营业务和战略发展。组织内创客平台的创新也要有明确的主题,贴合企业的发展。

（2）成本由企业承担。企业内部的创客平台所产生的知识成果最终归属于企业,是企业财产的一部分,所以相应的研发费用和其他场地等支持性服务费用都由企业承担,而不需要创客自己负担。创客也不需要向平台缴纳任何经费。但需要注意的是,企业会采用一定的方式将创新活动的成功与否和创客的收入挂钩。

（3）创客由员工发展而来。普通创客空间的创客大多是创业创新人士,以创新为自身使命。而组织创客平台的创客,多数为企业已有员工,在企业内部担任一定的职务,有固定的工作内容。如果在工作过程中产生了创新的火花,才会加入组织的创客平台中,进行一定的创新。这也同时代表着组织内部创客平台产生的创新多数与实践紧密联系,更容易进行转化。

海尔集团的创客平台是极为典型的组织创客平台,在章末案例中有进一步详细的说明。

本章小结

在本章第一节中,首先介绍了组织结构的概念。组织结构是组织中正式确定的使工作任务得以分解、组合和协调的框架体系。其次,提出了组织结构设计需要遵循的原则,包括任务目标、精干高效和统一指挥等。再次,归纳了组织结构的构成要素,包括任务、职能和部门,权力与责任分配,整合机制。最后,介绍了几种经典的组织结构,包括直线型、职能型、事业部型和矩阵型,并讨论了它们各自的优缺点。

在第二节中,首先引入了影响组织结构设计的一个重要变量——组织规模,并阐释了规范化、分权化、复杂性、专职管理人员的数量和协调机制五个维度。其次,介绍了企业生命周期中五个重要的阶段,分别是婴儿期、学步期、青春期、壮年期和衰退期,并归纳了其典型的组织结构特征。最后,介绍了格林纳的组织成长五阶段模型,包括创业阶段、指令阶段、授权阶段、协调阶段和合作阶段。

在最后一节中,重点关注互联网+的大环境。在众多的新型组织结构中重点介绍了生态型组织、无边界组织和自组织系统的定义及特征。然后,归纳了"共享员工"这一用工模式的概念、特征和实现模式。最后,围绕"创客"这一关键词展开,明确了定义及特征,并拓展介绍了"创客运动"和三种典型的"创客空间"形态。

复习与思考

1. 从员工的角度来看,在矩阵结构的组织中工作的优点和缺点分别是什么?

2. 为什么随着信息技术的发展,组织中的集权化和分权化可以同时得到增强?

3. 组织结构设计如何反过来对企业发展起作用?比如,怎么通过调整组织设计使企业的衰退期延缓到来,甚至扭转企业生命周期,让其进入新的循环?

4. 为什么互联网+时代的新型组织结构越来越朝着扁平化方向发展?

应用案例分析

海尔在互联网转型上的组织变革

2014 年,海尔用业绩交上了一份答卷:全球营业额实现 2 007 亿元,同比增长 11%;实现利润 150 亿元,同比增长 39%,利润增幅是收入增幅的 3 倍,充分说明赢利能力的提升,以及在用户解读能力上的提升。

有的成功是现象而不是本质,海尔近来的成功在于张瑞敏不断砸碎组织、重塑组织,甚至进化为自组织的组织转型实践。2009 年,IBM 掌门人郭士纳告诉张瑞敏,他曾经也想在 IBM 这样做,但最终没有做。而海尔的"触网"经营和组织变革,展现了在现实和虚拟之间、历史与未来之间涅槃重生的砥砺磨炼与成就。

引子

2012 年 12 月,海尔发布网络化战略,正式宣布进入互联网时代,全面对接互联网。2013 年 1 月,张瑞敏发表演讲,提出海尔要达到"三无"境界,即"企业无边界,管理无领导,供应链无尺度",进一步阐释了这张网络要达到什么样的状态。不得不说,此时打破内外部资源的边界是张瑞敏的一个创举。他似乎发现了科斯定理的另一个漏洞,即科斯定理只考虑了交易成本,却没有考虑合作收益。其实,这正是科斯定理受到学界批评的一个软肋。但是,由于工业经济时代,不同资源的合作也只能产出标准化产品,不能俘获个性化定制的溢价,因此,这些批评的声音一直显得比较弱小。张瑞敏甚至提出了一个形象的比喻,我们不要做海,要做云,海再大也是封闭的,云再小也是开放的!

当组织内的资源呈现网络化结构,极致扁平化得以实现时,组织就真正变成了一个"平台"。平台式的海尔开始开放:一边是开放的用户交互,另一边是开放的资源涌入。在

2

用户方面,打造"虚实交互平台",通过海尔社区、微信平台、Facebook 及海尔虚拟展厅等网络工具纳入粉丝的体验,听取吐槽。卡萨帝品牌、天樽空调等产品,都是与用户交互出来的,而生产之前的交互,是这一时期海尔最强调的。因为你不能像工业经济时代一样去猜用户的诉求,而应该听用户的声音。在资源方面,打造"开放式创新平台",HOPE (Haier Open Partnership Ecosystem)就是海尔联合全球创新资源的一个平台,其建立了一流的资源超市,可以对接全球专家和解决方案的资源,目前已经实现了与 200 多万专家资源信息的无缝对接。海尔引以为豪的"无尾厨电"就是在这一平台上得到解决的。这种转型的意义显而易见,当海尔打开私有云的用户接口和外部创客接口后,用户诉求和创客资源就可以无障碍地涌入海尔的云平台,形成对冲,并做大海尔自身作为平台的价值。

海尔经营组织的互联网转型

海尔究竟想变成什么样的组织呢?用张瑞敏的话来说,就是"企业平台化,员工创客化,用户个性化"。他大胆提出,未来海尔将只有三类人:平台主、小微主和小微成员。此时,小微已经替代了利益共同体和自主经营体的概念,不同之处在于,前者是实实在在的企业,而后两者则更像是一个模拟公司。原来的三级经营体们,则变成了大大小小的平台主。主管青岛海尔的轮值总裁梁海山、主管海尔电器的轮值总裁周云杰和提供财务、人力 法务等服务的高级副总裁、CFO 谭丽霞这三大平台主管成了制度的设计者和平台的操盘者。

这种纯市场关系的转化并不是一蹴而就的,海尔仍然进行了区别对待。对于从无到有的创业小微,海尔基本放开任其发展。一个典型的例子是"车小微",其隶属于海尔的日日顺平台,在整合了海尔原来的 6 000 多家服务商的送装服务之后,还吸引了数万社会车辆的加盟。它们通过互联网自主进入,自主抢单,服务评价来自用户,考核则靠信息系统。目前海尔已经有 9 万多辆"车小微",这些配送车辆既可以承接海尔的配送单子,也可以承接阿里巴巴、京东或者其他任何品牌商的配送单子。

另一个典型的例子则是雷神游戏本电脑。雷神小微由三个海尔电脑部门的年轻人创立,他们从网友对游戏笔记本 3 万多条抱怨中得到启发,总结成 13 个产品的痛点,通过与游戏玩家沟通交流,整合研发、制造、物流等上下游资源,最终推出了雷神游戏本。2014 年,雷神实现了 2.5 亿元销售,做到整个行业的第二名,并且已经获得了风险投资。

而对于海尔原有成熟产业等转型小微,海尔依然十分谨慎,因为转型太慢则"转不动",太快则容易失控。2013 年年初,海尔的小微模式从各地的工贸公司开始试水。海尔的工贸公司成立于 2007 年,主要负责在境内销售海尔及控股子公司生产的相关产品。如今,海尔全国 42 家工贸公司已经全部转型"商圈小微"。

作为一个平台,如何让更多的小微冒出来、活得好,是平台主们应该考虑的。如果一味扶持,小微们被养乖了,自然不会具备在市场竞争中生存的能力;如果一味对接市场,小微们冒着巨大的风险,也不敢轻易投入创业。这时,海尔模拟市场交易的传统再次激发出创新。

创业阶段:员工只拿"基本酬",一般只有四五千元。

第二阶段:当你的项目进入拐点,即产品开始有了客户预约,并且达到了最初签约时的拐点目标和额度时,在你的"基本酬"以外,还会有超过既定目标部分的利润分享——分享酬

（也叫对赌酬）。这个阶段，每个小微都会有对赌迭代的路径图，并经历若干次的对赌迭代。在对赌中，海尔对小微公司的业绩考核分为横轴和纵轴两条线，横轴主要是原来的 KPI 考核，纵轴则考核其网络化客户的数量。这样做的目的是保证商业模式的价值，确保有价值的商业模式能够得到扶持。其实，这与互联网风险投资甄别项目是一个逻辑。比如，小微公司"免清洗"洗衣机的迭代路线图是：7 月份 3 000 台，9 月份 3 万台，第二年 10 月份 10 万台。另一家小微公司"悦享"热水器的迭代路线图是：6 月份 1 万台，9 月份 10 万台。

第三阶段：在小微达到"引爆点"，即公司"有一定江湖地位"之后，创业者可以跟投一部分，比如出资 10 万元占股 20%，这时创业者的收入除了基本酬、分享酬以外，还有分红。

第四阶段：小微公司已经形成小的产业生态圈，商业模式相对成熟的时候，除了集团的天使基金可以跟投，还可以引入外部投资人，帮助公司做大上市。为何这个阶段海尔仅仅跟投？这也是个聪明的做法，他们希望用风投最苛刻的眼光甄选出最优质的项目。从利益上说，有天使期的入职已经能够保证海尔的利益。

这条改造之路也的确艰辛，截至 2014 年年底，海尔集团只有 20% 左右实现了小微化，共成立了 212 个小微公司。这些刚刚成立一年甚至更短时间的小微们，只有少数几个从无到有的"创业小微"拿到了风投，其他"转型小微"大都还处于艰难摸索阶段。但无论如何，海尔内部的创业热情已经大大提升了，张瑞敏期待的一群"小海尔"去捕捉、满足用户需求的局面正在出现。

张瑞敏已经为这个平台化模式设计了下一步。未来，海尔将聚焦创建两大平台：投资驱动平台和用户付薪平台。所谓投资驱动平台，是从管控型组织变成一个投资平台，平台上只有股东和创业者，即平台主和小微公司、小微成员，平台为小微们提供资金、资源、机制和文化等支持；所谓用户付薪平台，是指员工们不再直接由企业发工资，而是与用户交互，通过给用户创造价值获取薪酬。这显然是海尔对自己平台化组织的再一次升级，力图增加用户需求和资源的对冲，投资驱动平台是加强资源进入平台的意愿，而用户付薪平台是加强用户交互（使用户进入平台）。试想，如果海尔真能实现了投资驱动和用户付薪，这个平台上所有的小微和创客们，就能够受到最直接的市场压力！

可以想象的是，一家传统的工业制造业要转型为与阿里巴巴一样的平台企业，会引起多大的争议。一直以来，海尔都是战略引导管理（组织模式），正如张瑞敏欣赏的钱德勒所言，企业的成长取决于两个变量：一个是战略；另一个是组织结构。但进入互联时代，应该是"去管理化"，重在搭建共赢生态（eco-system）。这个阶段，有人误读海尔，认为它是"管理大于战略"，走入了歧途。这恰恰是个误区：其一，海尔所有在组织模式上的打造，实际上都是在打造一种调动每个员工感知用户、对接用户、满足用户的平台，实际上是一种"去管理"；其二，这个时代，市场的不确定性让"制定战略"大大让位于"打造模式"，企业不可能再用精英主义的顶层指挥模式来应对市场上无限多元、个性极致、快速迭代的市场需求，实际上是一种"去战略"。后者也是当前研究战略、营销的诸多学者纷纷开始探索商业模式的原因。

海尔互联网转型的支点

很难找到一个企业像海尔一样不断颠覆自己,把变革作为常态,也很难找到一个企业像海尔一样遭受诸多争议,但它依然在组织转型的路上高歌猛进,奏响了这首狂想曲。狂想人人都会,但践行却殊为不易。是什么让海尔将狂想落地呢?

一是舵手张瑞敏。你很难想象一个老人和你聊互联网,聊得还都是最新的前沿趋势,但这就是张瑞敏。据内部人士讲,张瑞敏每周要精读两本经管著作,整本书看完画得密密麻麻,他的阅读欲甚至会让他有时要到还未出版的好书,提前"大快朵颐"。张瑞敏也最喜欢邀请学者到海尔访问,他期待的是思想的碰撞。

表面上,张瑞敏这些习惯是"文人特质",实际上,这是他的空杯心态,他把自己的姿态放得很低,而不会像一些企业家,用过去的成功来让自己飘飘然,他知道"惶者生存"的道理。他永远走在时代的前沿,不是为了赶时髦,而是为了不落伍。回顾起来,他发动的一次又一次的改革,都是为了支持战略目标,都是为了适应这个时代。有人认为他太喜欢谈思想,但仅谈思想又怎能让企业在一个极度竞争的行业屹立不倒?他的想法不可谓不大胆,但他的实践却是一步一个脚印。诸多专家认可海尔的实践在世界上没有先例,的确是一次"孤独者的前行"。但张瑞敏左手理论,右手实践,却硬生生地走出了一条新路。

张瑞敏的另一个特点就是"率先垂范"。海尔做 OEC 管理,张瑞敏也必须日清日毕,张瑞敏的一切日程安排围绕周六会……换句话说,他认为自己不能独立于制度之外,应该是制度的一个部分。正是这种"去皇权"的定位,才让海尔的一切改革都变得顺理成章。一句话,老大都做了,你还不做?

二是创客文化。什么是创客文化? 就是人人以创业者的心态投入工作的企业文化。记得我去年曾经访问海尔,并与副总裁、CFO谭丽霞女士有了一次深入对谈。当我问及:"海尔现在做创客平台,有没有以企业为家、舍不得离家创业的'居客文化'与之冲突?"话音未落,一向优雅的谭总立即打断我:"海尔从来没有居客文化! 海尔内部每一个员工都应该明白,自己的酬劳来源于自己创造的价值。"的确,海尔的文化史一以贯之的:20 世纪80 年代的时候是吃大锅饭,典型的居客文化,但那时候,海尔就已经开始搞"班组制"了,按照小班组核定劳动成果,多劳多得,少劳少得。在 80 年代和 90 年代交替的时候,其他企业也还是大锅饭,海尔就开始推"点数工资制",根据个人的工作价值来拿钱。到后来的"人单合一"……

海尔有外驱力,那就是用户和市场;海尔也有内驱力,那就是知道"价值需要自己创造"的创客。所以,海尔的文化精髓有两句话:一句是"永远自以为非,永远以客户为是",另一句就是"创业创新"。如此一来,每次的变革看似颠覆,也有不少暗流涌动,但最终都能顺利抵达彼岸。

国内外企业参观海尔后,都很奇怪这个企业怎么有一种类似宗教式的强力文化。我想到了最近 Netflix 谈到的一个观点,用大白话翻译过来就是:"别给我拽什么文化,文化就是你的公司用哪些人,赶走哪些人,给谁发钱,给谁扣钱"。的确,文化只是结果,日复一日地实践才是原因吧!

三是管理基础。外界对于海尔诟病最多的一点就是它喜欢"发明新词",比如,利共

2

体、自经体、高单、超利、跳闸、抢入、对赌酬、基本酬、闸口……随便任何一个词都不是管理学界和实践界通用的,都是只有海尔人才能深谙其意的管理语言。为何会有如此多的特有管理语言?并不是海尔人和张瑞敏喜欢特立独行,而是他们频繁地在颠覆自我,而每一次组织转型和管理变革几乎都是独自探路,因此,为了统一大家的认知口径,必然会留下大量的管理语言。

其实,诸多的管理语言也代表了海尔通过若干次转型形成的历史沉淀。海尔能够在最后走上"企业平台化,员工创客化,用户个性化"的实践之路,主要是因为20世纪80年代以来一直不断夯实的管理基础。正因为这些管理基础的存在,海尔无论进行何种组织转型,都能够相对清晰地计量员工的贡献,以至于看似不够成熟的组织转型方案,也并没有让企业偏离航向。而在另一些基础不够扎实的企业里,这样的"折腾"早就已经搞得一片乌烟瘴气了。

以OEC管理为例,这种看似非常"下蛮力"的管理方式在海尔的管理实践中不断进化,一直是重要的管理工具。许多企业家到海尔参观,非常关注海尔的管理台账,甚至希望能够带回表单直接运用。但他们哪里知道,表单只是形式,要让员工认可表单、使用表单、依赖表单,企业必须是经过若干年"苦行僧"一样的修炼。在这一过程中,张瑞敏为首的海尔高层功不可没,例如,要推日清,高层就带头日清;要做信息系统,高层旗帜鲜明地不允许搞"体外循环"(绕过信息系统执行流程)……没有这些累积下来的管理基础,海尔怎敢豪言要"做云"?

(本案例节选自:穆胜. 海尔的互联网策略:改造科层+组织转型[EB/OL]. [2015-05-02]. https://www.sohu.com/a/13373381_114965. 有改动。)

思考题:

1. 海尔的互联网转型探索和领先的互联网公司在组织结构方面有哪些相似点和不同点?

2. 海尔公司的员工是否属于"创客",如何看待海尔的创客平台?

3. 你觉得海尔的互联网转型是否能够持续成功?为什么?

第三章　商业模式新生代与组织设计

学习目标

1. 了解新生代商业模式的形态
2. 理解新商业模式组织设计的理念变革
3. 理解组织创新与组织变革的实践

开篇案例

新闻报纸：免费还是不免费？

新闻报纸出版业在免费商业模式的影响下正变得摇摇欲坠，它受到了来自互联网免费内容和免费报纸的双重夹击，美国有几家传统报纸已经申请了破产。根据 Pew 研究中心的研究，美国的报纸业在 2008 年的时候达到了拐点，在线免费获取新闻的人数超过了付费购买报纸或新闻杂志的人数。

传统中，报纸和杂志依赖的收入有三个来源：报摊销售、订阅费和广告。

当读者可以在诸如 CNN.com 或者 MSNBC.com 网站上看到类似的免费内容时，就很难再对他们收取费用。只有很少的报纸成功地促成了读者为访问在线收费内容而付费。

而在印刷品方面，传统报纸也受到了免费出版物的冲击。尽管 Metro 提供完全不同的格式和新闻质量，并且主要关注那些以前不看报纸的年轻读者，但其对有偿服务的新闻供应商仍造成了越来越大的压力，对新闻收费将越来越难。

前面两个都在快速下降，而第三个增长得却不够快。尽管许多报纸增加了网上在线读者，但没有对应地带来更高的广告收入。同时，确保高质量新闻消息采集和编辑队伍的高昂固定成本却没有发生变化。

有几家报纸已经尝试了在线付费订阅，结果好坏参半。

一些传媒企业家正在尝试利用在线空间提供新颖的新闻形式。例如，新闻提供商 True/Slant 在一个网站上汇总了超过 60 名记者的文章，每名作者都是特定领域的专家。这些作者的酬劳由 True/Slant 产生的广告和赞助商的收入分成来支付。收取一定费用后，广告主可以在并列新闻内容的网页内发布自己的广告内容。

（本案例节选自：亚历山大·奥斯特瓦德，伊夫·皮尼厄著.商业模式新生代[M].机械工业出版社，2016.有改动。）

第一节　商业模式新生代类型

一、商业模式概述

（一）商业模式概念

商业模式是一个企业满足消费者需求的系统，这个系统组织管理企业的各种资源（资金、原材料、人力资源、作业方式、销售方式、信息、品牌和知识产权、企业所处的环境、创新力，又称输入变量），形成能够提供消费者无法自力而必须购买的产品和服务（输出变量），因而具有自己能复制且别人不能复制，或者自己在复制中占据市场优势地位的特性。

学术界对商业模式概念的认知大致可以分为三个阶段：朴素认知、组分探析、系统建模。

1. 朴素认知阶段

2001 年以前，商业模式概念的研究基本处于朴素认知阶段。在这一阶段，商业模式主要用来描述基于互联网的各类电子商务模式，例如电子商店、在线拍卖等。人们广泛使用这一术语，但对其内涵了解很少，甚至没有明确的商业模式定义。该阶段对商业模式概念的研究表现出了以下特点。

（1）研究集中在基于互联网技术的电子商务领域，通常表述的是商业模式的某一方面，比如定价模式、收入模式、组织形式等。

（2）对商业模式是什么的回答仍停留在模糊描述层次，倾向于整体性描述，往往通过现象分类的方法来直观地认识商业模式，对商业模式的要素偶有提及但缺少详细的描述。

（3）关注商业模式运用的目的，商业模式主要被理解为企业赚钱的方式或付诸实践的商业概念，但普遍缺乏理论基础，因此仍属于一种朴素的认知。

2. 组分探析阶段

在朴素认知阶段，对商业模式的整体性描述使人们对商业模式这一概念有了初步的认知，但其内涵和边界仍然非常模糊，无法指导人们开展商业模式的设计和变革。为了更清晰地认识商业模式，同时指导现实中的创新实践，学者们对商业模式概念的研究重心逐渐向探析商业模式的组分转移，呈现出新的特点。

（1）关注商业模式组分。通过识别、描述商业模式要素，进一步丰富了对商业模式概念的认知。

（2）价值概念引起重视。价值主张、价值创造、价值获取等作为商业模式的关键要素基本达成共识。

（3）尽管许多学者也指出各要素是相互联系的，却尚未完整、确切地揭示出要素间的理论关系，即具有明确的因果、中介、调节等理论含义的变量关系。

3. 系统建模阶段

2006 年开始,对商业模式概念的研究基本超越了简单、孤立的组分探析阶段。在研究商业模式构成体系时,有学者指出不仅要研究商业模式应当包括哪些构成要素,而且还要研究这些构成要素的地位,以及它们之间的逻辑关系,试图在识别商业模式构成要素层次关系的基础上,构建可以有效指导企业实践的商业模式理论框架和系统模型。

在系统建模阶段,学者们对商业模式概念的认知更加成熟,虽然还未形成完全统一的认知,但商业模式的价值创造和获取功能以及系统结构特征得到了普遍认同。学者们普遍应用扎根理论作为研究商业模式构成要素、构建商业模式理论模型的一种重要的理论工具。

(二)商业模式创新

随着信息经济的蓬勃发展,大数据、云技术等新技术不断诞生,企业的交易方式也在逐渐拓展其外延。越来越多的企业将传统的交易方式与新技术、新渠道、顾客的新要求相结合,形成新的交易模式,也为新的商业模式设计奠定了基础。

商业模式创新能够为企业创造新的竞争优势,获取新的市场资源,发现新的经济增长点,从而提升绩效。在全球经济增速放缓的背景下,商业模式创新对于企业更是意义非凡。

目前,对于商业模式的创新驱动力仍有争议。一种观点认为,商业模式创新是一种外部驱动内部的过程:在外部环境不断变化的背景下,企业需要通过试验不断改进从而形成新的商业模式。这一观点从动态的角度将商业模式创新定义为一种"尝试—试错—调整"的结果,是一个被动的应激改变过程。而另一种观点则将商业模式创新作为一种内部驱动的过程,认为商业模式创新始于企业高管团队的认知,通过企业决策层不断地进行类比推理和概念组合从而实现,是企业主动做出提前调整的结果。

随着商业模式理论研究的深入,学者们对于商业模式的动态性问题有了更进一步的研究,"动态性"是企业商业模式原型的成分和要素之间关系的互动,以及动态的变化。企业是否能够随时间的演进,改进其商业模式原型、实现商业模式创新成了决定企业成功与否的关键因素。然而,改变并不意味着商业模式创新,商业模式创新不仅仅是在企业交易过程或者工作流程上进行"范式的转变",而是从根本上重新构建交易本身以及重新界定企业与产业的分界线。

商业模式的所有元素都有可能成为商业模式创新的触发点,大部分商业模式创新起始于一个新的价值主张。

(三)商业模式新生代

随着大数据时代的到来,大数据及其技术的发展使蕴藏在数据中的、巨大的价值被不断地挖掘与应用,对企业的商业模式和经营方式产生了无法忽视的影响,如何面对大数据时代带来的机遇与挑战,以及如何更加高效地、科学地发挥大数据的力量,成为许多企业关注与思考的问题。在本章接下来的模块中,将依次介绍大数据时代产生的新型商业模式,并结合相关案例进行分析。

二、非绑定商业模式

(一)非绑定商业模式

"非绑定"企业认为,存在三种不同的基本业务类型:客户关系型业务、产品创新型业务和基础设施型业务。

每种类型都包含不同的经济驱动因素、竞争驱动因素和文化驱动因素。这三种类型可能同时存在于一家公司,但是理论上这三种业务更倾向于"分离"成独立的实体,以避免冲突或权衡妥协。

(二)三种驱动因素

针对这三种基本的业务类型,我们用表3-1来表达三者之间的关系。

表 3-1 非绑定商业模式三种驱动因素

	产品创新	客户关系	基础设施
经济	更早地进入市场可以保证索要溢价价格,并获取巨大的市场份额;速度是关键	获取客户的高昂成本决定了必须获取大规模的客户份额;范围经济是关键	高昂的成本决定了通过大规模生产达到单位成本降低的必要性;规模是关键
竞争	针对人才而竞争;进入门槛低;许多小公司繁旺兴荣	针对范围而竞争;快速巩固;寡头占领市场	针对规模而竞争;快速巩固;寡头占领市场
文化	以员工为中心;鼓励创新人才	高度面向服务;客户至上心态	关注成本;统一标准;可预测和有效性

(三)私人银行:三种业务合一

瑞士的私人银行为非常富有的人群提供银行服务,私人银行业一直以来被认为是一个保守、缺乏活力的行业。然而过去十年间,瑞士的私人银行业却发生了天翻地覆的变化。从传统上来讲,私人银行机构都是垂直整合的,且工作范围涵盖资产管理、投资和金融产品设计等。选择紧密垂直整合的方式是有充足理由的。因为外包的成本很高,加上出于保密性考虑,私人银行宁愿将所有的业务都放在自己的体系内部。

但是,行业环境正在发生着变化。瑞士私人银行业的运作方式已不再是个秘密,保密已经变得不那么重要了。由于特殊服务提供商的涌现而导致银行价值链的分裂,使得外包变得越来越有吸引力,这些特殊服务提供商包括交易银行和金融产品专营机构。交易银行专注处理银行交易,而金融产品供应商则专注于设计新的金融产品。

总部位于苏黎世的私人银行机构 Maerki Baumann 就是采取非绑定式商业模式的典范。它们将面向交易的平台业务分拆成所得驻内银行(Incore Bank)的独立实体,这些实体为其他银行和证券商提供银行服务。现在,Maerki Baumann 本身则专注于建立良好的客户关系,并提供咨询服务。

另一方面,位于日内瓦的 Pictet 银行是瑞士最大的私人银行,它们更偏好坚持整合的模式。这家有着 200 年历史的金融机构拥有良好的客户关系,处理大量的客户交易,并且自己设计金融产品。虽然该银行以这种模式取得了成功,但是仍然需要小心翼翼地权衡管理这三类有着根本差异的业务。

这张图描绘了传统私人银行商业模式其间的权衡妥协,并把它分拆成三种基本业务:关系管理、产品创新和基础设施管理。

其他产品供应商	咨询 产品研发 营销 平台管理 品牌/信任 产品专利 交易平台	量身定制的资产 管理服务 金融产品 交易管理	亲密的个人关系 关键客户管理 个人网络 销售团队 交易平台	富有的个人家庭 私人银行 独立财务咨询师
平台管理 研发人力成本 私人银行经理人力成本			管理和咨询费 产品与绩效收费 交易费用	

图 3-1 传统私人银行商业模式

(四)移动电信行业的业务分拆

如今,移动通信企业已经将其业务分拆。以前,传统的电信运营商之间的竞争围绕着网络质量,但是现在它们更强调与竞争者共享网络,或将网络运营全部外包给设备制造商。为什么? 因为它们意识到自己的核心资产不再是网络,而是它们的品牌及客户关系。

1. 电信设备制造商

诸如法国电信、荷兰皇家电信、沃达丰等电信运营商已经将它们一部分网络的运营和维护工作外包给像诺基亚-西门子网络公司、阿尔卡特-朗讯和爱立信等电信设备制造商。电信设备制造商可以在同一时间服务多个电信运营商,它们可以以更低的成本运营网络,并以此从规模经济中获益。

2. 业务分拆的电信运营商

在将基础设施业务拆分后,电信运营商可以改进自己对品牌、客户以及服务的关注,客户关系则成为核心资产与核心业务。通过专注于客户并提高现有客户的单客户贡献率,电信运营商可以改善多年来花费在获取和维持客户上的投资。而最先采取这种战略分拆运营商中有一家是巴蒂电信(Bharti Airtel),它现在已经是印度电信行业的领先企业之一。该公司将网络运营外包给爱立信和诺基亚-西门子网络公司,将 IT 基础设施外包给 IBM,使其可以专注于自身的核心能力:构建客户关系。

3. 内容供应商

对于产品和服务创新而言,分拆业务的电信运营商可以转变成规模更小、更具创新性的公司。创新需要创意人才,而更活跃的小型公司具有独特的吸引力。电信运营商与大量第三方在创新技术、新服务和媒体内容上合作,诸如地图、游戏、视频和音乐等。例如,奥地利 Mobilizy 和瑞典的 Tat。Mobilizy 专注于为智能手机提供基于位置服务的解决方案(一种大众移动导航业务),而 Tat 专注于提供高级的移动用户界面。

三、长尾式商业模式

(一)长尾理论

长尾概念由克里斯·安德森提出,这个概念描述了媒体行业从面向大量用户销售少数拳头产品,到销售庞大数量的利基产品的转变,而每种利基产品都只产生小额销售量。安德森描述了很多非经常销售所产生的销售总额等于甚至超过由拳头产品所产生的收入。

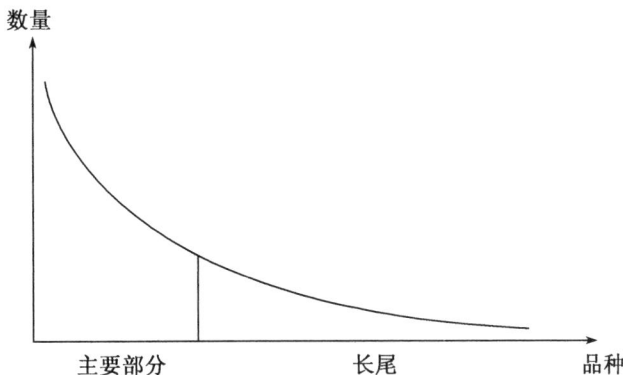

图 3-2　长尾理论模型图

安德森认为有三个经济触发因素在媒体行业引发了这种现象。

(1)生产工具的大众化。不断降低的技术成本使得个人可以接触到就在几年前还十分昂贵的工具。如果有兴趣,任何人现在都可以录制唱片、拍摄小电影或者设计简单的软件。

(2)分销渠道的大众化。互联网使得数字化的内容发展成为商品且能以极低的库存、沟通成本和交易费用为利基产品开拓新市场。

(3)连接供需双方的搜索成本不断下降。销售利基内容真正的挑战是找到感兴趣的潜在买家。强大的搜索和推荐引擎、用户评分和兴趣社区使寻找潜在顾客变得相对容易。安德森的研究主要集中在媒体行业上。他展示了在线视频租赁公司 Netflix 是如何转向发放大量利基影片授权的。虽然每部利基影片被租赁的次数相对很少,但来自 Netflix 的大量利基影片目录的累计收入却可以与大片电影的租赁收入匹敌。与此同时,安德森也证明了长尾理论在媒体行业以外的其他行业也同样有效。在线拍卖网站 eBay 也是基于数量庞大的拍卖者通过交易小额而非热点商品从而获得成功的。

（二）长尾商业模式

长尾式商业模式的核心是多样少量，致力于为利基市场提供大量产品，相对而言每种产品卖得却不多。利基产品销售总额可以与凭借少量畅销产品产生绝大多数销售额的传统模式相媲美。长尾模式需要低库存成本和强大的平台，并使得利基产品对于兴趣买家来说容易获得。

（三）图书出版行业的变革

1. 传统商业模式

过去，有抱负的作家们用心写作并提交手稿给出版商，希望看到他们的作品被出版，但还是经常被拒绝。传统的图书出版模式建立在选择过程基础上，出版商审查许多作者和稿件，然后选择那些似乎最有可能达到销售目标的作者和稿件。与此相反，希望不大的作者及其作品将会被拒绝，因为编辑、设计、印刷、推广卖得不好的图书可能无利可图。出版商们最感兴趣的是那些印刷后可以热卖的图书。

2. 新型商业模式

Lulu. com 将传统以畅销书为中心的出版模式转变为提供让每个人都能出版作品的服务。Lulu. com 的商业模式是基于帮助利基和业余作者在市场上推出作品。它通过为作者提供清样、出版和在线商场分销作品的工具消除了传统模式的高进入门槛，这与选择"市场——价值"的传统模式形成了强烈的对比。实际上，Lulu. com 吸引的作者越多，就越有可能成功，因为这些作者同时也会成为消费者。简单地说，Lulu. com 是一个多边的平台，通过用户自主生成利基内容所形成的长尾来连接和服务作者与读者。成千上万的作者都在使用 Lulu. com 的自助服务工具出版和销售自己的书籍。这种模式之所以能够发挥作用，是因为只根据实际订单来印刷书籍。特定主题的作品销售失败也与 Lulu. com 无关，因此这样的失败并不会给 Lulu. com 带来任何成本。

（四）乐高的新长尾

1949 年，丹麦玩具厂商乐高（LEGO）就已经开始生产现在已经闻名于世的积木玩具。一代又一代的孩子都在玩它的产品，而乐高也推出了围绕各种主题的成千上万的玩具套件，例如空间站、海盗、中世纪等。但是随着时间的推移，玩具行业竞争的加剧迫使乐高寻找新的增长路径。乐高开始通过许可使用来自诸如《星球大战》《蝙蝠侠》等大片角色的使用权。虽然这种许可很昂贵，但事实证明这是一种可观的收入来源。

2005 年，乐高开始尝试用户创造内容的模式。它们推出了乐高工厂，让客户组装他们自己的乐高套件并在线订购。使用被称为"乐高数码设计师（LEGO digital designer）"的软件，客户可以发明和设计自己的建筑物、汽车、主题和人物，其间可以从数千种组件和颜色中选择搭配。客户甚至可以设计用来包装定制玩具套件的包装盒。通过乐高工厂，这家公司把被动的客户变成了主动设计者,参与到乐高的设计体验中来。

这种模式要求改造供应链基础设施,因为客户自己定制的玩具套件订货量都很低,所以乐高也没有完全改造它的支撑基础设施来适应新的乐高工厂模式,而仅仅调整了现有资源和业务来适应新的模式。

就商业模式而言,乐高已经通过进入长尾领域迈出了超越大规模定制的一步。除了帮助用户设计他们自己的乐高套件外,现在乐高工厂也在线销售用户设计的套件。有些确实卖得不错,有些卖得很少或者根本没卖出去。对乐高而言,重要的是用户设计套件扩展了先前卖得最好而品种数量有限的产品线。现在,乐高业务中的这个部分的收入仅占到乐高总收入的一小部分,却是乐高实现以长尾模式作为补充模式的第一步,甚至还有可能替换传统大众市场模式。

四、多边平台式商业模式

(一) 多边平台式商业模式

多边平台将两个或者更多有明显区别但又相互依赖的客户群体集合在一起。

只有相关客户群体同时存在的时候,这样的平台才具有价值。多边平台通过促进各方客户群体之间的互动来创造价值。多边平台需要提升其价值,直到它达到可以吸引更多用户的程度,这种现象被称为网络效应。

多边平台被经济学家称为多边市场,是一个重要的商业现象。这种现象已经存在了很长时间,随着信息技术的发展,这种平台得以迅速兴起。Visa 信用卡、微软 Windows 操作系统、《金融时报》、Google、Wii 家用游戏机和 Facebook 都是成功多边平台的一些案例。

多边平台到底是什么? 它是将两个或者更多有明显区别但又相互依赖的客户群体集合在一起的平台,它作为连接这些客户群体的中介来创造价值。例如,信用卡连接了商家和持卡人;计算机操作系统连接了硬件生产商、应用开发商和用户;报纸连接了读者和广告主;家用视频游戏机连接了游戏开发商和游戏玩家。这里的关键是,多边平台必须能同时吸引和服务所有的客户群体并以此来创造价值。

多边平台对于某个特定用户群体的价值本质上依赖于这个平台"其他边"的用户数量。如果有足够多的游戏,一款家用游戏机平台就能吸引足够多的玩家。另一方面,如果有足够的游戏玩家已经在玩游戏了,游戏开发商也会为新的视频游戏机开发更多的游戏。所以,多边平台经常会面临着一个"先有鸡还是先有蛋"左右为难的困境。

解决这个问题的方法是针对一个群体。尽管多边平台的运营商最主要的成本是运营费用,但是他们经常会通过为一个群体提供低价甚至免费的服务来吸引他们,并依靠这个群体来吸引与之相对的另一个群体。多边平台的运营商所面临的困难是选择哪个群体,以及以什么价格来吸引他们。

多边平台的运营商必须要问自己几个关键问题:我们能否为平台各边吸引到足够数量的客户? 哪边(客户)对价格更加敏感? 能够通过补贴吸引价格敏感一边的用户吗? 平

台另一边是否可以产生充足的收入来支付这些补贴？

(二) Google 的商业模式

Google 商业模式的核心价值主张是在全球网络提供极具针对性的文字广告。通过 AdWords 服务,广告主可以在 Google 搜索页面上发布广告和赞助商链接。当人们使用 Google 的搜索引擎时,这些广告会显示在搜索结果的旁边。Google 确保仅与搜索关键字相关的广告被显示。该服务对于广告客户非常有吸引力,这允许广告主针对具体的搜索和特定人口统计目标定制在线广告营销活动。但是,该模式只有在很多人使用 Google 的搜索引擎时才能运转起来,使用 Google 搜索引擎的人越多,Google 就能显示更多的广告并为广告主创造更大的价值。

Google 针对广告主的价值主张很大程度上依赖它吸引到网站的客户数量,所以 Google 使用了一个强大的搜索引擎来迎合这个消费客户的第二群体(网民),同时还有越来越多的诸如 Gmail(基于 Web 的电子邮件)、Google 地图和 Picasa(一个在线相册)等工具。为了进一步扩大其覆盖面,Google 还设计了一款第三方服务,使自己的广告可以显示在其他非 Google 的网站上。这项被称作 AdSense 的服务,允许第三方网站通过在自己网站上显示 Google 广告来赚取部分 Google 的广告收入。AdSense 自动分析参与网站的内容并显示相关文字和图片广告给访问者。对于那些第三方站长,即 Google 的第三个客户细分群体(内容创作者)而言,Google 的价值主张就是能让其从内容(流量)中赚钱。

作为一个多边平台,Google 有非常独特的收入模式。它从广告商客户细分那一边赚钱,而同时免费补贴另外两边的客户群体:网民和内容所有者(站长)。这是合乎逻辑的,因为 Google 给网民的广告越多,它从广告主那里赚得就越多。反过来,已增加的广告收入,更加促进了更多内容拥有者(站长)成为 AdSense 的合作伙伴。广告主不会直接从 Google 购买广告位,而是竞标与关键字有关的广告关键字,无论关键字与搜索关键字关联还是与第三方网站内容关联。竞标是通过 AdWords 拍卖服务进行的:越受欢迎的关键词,广告客户就要为它付出越高的价格。Google 从 AdWords 赚取的可观收入允许它持续改进自己针对搜索引擎用户和 AdSense 用户提供的免费服务。

Google 的核心资源是搜索平台,这个平台支撑着三种不同的服务:网页搜索(Google.com)、广告投放(AdWords)和第三方内容货币化(AdSense)。这些服务都是建立在由大规模 IT 基础设施支持的高度复杂专有搜索和匹配算法基础上的。Google 的三个关键业务可以定义如下:(1) 建设和维护搜索基础设施;(2) 管理三个主要客户细分群体:新用户、内容拥有者以及广告主;(3) 向新用户、内容拥有者和广告主推广其搜索平台。

(三) 苹果的平台运营商演变

苹果从 iPod 到 iPhone 的产品线演进突出了该公司向强大平台商业模式的转型。iPod 是一款独立的设备,而 iPhone 演变成了一个强大的多边平台,通过其应用商店(App Store),苹果公司可以控制在这个平台上的第三方应用程序。

苹果公司在 2001 年推出了一款独立产品 iPod。用户可以将 CD 中的音乐和互联网上下载的音乐拷贝到 iPod 中,iPod 成了用于存储不同来源音乐的技术平台。不过,在这一点上,苹果公司还没有在其商业模式中把 iPod 当作平台来开发。

2003 年,苹果推出了 iTunes 音乐商店,并与 iPod 紧密集成到一起。该音乐商店允许用户以一种非常方便的方式购买和下载数字音乐。它是苹果在开拓平台效应上的第一次尝试。而 iTunes 本质上把"音乐版权商"和听众直接连接在一起。这个战略使苹果公司跃升成为当今全球最大在线音乐零售商。

2008 年,苹果为十分流行的 iPhone 手机推出了自有应用商店(App Store),巩固了自己的平台战略。应用商店允许用户直接从 iTunes 商店那里浏览、购买和下载应用程序,然后把它们安装到自己的 iPhone 上。所有应用程序开发商的应用程序都必须通过应用商店的渠道来销售,苹果公司在每单应用程序的销售上提取 30% 的版税。

五、免费式商业模式

(一)免费式商业模式

在免费式商业模式中,至少有一个庞大的客户细分群体可以享受持续的免费服务。免费服务可以来自多种模式,通过该商业模式的其他部分或其他客户细分群体,为非付费客户细分群体提供财务支持。

(二)Metro 的免费报纸策略

广告是在免费产品或服务上应用非常广泛的收入来源。受众可以在电视、广播、互联网上,还有它的一个最复杂形式——Google 定向广告里看到它的身影。

用商业模式术语来说,基于广告的免费商业模式是多边平台的一个表现形式。平台的一边被设计成以免费的内容、产品或服务来吸引用户,平台的另一边通过销售广告位来产生收入。

这种模式的一个突出例子就是 Metro,一份在斯德哥尔摩创办的免费报纸。现在在全球许多城市都可以看到同类型的报纸,Metro 的本质就在于它改变了传统日报模式。

首先,这份报纸本身是免费的。其次,这份报纸集中在人流量大的通勤区和公共交通网络,通过人工和自助服务架分发。这就需要 Metro 建立自己的分销网络,但也能让该公司快速实现广泛流通。并且,对年轻的上班族而言,Metro 把制作报纸的编辑成本削减至刚好能满足那些在短乘期间上下班的年轻乘客。

很快,竞争对手采用相同模式跟进,但是 Metro 通过一系列举措使它们陷入了困境。例如,Metro 控制了在火车站和汽车站的大多数新闻报纸货架,迫使竞争对手在一些重要地区只能采用昂贵的手工分发。

六、开放式商业模式

(一)开放式商业模式

开放式商业模式可以用于那些通过与外部伙伴系统性合作,来创造和捕提价值的企业。这种模式可以是"由外到内",将外部的创意引入到公司内部,也可以是"由内到外",将企业内部闲置的创意和资产提供给外部伙伴。

开放式创新和开放式商业模式是由亨利·切萨布鲁夫创造的两个术语。二者都是指将公司内部的研究流程开放给外部伙伴。切萨布鲁夫认为在一个知识分散为特征的世界里,组织可以通过对外部知识、智力资产和产品的整合创造更多价值。

此外,切萨布鲁夫还展示了闲置于企业内部的产品、技术、知识和智力资产,可以通过授权、合资或分拆的方式向外部伙伴开放并变现。切萨布鲁夫区分了"由外到内"和"由内到外"两种创新模式。当组织将外部的创意、技术和智力资产引入到其开发和商业化流程中时,就是"由外到内"创新。这种创新的原则可以概括为"既封闭又开放",主要包括以下几点。

(1) 让处于本领域的人才为我们工作,我们需要与企业内部、外部人才一起工作。

(2) 为了从研发中获益,我们必须自己来调研、开发和销售。

(3) 外部研发可以创造巨大的价值,内部研发需要成为这种价值中的一部分。

(4) 如果我们掌控了行业内绝大多数最好的研究,我们就会赢。

(5) 我们不必从头开始研究,坐享其成即可。

(6) 如果我们创造了行业内绝大多数最好的创意,我们就会赢。

(7) 如果我们能最好地利用内部和外部的创意,我们就会赢。

(8) 我们需要控制自己的创新过程,避免竞争对手从我们的创意中获益。

(9) 我们应该从其他组织使用我们的创新中获益,并且,无论何时,只要其他组织的知识产权可以扩大我们的利益,我们就应该购买过来。

(二)宝洁:连接和发展——由外到内的创新模式

2000 年 6 月,宝洁的股价不断下滑,长期担任宝洁高管的雷富礼临危受命,成为这家消费品巨头的新 CEO。为了振兴宝洁,雷富礼再次将"创新"作为公司的核心,并没有对研发部门大力投资,而是建立了一种新的创新文化:从关注内部研发到关注开放式研发过程的转变。一个关键因素就是"连接和发展"战略,这个战略旨在通过外部伙伴关系来促进内部的研发工作。

雷富礼制定了一个雄心勃勃的目标:在现有的接近 15% 的基础上,将公司与外部伙伴的创新工作提高到总研发量的 50%。2007 年,该公司完成了这个目标。与此同时,研发生产率大幅提升了 85%,而研发成本仅比雷富礼接任 CEO 前有略微的提高。

为了连接企业内部资源和外部世界的研发活动,宝洁在其商业模式中建立了三个"桥梁":技术创业家、互联网平台和退休专家。技术创业家是来自宝洁内部业务部门的高级科学家,他们与外部的大学和其他公司的研究人员建立了良好的关系。他们还扮演了"猎人"的角色,不断寻找外部世界的解决方案以应对宝洁内部挑战。

通过互联网平台,宝洁与世界各地的问题求解专家建立了联系。通过像 InnoCentives 那样的平台,宝洁把一些自己研究上的难题暴露给了全球各地的宝洁以外的科学家,若成功开发了解决方案即可获得现金奖励。宝洁通过 YourEncore.com 网站从退休专家那里征求知识,这是一个由宝洁公司专门推出的作为连接外部世界开放创新桥梁的平台。

（三）葛兰素史克的专利池——由内到外的创新模式

由内到外的开放式创新方法通常专注于内部闲置资产的变现，主要是专利和技术。就葛兰素史克的专利池而言，动机略有不同。这家企业的目标是让药物在世界上最贫穷的国家更容易获得，并促进疑难病症的研究。为达到此目标，它们采取的方法之一是把开发这些疑难杂症药物相关的知识产权权利放入对外开放的专利池，供外部的其他研究者所用。制药公司主要专注于研发畅销药物，所以未被深入研究的疾病相关的知识产权往往被闲置，而专利池汇集了来自不同专利持有者的知识产权，并让它们更容易获得。这个做法有助于防止研发进度被某个专利持有者所阻碍。

第二节　新商业模式下的组织设计

钱德勒认为环境决定战略，组织结构应当跟随战略。同样地，商业模式是企业战略管理体系中的重要构成，不同的商业模式需要不同的组织体系来支撑。本小节将通过两个典型商业模式下的组织设计来深入探究新商业模式下的组织设计该何去何从。

一、新零售背景下的组织设计

（一）新零售商业模式

2016 年 10 月 13 日，马云在杭州云栖大会中首次提出"新零售"的概念。马云认为，"未来的十年、二十年，没有电子商务这一说，只有新零售。"在他看来，"线下的企业必须走到线上去，线上的企业必须走到线下来，线上线下加上现代物流合在一起，才能真正创造出新的零售。"

阿里研究院将新零售定义为"以消费者体验为中心的数据驱动的泛零售形态"。新零售将通过数据与商业逻辑深度结合，将传统零售业态与数据相融合，重构"人、货、场"关系，从原本的"货—场—人"模式转变为"人—货—场"模式。

苏宁控股集团董事长张近东提出，未来零售就是智慧零售。智慧零售，是指运用互联网、物联网技术感知消费习惯，预测消费趋势，引导生产制造，为消费者提供多样化、个性化的产品和服务。他认为，实体零售和传统电商都需要变革，都需要线上线下融合。

小米科技雷军也认为，新零售的本质就是线上零售与线下零售相融合，以电商的模式和技术来帮助线下零售业改善用户体验，提高零售整体效率。

目前对于新零售的概念还没有统一的定义。较为普遍的观点认为，新零售是企业以互联网为依托，通过运用大数据、人工智能等先进技术手段，对商品的生产、流通与销售过程进行升级改造，进而重塑业态结构与生态圈，并对线上服务、线下体验以及现代物流进行深度融合的零售新模式。

（二）新零售商业模式下的组织设计

1. 管理理念的变革

新零售模式是在传统零售业态陷入经营困境、传统电商遭遇发展瓶颈的形势下所诞生的新型经营模式。换言之，新零售的变革是传统电商寻求发展的桥梁，是实体零售企业走出困境的新生，是消费者的福音。市场环境、消费环境、社会环境的巨大变化，激发零售理念的变革。当前的环境下，零售企业需要进行以下几个方面的理念变革。

一是以顾客为中心的经营理念。新零售模式的核心就是要体现自身对顾客的价值。因此，如果企业要向新零售模式变革，必须要建立以顾客为中心的经营理念，只有这样才能建立良好的顾客关系。

二是个性化、差异化取代标准化。目前，消费者更加追求异质化、个性化的产品或服务。对传统零售企业来说，要想在竞争愈加激烈的环境中摆脱目前的经营困境，应该实行差异化经营，满足消费者的需求。

三是建立企业的快速反应机制。企业以往多数采取流程化的工作模式，从而形成了反应迟钝的工作作风，影响了企业的经营效率。在新零售模式下，必须打破常规，建立基于市场变化的快速反应机制。

四是扁平化取代层级制。企业应该建立更加扁平化的组织架构，减少管理层级，下放权力，使一线管理者拥有更多的经营自主权。比如阿里巴巴把原来的市场部门和原来的零售事业部放在下面，原来的市场部升级成为平台营运部。

五是全渠道零售。为了更好地满足消费者的需求，企业应该采取实体渠道、电子商务渠道和移动电子商务渠道整合的方式销售商品或服务，提供给顾客无差别的购买体验，这就是全渠道零售。

六是智能化取代人工。在新零售模式下，零售的智能化应注意对顾客管理的智能化、对商品管理的智能化等方面。实现零售的智能化，将带来更高的经营效率、更低的成本、更精准的管理。

七是合作共赢取代各自为战。联合、合作、整合将是必然的选择。可能是零售企业与零售企业之间的整合，可能是厂家与厂家之间的整合，可能是资本与资本之间的整合，也可能是平台与平台之间的整合。

2. 组织结构的变革

新零售时代企业组织应该调整的方向，就是朝着更加扁平的组织结构、更加以用户需求为中心的企业运营流程来变革。正如阿里巴巴集团新零售人力资源副总裁石旻所说的，"新零售转型：始于系统，成于组织变革"。为聚焦新零售战略，2017年以来，阿里巴巴内部不断对组织架构做出调整。2017年4月1日，阿里云成立新零售事业部，把阿里的科技能力赋能给正在转型的零售企业。2018年1月9日，阿里宣布调整口碑业务汇报线，将其从蚂蚁金服汇报线调整到阿里巴巴集团汇报线，这代表着口碑正式纳入阿里巴巴新零售体系，提升了其在阿里巴巴生态系统中的战略地位。1月18日，阿里宣布：阿里巴巴云零售事业部与天猫、淘宝合体。天猫新零售平台事业部将整合阿里巴巴集团云端的基础设施、数字化能力和大数据资源,进一步推进品牌商家的新零售升级。3月9日,阿里巴巴旗下天猫宣布,天猫组织架构进一步升级,将以新零售战略为核心、以品牌数字化转型和消费升级为驱动。打破传统组织结构层层工作汇报、高层缓慢决策的态势,使得一线员工有更多的自主权。这已经不是一般意义上的组织结构变革,而是从根本上改变人们对组织的认识,从根本上改变传统组织的基本原理和基本原则。新零售发展的最大特征是线上线下一体化。企业线下线上一体化业务流程再造,需要紧扣互联网"信息互动"的中心功能展开,这就是新零售变革对企业提出的新挑战。

3. 技术的变革

技术因素对新零售模式的产生有着不可忽视的作用。新零售模式下所带来的消费者的购物体验升级,必须通过技术的创新和发展才能实现。阿里研究院曾着重分析了3D/4D打印、AR/VR、传感器与物联网、人工智能等新技术形态对新零售的影响,京东集团董事局主席刘强东也反复强调技术因素对于零售行业实现重大变革的重要意义。零售业中的新技术应用在提升消费者体验、影响零售迭代升级方面发挥了重要作用。

(1)大数据与云计算。新零售的发展离不开以大数据、云计算为核心的信息技术的支持。在新零售模式中,云计算与大数据能够精准识别客户,更好地理解顾客需求,可以帮助企业优化产品结构和服务内容,能够帮助企业更好地重构人、货、场。

(2)人工智能成为数字化推力。从人工智能在新零售方面的应用来看,较为成熟的场景包括智慧无人门店、智能仓储与物流、智能营销与体验、智能客服、智能虚拟体验等几大方面。

(3)RFID技术(也称无线射频识别)的应用。对于全渠道零售商,运用RFID技术进行库存管理,可以及时了解库存信息、缓解滞销状况、降低费用、提高企业产品的整体销量。

(4)区块链技术。通过借助区块链技术,可以通过重塑供应链体系来提升效率、节省成本,可以构建自由、公开、安全的交易市场,还可以营造更加便利、安全的零售生态。

(5)人脸识别技术。借助人脸识别技术来打通线上线下,帮助企业及时获取顾客和潜在顾客的精准信息,构建清晰的用户画像,帮助商家实现更精准的营销。肯德基在中国门店里已应用了天猫新零售人脸识别、自助点餐技术,这被称为"微笑支付"。值得一提的是,有学者对人脸识别技术的安全隐患及伦理困境表示担忧,呼吁应加强监管、谨慎研究,考虑更广泛的社会影响。

二、分享经济下的组织设计

(一)分享经济商业模式

分享经济(Sharing Economy)的概念始于协同消费(Collaborative Consumption),马丁·威尔茨将其发展为分享经济,但由于缺乏技术支持等原因,这一概念在当时并未引起关注,直到信息技术迅速发展的新世纪,在全球经济危机的压力下,这一概念才逐渐获得全球共识。

目前学界对分享经济并没有统一的明确定义。一般认为,分享经济是一种基于互联网信息技术对闲置资源进行点对点交换的新兴经济形式,又有"点对点经济""共享经济""协同经济"等多种别称,这些闲置资源可以是有形的产品,也可以是无形的资源,如信息、服务等。分享经济的本质是基于社会网络、信息平台实现供需交换的新型商业模式。通过以数字化平台取代第三方中介机构,分享经济能够极大地降低当地市场和国际市场的交易成本。

分享经济最显著的特征是其体现了一种双层结构的新产权关系,包括"使用所有权"和"不使用即浪费",财产的所有权与使用权分离,以"租"代"买",这也是分享经济的支持者们明确提出的口号。《中国分享经济发展报告 2016》总结了分享经济的基本特征:以基于互联网平台为技术特征,以大众参与为主体特征,以资源要素的快速流动与高效配置为客体特征;以权属关系的新变化为行为特征;以用户体验最佳为效果特征;以"不求拥有,但求所用"为文化特征。

分享经济下人力资源管理遇到的新挑战,包括对象无限化、职能削弱化、基石空心化、关系复杂化。分享经济下的组织,其员工概念突破了原有的组织界限,互联网技术带来的价值创造无边界、去中心化与员工自主管理等影响,导致传统人力资源管理手段效果被削弱,探索适合分享经济形式的新型人力资源管理手段是当务之急。

人力资源管理依赖于企业的组织结构和责权安排,要研究适合分享经济的人力资源管理措施,首先应该探究这一经济形式对企业的组织结构产生了何种影响。组织结构变革势必会造成组织内员工角色、岗位以及责权利安排的调整,而对员工角色的全新定位将进一步带来人力资源管理实践的调整和革新。

(二)分享经济商业模式下的组织设计

工业化和产业化造就了生产的大规模,供需矛盾日益尖锐。纵向一体化、产业链等组织形式随着生产活动的日益复杂,其交易成本有所增加。信息爆炸等因素带来复杂多变的市场状况,个性化定制的"长尾"需求,要求企业具有应对市场的灵活性和生产的柔性。经济危机的压力、环保意识的觉醒使消费者的消费观念发生变化,从主张"所有权"到仅获取部分"使用权"。智能终端、大数据分析、云计算技术的发展使得通过技术手段实现供需动态匹配成为可能,从而催生了新型商业模式。进入门槛的降低,使得创业企业如雨后春笋般蓬勃而出,分享经济逐渐掀起热潮。知识型员工群体的壮大、城市化水平的提高,催生了年轻群体对 SOHO、自由职业的需求。这一切的变化都昭示着传统的科层制结构、正规化的管理不再完全适合经济形势和企业战略要求,必须进行组织变革。分享经济的形势下,组织呈现出新的特征。

1. 去中心化

互联网技术带来的是资源配置方式的革命性改变。科斯认为市场和企业是配置资源的两种方式。市场配置资源是通过价格信号实现的,而企业配置资源则是通过管理手段实现的。互联网时代中资源供求双方的匹配是通过技术自动实现或供需双方主动寻求的,这使得互联网的业务形式存在着去中介化的特征,大规模的 C2C 成为可能,个人不再是原来依附于组织才能创造价值的状态。个人借助于组织平台,其价值创造能量,组织与个人关系不再是简单依附与绝对服从关系。分享经济中,借助于平台的力量,资源配置不再是从命令链顶端向下分配的过程。每一个贴近用户的个体都有机会实现闲置资源的价值,也就具有资源配置的话语权。资源配置权的转移使得关键岗位和关键流程的重要性降低,失去中心地位,因此组织呈现出扁平化、去中心化的特点。

2. 无边界化

韦尔奇认为,无边界组织应当全面推翻外部边界及内部边界,推翻实体及虚拟边界,成为一个完全开放的没有边界的组织。无边界组织像一个有机体,存在各种"隔膜"使之具有外形和界定,但并不妨碍信息、资源、构想及能量能够快捷便利地穿越企业的边界。分享经济中,无边界的组织能够使平台企业在仅拥有平台而不拥有产品的情况下,通过自由进出的资源或服务满足用户需求。组织正在被一种临时性的契约关系所取代,无边界的平台组织是基于价值创造的松散组织,资源提供者和用户通过平台将分散的资源整合起来,发挥其效能。运营平台的组织也随着各类资源的接入而呈现无边界化甚至虚拟化的特点。

3. 平台化

组织去中心化和组织的无边界化会造成组织平台化的结果。能力的开放最后形成的是平台型的产品,而组织的开放形成的是平台型的组织。平台作为一种快速配置资源的框架,将取代管理成为新的资源配置手段,这意味着组织将从他组织向自组织过渡,管理阶层逐渐消亡,科层制为扁平化的极简团队所取代。维基百科的固定编辑人数只有几百人,Uber 在各个城市的团队一般仅有 3 人组成,这些组织都是通过开放、利用外部资源实现各项职能的典型。

案例聚焦

新零售风云史

马云——掀起新零售业的第一人

2016 年云栖大会上,马云首次提出"新零售"概念,称在未来 30 年将发生翻天覆地的变化,"电子商务"一词将会被淘汰,取而代之的是"新零售"。此话一出,随即引发行业广泛关注。

马云提出的新零售究竟是什么? 想必业内人士都已有大量斟酌并激烈讨论一番;虽然很多观点看似不同,其实性质是一致的。所谓"新零售",只是在建立在"旧零售"上面的新。

作为提出"新零售"的第一人,马云带领阿里巴巴所实施的一系列举措都在围绕线下,随着电商增速的放缓,求于线下快速落地,为已经成熟的庞大线上业务需求在线下找到切入口,马云希望借此可以打造新零售的生态。

3

刘强东——未来零售的图景是"无界"和"精准"

继阿里巴巴董事局主席马云抛出"新零售"的概念后,日前,京东集团董事局主席兼首席执行官刘强东在《财经》杂志发表了《第四次零售革命》署名文章。文章认为,零售业正处在变革前夜,在下一个10年到20年,零售业将迎来第四次零售革命。

未来零售的本质是什么?仍然应该是成本、效率和体验。但是创造价值和实现价值的方式一定会改变。

在即将到来的第四次零售革命中,智能技术会驱动整个零售系统的资金、商品和信息流动不断优化,在供应端提高效率、降低成本,在需求端实现"比你懂你""随处随想""所见即得"的体验升级。未来零售基础设施会变得极其可塑化、智能化、协同化。

雷军——借助新零售从低谷到逆袭

在经历了长达一年多的低谷之后,2017年的小米,手机出货量再次逆市上升(IDC数据:Q1小米手机环比大增21.6%)。而这个过程,恰好与小米新零售核心项目——小米之家的加速开店布局,在时间上是相吻合的。

雷军自述从新零售的角度,重新定义了小米之家在小米科技整条链路的角色和价值。哪怕小米之家最初明显受苹果旗舰店概念所启发,受OPPO、VIVO线下全渠道业绩所刺激。

张近东——10种业态打造智慧零售生态圈

过去的几年,张近东努力带领苏宁实践互联网,但似乎都没有太大的成效。终于到了2017年,线下被再次重视起来,苏宁也终于等到了春天。

"线下将在智慧零售发展过程中扮演更重要的角色,将逐步回到舞台中央。智慧零售时代,线下被充分激活,成为智慧化的运营端口,具有线上无法比拟的优势,传统电商正是看到了线下发展的价值,所以都在纷纷走向线下、布局线下。"张近东对《华夏时报》记者说。

张轩松——新物种模式推动消费升级

相较于永辉超级物种在这一年的火热,董事长张轩松却显得极为低调。

永辉近期提出了一个名为"超级物种"的新商业模式,这是个以轻时尚及轻奢餐饮为基础,"餐饮＋超市＋互联网业态"的商业模式,以"80后"和"90后"等新消费群体作为主要目标。这个"超级物种"模式由多物种品类集结而成,是一个由年轻人组织创立的平台。在给它取名时,永辉超市参考了台湾地区上引水产及另一家意大利超市,上引水产有很多海鲜现场加工制作,那家意大利超市也走"超市＋餐厅"模式。

陈子林——我们不懂零售,但是我们可能颠覆它

当亚马逊提出了新型概念店Amazon GO后,"无人便利店"便引起全行业的关注,在这一年中,阿里、京东、罗森、便利蜂等相继入场无人零售试水,而一家由水果O2O转型而成的公司——缤果盒子,作为国内首个商用可规模化复制的24小时无人便利店,让创始人陈子林也站上了风口。

社会聚焦——传统组织的曲折转型之路

"互联网＋"发展战略的深入实施使传统商业模式及其相关服务正在被从底层颠覆,传统企业顺应时代潮流进行互联网化的转型可谓势在必行。依托互联网技术的"互联

网+"发展战略,不仅创新出了众多互联网时代下的新型商业模式,同时也促使传统产业加速转型升级,面临着市场中更为激烈的竞争挑战。

3

我国传统企业发展将面临以下共性难题:首先,市场产品不断丰富,但是产品同质性较高,供给明显大于需求,致使传统企业盈利空间不断压缩,价格竞争成为传统企业主要生存手段。其次,随着我国人力成本的不断提升,传统企业的最大优势已经不复存在,加之缺乏成熟的商业模式,传统企业核心竞争力不足;第三,我国很多企业处于产业链的低端,产品缺乏技术自主,没有长远的发展能力,金融投资环境急需改善,许多传统企业陷入规模增长陷阱。此外,伴随着经济全球化发展的趋势,越来越多的强力外资企业涌入我国,这无疑对我国传统企业的发展提出了严峻挑战。

传统企业互联网化转型难点主要包括:传统企业组织架构难以革新,底层管理者的思维局限致使传统企业互联网化转型速度缓慢;其次,传统企业缺乏明确的战略转型规划路线,基本的营销策略仍然落后,互联网思维及理念不足。由于许多互联网企业的快速崛起,再加上政府大力鼓励传统企业及产业的互联网化转型,许多传统企业还未真正理解互联网化的真正含义就开始互联网化转型,缺乏整体发展转型规划,往往是跟着其他企业的转型方式和步伐进行互联网化转型。

此外,传统企业的数据驱动思维缺乏,如何将数据分析融入企业生产、运输、管理以及销售各环节,使用智能机器替代传统人力劳动,开展精细化运营都是传统企业所要急需解决的难点和痛点。因此需要从组织创新、资源管理创新及与客户之间的互动创新等几个方面着手努力:首先,构建服务型组织模式,提升传统企业经济效益。加强传统企业组织创新转型的边界管理,为企业转型和外界环境划分界限,保证传统企业的组织创新转型具有秩序性。其次,加强物资管理创新,提升企业市场竞争力。建立企业采购审核制度,尤其是对于过度消耗产品要加强管理,探究其快速消耗的问题及原因,以及时解决。同时,加强对相关人员的素质培养,提升管理人员的管理水平。第三,以客户为中心,增强企业与潜在客户之间的互动。传统企业要明确企业发展原则应当以客户导向为核心,充分利用互联网的信息传递速度和速率,快速打造企业良好声誉和市场软性竞争优势。同时,构建双向沟通和信息反馈机制,及时获得市场信息和消费者需求,增强企业的产品质量和服务质量,为客户提供持续优质的产品和服务,进而保证企业产品的市场活跃度。

(本案例节选自:远丰电商集团.新零售系统的龙头企业有哪些?[EB/OL]. http://www.mall-builder.com/news-2162.html.2020.12.30,有改动。)

第三节 决策与组织变革

一、组织决策

（一）决策的定义、原则与类型

1. 决策的定义

决策是指管理者识别并解决问题以及利用机会的过程。其含义包括：

（1）决策的主体是管理者（既可以是单个的管理者，也可以是多个管理者组成的集体或小组）。

（2）决策的本质是一个过程，这一过程由多个步骤组成。

（3）决策的目的是解决问题或/和利用机会。

2. 决策的原则——满意原则

（1）决策遵循的是满意原则，而不是最优原则。要使决策达到最优，必须：

① 获得与决策有关的全部信息。

② 了解全部信息的价值所在，并据此制定所有可能的方案。

③ 准确预测每个方案在未来的执行结果。

（2）现实中上述条件往往得不到满足，具体表现在：

① 组织内外存在的一切，对组织的现在和未来都会直接或间接地产生某种程度的影响，但决策很难收集到反映这一切情况的信息。

② 对于收集到的有限信息，决策者的利用能力也是有限的，从而决策者只能制定数量有限的方案。

③ 任何方案都要在未来实施，而人们对未来的认识是不全面的，对未来的影响也是有限的，从而决策时所预测的未来状况可能与实际的未来状况有出入。

（3）满意原则是现代决策理论评价各个决策方案的一条适用原则，也是决策管理学派的主要思想之一。这种"令人满意"的原则就是"适当的市场份额""适度的利润"和"公平的价格"等。满意原则所依据的假设前提与最优化原则不同，其关注的焦点是可以影响个人决策的组织因素，对于那些复杂和非程序化的决策来说，满意原则更现实可行。

（4）基于满意原则，具体有以下几条原则指导决策：

① 系统原则。决策对象是一个人造系统。利用系统理论进行决策，是科学化决策必须遵循的首要原则，是实现决策整体化、综合化和满意化的保证。

② 信息原则。信息是决策的基础。信息资料的质量是决策成功的前提和保证。决策过程实际上是一个信息的收集、加工和转换的过程，决策的科学性、准确性是和信

息的数量、质量成正比的。信息越全面、准确、及时，决策过程中思维的广度和深度也就越大，否则就难免做出错误决策。只有在掌握和分析了大量信息之后，才可能做出科学决策。

③ 可行性原则。决策要符合决策对象发展的客观规律性，要充分考虑到需要与可能，有利因素与成功的机会，不利因素与失败的风险。要求决策者必须以科学的理论作指导，运用科学的方法，按客观规律办事；必须从实际出发，分析现有的主客观条件，分析发展过程中可能产生的种种变化，分析决策实施后在政治、经济、社会心理等方面产生的利弊，经过科学论证，周密审查、评估，确定其可行性和优化程度。

④ 民主集中制原则。民主集中制的原则是指在决策过程中要充分发扬民主，认真倾听不同意见，在民主讨论的基础上实行正确的集中。要求领导者在决策的过程中，坚持走群众路线。发扬民主，充分听取广大群众的意见，从群众中来，再到群众中去；另一方面就是在决策中坚持集体决策，在决策班子中实行民主集中制。特别是班子的主要领导要大胆提倡和鼓励不同意见，不搞个人专断或擅自决定，重大问题要在充分发扬民主的基础上，实行集中。

⑤ 创新原则。创新原则是指在决策过程中，要打破常规和原有的定势，进行大胆的创造。要求领导者在决策过程中，创造性地组织决策活动，并激发组织成员的创造性，发挥组织内集体的创造精神。

3. 决策的类型

（1）长期决策与短期决策。

① 长期决策。指有关组织今后发展方向的长远性、全局性的重大决策，又称长期战略决策，如投资方向的选择、人力资源的开发和组织规模的确定等。

② 短期决策。指为实现长期战略目标而采取的短期策略手段，又称短期战术决策，企业日常营销、物资储备以及生产中资源配置等问题的决策都属于短期决策。

（2）战略决策、战术决策与业务决策。

① 战略决策。指对组织最重要的决策，通常包括组织目标、方针的确定，组织机构的调整，企业产品的更新换代，技术改造等，这些决策牵涉组织的方方面面，具有长期性和方向性。

② 战术决策。又称管理决策，是在组织内贯彻的决策，属于战略决策执行过程中的具体决策。战术决策旨在实现组织各环节的高度协调和资源的合理使用。

③ 业务决策。又称执行性决策，是日常生活中为提高生产效率、工作效率而做出的决策，牵涉范围较窄，只对组织产生局部影响。

（3）初始决策与追踪决策。

从决策的起点来看，可把决策分为初始决策与追踪决策。

初始决策是零起点决策，它是在有关活动尚未进行从而环境未受到影响的情况下进行的。追踪决策是指在初始决策实施后，伴随着组织环境发生变化，对组织活动的方向、内容或方式的重新调整所进行的决策。与初始决策相比，追踪决策有如下特点：

① 回溯分析。追踪决策是在原有方案已经实施，但环境条件有了重大改变情况下进

3

行的。它是对初始决策的形成机制和环境条件进行客观分析,进而采取相应的调整措施。在这一意义上,追踪决策是一个扬弃的过程,是对初始决策合理内核的保留,而非简单地全盘放弃。

② 非零起点。追踪决策所面临的条件与对象,经历了初始决策实施的影响,它已不是起点决策,因而不可避免地要受到不同程度的阻碍和过去决策的影响。

③ 双重优化。追踪决策是一个双重优化的过程。它不仅要优于初始决策,而且要在能够改善初始决策实施效果的各种可行方案中,选择最优或最满意的决策方案。

④ 心理效应。即要充分考虑决策对象内部和外部的各种关系。管理者在进行追踪决策时需要注意必须对过去的初始决策进行客观分析,根据新的情况,寻找调整改变初始决策的原因,并采取相应的措施。

(二)决策理论

1. 古典决策理论

古典决策理论又称为规范决策理论,是基于"经济人"假设提出来的,主要盛行于 1950 年代以前。古典决策理论认为,应该从经济角度来看待决策问题,即决策的目的在于为组织获取最大的经济利益。

(1)古典决策理论的主要内容。

① 决策者必须全面掌握有关决策环境的信息情报。

② 决策者要充分了解有关备选方案的情况。

③ 决策者应建立一个合理的自上而下的执行命令的组织体系。

④ 决策者进行决策的目的始终都在于使本组织获取最大的经济利益。

(2)古典决策理论假设。

① 作为决策者的管理者是完全理性的。

② 决策环境条件的稳定与否是可以被改变的。

③ 决策者能够充分了解有关信息情报。

④ 做出完成组织目标的最佳决策。

可以看出,古典决策理论忽视了非经济因素在决策中的作用,不一定能指导实际的决策活动。

2. 行为决策理论

行为决策理论的发展始于 19 世纪 50 年代。西蒙在《管理行为》中提出"有限理性"标准和"满意度"原则。

(1)行为决策理论的主要内容。

① 人的理性介于完全理性和非理性之间,即人是有限理性的。

② 决策者在识别和发现问题中容易受知觉上的偏差(由于认知能力有限,决策者仅把问题的部分当作认知对象)的影响,而在对未来的状况做出判断时,直觉的运用往往多于逻辑分析方法的运用。

③ 由于受决策时间和可利用资源的限制,决策者只能做到尽量了解各种备选方案的情况,而不可能做到全部了解,决策者选择的理性是相对的。

④ 在风险型决策中,与经济利益的考虑相比,决策者对待风险的态度影响着对不同风险方案的选择。

⑤ 决策者在决策中往往只求满意的结果,而不愿费力寻求最佳方案。这主要是因为:决策者不注意发挥自己和别人继续进行研究的积极性,只满足于在现有的可行方案中进行选择;决策者本身缺乏有关能力,在有些情况下,决策者出于个人的某些因素的考虑而做出自己的选择;评估所有的方案并选择其中的最佳方案,需要花费大量的时间和金钱,这可能得不偿失。

3. 回溯决策理论

(1)该理论是 1967 年彼得·索尔伯格提出的。回溯决策理论是指把思考重点放在决策制定之后,解释决策者如何努力使自己的决策合理化。

(2)回溯决策理论说明,决策只是为已经做出的直觉决策证明其合理性的一个过程,说明了直觉在决策中的作用。通过这种方式,个人相信他或她是在理性地行动,为某个重要问题制定逻辑的、理性的决策。

二、组织创新

(一)创新及其作用

1. 作为管理基本职能的创新

创新首先是一种思想及在这种思想指导下的实践,是一种原则以及在这种原则指导下的具体活动,是管理的一种基本职能。任何组织系统的任何管理工作无不包含在"维持"或"创新"中。维持和创新是管理的本质内容,有效的管理在于适度维持与适度创新的组合。

2. 创新的类别与特征

(1)局部创新与整体创新。从创新的规模以及创新对系统的影响程度来考察,可将其分为局部创新和整体创新。

① 局部创新。指在系统性质和目标不变的前提下,系统活动的某些内容、某些要素的性质或其相互组合的方式、系统的社会贡献的形式或方式等发生变动。

② 整体创新。它往往改变系统的目标和使命,涉及系统的目标和运行方式,影响系统的社会贡献的性质。

(2)消极防御型创新与积极攻击型创新。从创新与环境的关系来分析,可将其分为消极防御型创新与积极攻击型创新。

① 防御型创新。指由于外部环境的变化对系统的存在和运行造成了某种程度的威胁,为了避免威胁或由此造成的系统损失扩大,系统在内部展开的局部或全局性调整。

② 攻击型创新。指在观察外部世界运动的过程中,敏锐地预测到未来环境可能提供

的某种有利机会,从而主动地调整系统的战略和技术,以积极地开发和利用这种机会,谋求系统的发展。

(3) 系统初建期的创新与运行中的创新。从创新发生的时期来看,可将其分为系统初建期的创新和运行中的创新。组建系统是一项"从无到有"的创新活动,而系统组建完毕开始运转以后,创新活动会更大量、普遍地存在于"守业"过程中。

(4) 自发创新与有组织的创新。从创新的组织程度上看,可分为自发创新与有组织的创新。鉴于创新的重要性和自发创新结果的不确定性,有效的管理要求有组织地进行创新。

(二)创新职能的基本内容

1. 目标创新

企业在一定的经济环境中从事经营活动,特定的环境要求企业按照特定的方式提供特定的产品。一旦环境发生变化,企业的生产方向、经营目标以及企业在生产过程中与其他社会经济组织的关系也需进行相应的调整。

2. 技术创新

(1) 要素创新与要素组合创新。要素创新包括材料创新、设备创新。要素组合创新包括生产工艺和生产过程的时空组织方法创新。

(2) 产品创新。① 品种创新。品种创新要求企业根据市场需要的变化,根据消费者偏好的转移,及时地调整企业的生产方向和生产结构,不断开发出用户欢迎的适销对路的产品。

② 产品结构的创新。产品结构的创新在于不改变原有品种的基本性能,对现在生产的各种产品进行改进和改造,找出更加合理的产品结构,使其生产成本更低、性能更完善、使用更安全,从而更具市场竞争力。

3. 制度创新

(1) 产权制度。指决定企业其他制度的根本性制度,它规定着企业最重要的生产要素的所有者对企业的权力、利益和责任。

(2) 经营制度。指有关经营权的归属及其行使条件、范围、限制等方面的规定。

(3) 管理制度。指行使经营权、组织企业日常经营的各种具体规则的总称,包括对材料、设备、人员及资金等各种要素的取得和使用的规定。

4. 组织机构和结构的创新

(1) 机构和结构。

① 机构是指企业在构建组织时,根据一定的标准,将那些类似的或为实现同一目标有密切关系的职务或岗位归并到一起,形成不同的管理部门。

② 结构与各管理部门之间,特别是与不同层次的管理部门之间的关系有关,它主要涉及管理劳动的纵向分工问题,即所谓的集权和分权(管理权力的集中或分散)问题。

(2) 机构和结构的创新。由于机构设置和结构的形成要受到企业活动的内容、特点、规模、环境等因素的影响,因此,不同的企业有不同的组织形式。同一企业,在不同的时期,随着经营活动的变化,也要求组织的机构和结构不断调整。组织创新的目的在于更合理地组织管理人员,提高管理劳动的效率。

5．环境创新

环境创新是指通过企业积极的创新活动去改造环境,去引导环境朝着有利于企业经营的方向变化。就企业来说,环境创新的主要内容是市场创新。市场创新主要是指通过企业的活动去引导消费,创造需求。成功的企业经营不仅要适应消费者已经意识到的市场需求,而且要积极开发和满足消费者自己可能还没有意识到的需求。

（三）创新的过程和组织

1．创新的过程

（1）寻找机会。

① 系统外部的创新契机。

• 技术的变化。可能影响企业资源的获取、生产设备和产品的技术水平。

• 人口的变化。可能影响劳动力市场的供给和产品销售市场的需求。

• 宏观经济环境的变化。繁荣的经济背景可能给企业带来不断扩大的市场,而整个国民经济的萧条则可能降低企业产品需求者的购买能力。

• 文化与价值观念的转变。可能改变消费者的消费偏好或劳动者对工作及其报酬的态度。

② 系统内部的创新契机。

• 生产经营中的瓶颈可能影响劳动生产率的提高或劳动积极性的发挥,因而困扰着企业的管理人员。

• 企业出乎预料的成功和失败,往往可以把企业从原先的思维模式中驱赶出来,从而可以成为企业创新的一个重要源泉。

（2）提出构想。敏锐地观察到不协调现象后,还要透过现象究其原因,并据此分析和预测不协调的未来变化趋势,估计它们可能给组织带来的积极或消极后果;并在此基础上,努力利用机会或将威胁转换为机会,采用头脑风暴、德尔菲、畅谈会等方法提出多种解决问题、消除不协调、使系统在更高层次实现平衡的创新构想。

（3）迅速行动。尽管提出的构想往往不够完善,但这种并非十全十美的构想必须立即付诸行动才有意义。从某种意义上说,面对瞬息万变的市场,创新成功的秘密主要在于迅速行动。

（4）坚持不懈。创新的过程是不断尝试、不断失败、不断提高的过程。因此,创新者在开始行动以后,为取得最终的成功,必须坚定不移地继续下去,决不能半途而废,否则便会前功尽弃。

2．新活动的组织

（1）正确理解和扮演"管理者"的角色。管理者不只是维持组织的运行,还必须自觉地带头创新,并努力为组织成员提供和创造一个有利于创新的环境,积极鼓励、支持、引导组织成员进行创新。

(2) 创造促进创新的组织氛围。促进创新的最好方法是大张旗鼓地宣传创新、激发创新,使每一个人都奋发向上、努力进取、跃跃欲试、大胆尝试。要造成一种人人谈创新、时时想创新、无处不创新的组织氛围。

(3) 制定有弹性的计划。创新意味着打破旧的规则,意味着时间和资源的计划外占用,因此,创新要求组织的计划必须具有弹性。创新需要思考,思考需要时间。把每个人的每个工作日都安排得非常紧凑,对每个人在每时每刻都实行"满负荷工作制",则创新的许多机遇便不可能发现,创新的构想也无条件产生。

(4) 正确地对待失败。创新的过程是一个充满着失败的过程。只有认识到失败是正常的,甚至是必需的,才可能允许失败、支持失败,甚至鼓励失败。

(5) 建立合理的奖酬制度。奖励应是对特殊贡献甚至是对希望做出特殊贡献的努力的报酬,奖励的对象不仅包括成功以后的创新者,而且应当包括那些成功以前、甚至是没有获得成功的努力者。奖励制度要既能促进内部的竞争,又能保证成员间的合作。同时,注意物质奖励与精神奖励的结合。

案例聚焦

辽宁 DY 公司组织结构创新实例

1. 辽宁 DY 公司组织结构现状

辽宁 DY 公司成立于 20 世纪末,公司产业涉足房地产开发、旅游酒店、实业投资等多个领域。经过多年的发展,企业已经具有了一定的规模,年营业收入已达到 38 000 万元,员工总人数已达 800 多人,这为辽宁 DY 公司向大型企业的发展打下了良好的基础。辽宁 DY 公司早期的组织结构是直线职能型,这是满足当时公司发展需要的。

总经理配备助理办公室,总经理下设人力资源部、产品部门、财务部,其中,人力资源部负责管理人事档案、员工业绩考核、新员工招聘等工作,产品部门分设销售部门和生产部门,销售部门负责销售商品、开拓市场,产品生产部门下设两条生产线,负责企业产品的生产。

2. 辽宁 DY 公司组织结构存在的问题

随着企业经营业务的不断扩大、人员急剧流动,外部环境和市场的迅速变化,辽宁 DY 公司的组织结构已经无法满足当前公司的运营与管理,若想继续发展壮大,使自身的核心竞争力进一步提高,在激烈的市场竞争中步步为赢,直至走向国际市场,其组织结构仍存在着局限性,是难以应对、无法满足发展需要的,主要体现在工作效率低、制度执行差、沟通协调弱和员工满意度低等方面。

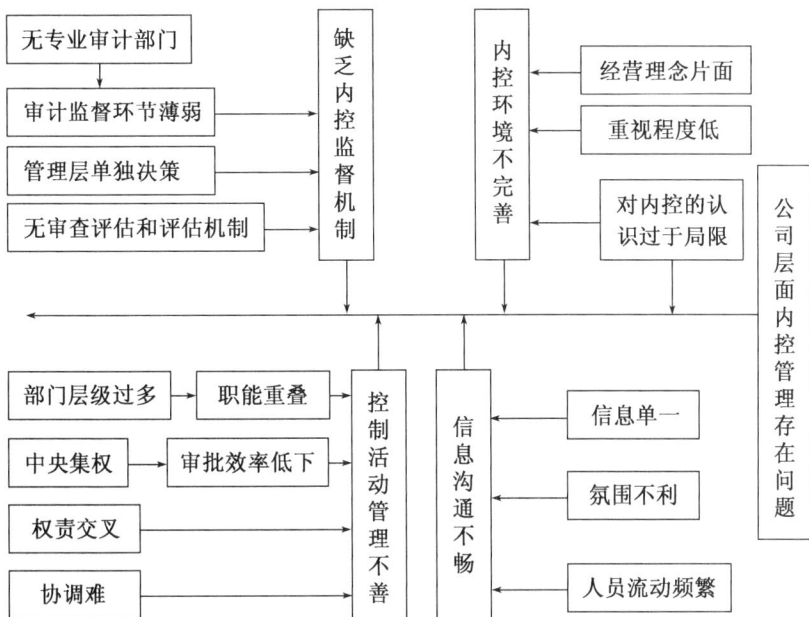

图 3-3 辽宁 DY 公司组织结构问题鱼刺图

通过鱼刺图法分析辽宁 DY 公司组织结构存在的问题。辽宁 DY 公司组织结构主要存在四个方面的问题，即缺乏内控监督机制、内控环境不完善、控制活动管理不善、信息沟通不畅。缺乏内控监督机制的原因是无专业审计部门造成的审计监督环节薄弱，以及管理层的单独决策和无审查评估和评估机制；重视程度低、经营理念片面、对内控的认识过于局限造成了内控环境不完善的问题；信息单一、氛围不利、人员流动频繁造成了信息流通不畅；部门层级过多造成的职能重叠、中央集权造成的审批效率低下、权责交叉以及协调难造成了控制活动管理不善。

3. 辽宁 DY 公司组织结构改进面临的机遇

第一，创新理念为辽宁 DY 公司组织结构改进提供契机。

现如今在各行各业提出创新理念都不再会被认为是异类，而是发展壮大的必要条件，组织结构的创新也是应运而生。人类总是有着巨大的惯性或者说是惰性，习惯的环境、条件、资源都不愿意轻易发生变化。而创新理念打破了人的这一习性。中小企业在发展的过程中，由于早期各方面条件的限制会在建立初期选择最简单易行的组织结构，辽宁 DY 公司就是如此，在发展初期直接采用简单的直线职能制组织结构，这也完全能满足企业的发展需要，但是随着企业的不断发展，直线职能制组织结构已经无法完成使命。公司及员工早已经适应的组织机构可以是一种习惯，打破常规的习惯进行改革，必定会有阻力，但是因为创新理念的普及与发展，现如今的阻力已经大大减小，容易被员工所接受，同时也容易落到实处，在短期内实现调整并运行，大大缩短了组织结构创新的周期，并且提高了组织结构创新的实用性，如果阻力重重，那么原本的创新在实行后会直接变成落后。因此，可以说创新理念的普及与发展，为组织结构的创新提供了契机。

第二，专业人才为辽宁 DY 公司组织结构改进提供基础。

早期中小企业受资金、规模等方面的限制,很难吸引专业人才到企业来工作,可以说中小企业的人力资源是比较落后的。一方面,是受我国教育发展水平的影响,专业人才的输送能力有限。专业人才相比较少,而相对优秀的专业人才,会选择规模大、发展空间大、待遇优厚的企业工作,中小企业在吸纳人才方面有着先天的弱势;另一方面,中小企业自身也不愿意在人力上耗费太多的成本,没有意识到专业人才对于企业发展的重要性,认为工作只要有人去完成就好,对于员工没有过高的要求。与此同时,也不注重对企业员工能力和情感的培养,刚刚培养出来的专业人才,很容易就被人"挖墙脚",造成专业人才流失严重的现象。

随着企业发展过程中的知识含量和科技含量的逐渐走高,中小企业已经越来越意识到专业人才的重要性,以人为本的理念已经成为中小企业重要的管理理念之一。如果说起步的中小企业是依靠人的数量来运转,那么发展时期的中小企业就是依靠人的质量来制胜的。在组织结构的创新中,只有充分发挥人的作用,才能使组织结构最大限度地接近市场及企业自身发展的需要。专业人才的优劣就直接决定了组织结构创新的高低。

第三,科技发展为辽宁DY公司组织结构改进提供动力。

在工业化时代,企业主要是以追求降低生产成本、提高生产效率为管理目标,多数是权力高度集中的纵向型组织结构,这样可以保证企业控制的由上向下,监督管理,分工明确,权责清晰。在工业化时代,市场的需求相对来说是比较单一和固定的,有迹可循的。但是,现在的市场早已并非如此,不仅在需求方面不断向个性化和多样化的方向发展,同时市场的竞争也越来越激烈,打破了地域的限制,在全球范围内开展同行业的竞争,经济形势可谓瞬息万变,这些都要求企业必须做出迅速的反应,这也就对企业的组织结构提出了新的要求,不断向扁平化、灵活化和网络化发展,而这些都需要通过利用科学技术来实现。

科学技术为组织结构的创新提供了源源不断的动力。通过利用科学技术,可以高度缩短信息传递的时间,减少信息传递所需要的层级,也就是可以在减少一定数量的中间层级上,实现了信息直接从最高层的权力者下达到最底层的一线员工,实现了组织结构创新的扁平化发展。同时由于信息传递速度的加快,也会提高整个组织结构的敏感应变性,可以提高企业的工作效率,提升企业的核心竞争力。而且科学技术的信息高效传递不仅有利于企业决策的上传下达,还有利于企业信息横向传播与分享,有利于部门间的横向分工与协作。打破部门间的局限性,实现信息的高度共享,减少信息沟通环节,可以使组织结构处于一个良好的信息网络结构,这也是中小企业组织结构未来发展的重要趋势。

第三,法治建设为辽宁DY公司组织结构改进提供保障。

组织结构是中小企业运转实现发展的基础,从企业的建立之初就存在。虽然随着内外环境的不断变化,有些企业的组织结构已经无法满足需求,但是由于各方面的原因却无法实现创新与改革。其中可能是因为组织结构的变化会触及企业内部某些人的利益而受阻,还有可能是因为人们已经习惯了当下的组织结构不愿意接受变化,还有可能是因为受人们的观念影响,拒绝做出改变。很多中小企业都是家族企业,有着极为复杂的人际关系,人情已经大于理,这对于企业的发展是十分不利的。但是随着法治建设的不断发展,对于中小企业的影响也越来越大。而法律法规与规章制度是不会掺杂人情于其中的,这样就会使组织结构在创新改革过程中更为客观科学。

4. 辽宁 DY 公司组织结构创新的原则

不同的中小企业采用的组织结构也必会有所差异,在进行组织结构的创新时也会各有不同的侧重点,但是在这一过程中,还是有一些基本原则是通用的,也是在进行组织结构创新时所必须要坚持的。

优化性原则。所有中小企业的组织结构创新都应该有着明确的目的性,那就是实现企业所有资源的优化配置,提高企业的核心竞争力。组织结构的创新并不是一时冲动,或者是一时兴起的盲目模仿,一定是要在自身需要的前提下展开的。有些中小企业在发展过程中遇到一定的阻滞,在没有查清原因的时候,就想当然的是认为组织结构出现问题,而进行组织结构的创新。组织结构的创新如果不合时宜,不仅没有实现资源的优化,提高工作效率,反而因为发展不顺时期的调整,会影响企业的正常运转,直接影响企业的稳定性。

适应性原则。对于中小企业来说,无论是内部环境,还是外部环境,时刻都在发生着变化。同时,这种变化还是复杂的交叉性变化。信息的不对称性、市场需求的多样性以及企业自身发展的阶段不同,都要求中小企业的组织结构要充分发挥灵活性,能不断适应各种需求。中小企业组织结构的创新,一方面是根据内外部环境的变化,调整企业发展战略的同时,进行组织结构的创新;另一方面是要与企业的发展战略保持一致。既要跟上变化,也要不断地适应变化。

约束性原则。约束性原则也就是要求中小企业在进行组织结构创新的时候一定要充分结合自身的实际情况来进行,要量力而行。如果只是对组织结构进行想当然的创新,而忽略自身的实力,这样只会事倍功半。同时,在组织结构创新的过程中,一定要有相应的监督部门,时刻以企业的利益发展为前提,以企业多数人的利益得失为重点,不能在这一过程中留有利益漏洞,为企业未来的发展埋下隐患。

强制性原则。任何创新的过程都是无比艰难的,总会遇到很多的阻力。中小企业的组织结构创新可以说是直接影响着企业发展的命脉。因此,在准备充分的条件下,一旦决定进行组织结构创新,就要雷厉风行,绝对不能拖泥带水。组织结构的创新如果不迅速完成,就会直接影响企业经营与管理的稳定性,不仅会动摇企业内部的稳定性,对企业自身的发展失去信心,同时,还会影响企业的外部形象,失去竞争力,给竞争者以可乘之机。

5. 改进后新的组织结构

在坚持以上原则的基础上,结合目前内外部环境的变化和公司自身发展的需要,辽宁DY 公司对组织结构进行了改进,目前主要采用的组织结构如图 3-4 所示。

辽宁 DY 公司在原有单一的直线型组织结构基础上进行了改进,新的组织结构能够进一步满足公司未来战略发展的需要。图 3-4 所示,集团总部与文化创意中心、资金调度中心、战略发展中心、规划预算中心相协调,共同管理和作用于房地产开发、旅游酒店、文体娱乐、百货电商及各级分部,投资决算中心为企业组织结构改进和新组织结构的运行提供资金支持。同时,辽宁 DY 公司对在观念意识、核心业务、岗位设置、权力职责、人才

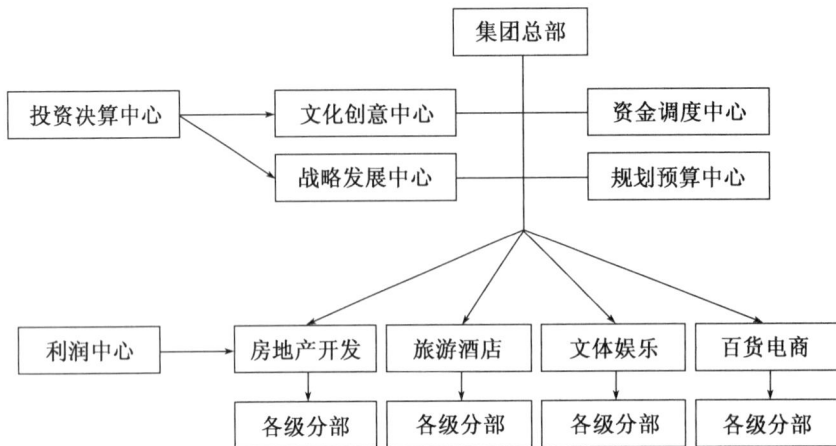

图 3-4 辽宁 DY 公司目前的组织结构

配置、信息技术及企业文化等方面都有了具体的要求,以期在未来发展中,使企业的组织结构能够更好地与企业的战略目标相吻合,使公司的可持续发展与壮大事半功倍。

(本案例节选自:魏星. 辽宁 DY 公司组织结构改进研究[D]. 大连海事大学,2017,有改动。)

三、组织变革

(一) 组织变革的一般规律

1. 组织变革的内涵

组织变革是指人员、结构和技术的变动。作为催化剂并承担变革管理过程责任的人被称为变革推动者。变革推动者既可以是组织内的管理者,也可以是非管理者。变革推动者应积极地发动变革,并且还要对变革的阻力加以管理。

2. 组织变革的动因

(1) 组织变革的必要性。哈默和钱皮曾在《企业再造》一书中把三"C"力量(顾客、竞争、变革)看成是影响市场竞争的最重要的三种力量,并认为三种力量中尤以变革最为重要。组织变革是指组织根据内外环境的变化,及时对组织中的要素进行结构性变革,以适应未来组织发展的要求。组织变革的根本目的是提高组织的效能,特别是在动荡不安的环境条件下,要使组织顺利地成长和发展,就必须自觉地研究组织变革的内容、阻力及其一般规律,研究有效管理变革的具体措施和方法。

(2) 组织变革的动因。

① 外部环境因素。

• 整个宏观社会经济环境的变化。诸如政治、经济政策的调整,经济体制的改变以及市场需求的变化等,都会引起组织内部深层次的调整和变革。

• 科技进步的影响。知识经济社会,科技发展日新月异,新产品、新工艺、新技术、新方法层出不穷,对组织的固有运行机制构成了强有力的挑战。

• 资源变化的影响。组织发展所依赖的环境资源对组织具有重要的支持作用,如原材料、资金、能源、人力资源、专利使用权等。组织必须要能克服对环境资源的过度依赖,同时要及时根据资源的变化顺势变革组织。

• 竞争观念的改变。基于全球化的市场竞争将会越来越激烈,竞争的方式也将会多种多样,组织若想适应未来竞争的要求,就必须在竞争观念上顺势调整,争得主动,才能在竞争中立于不败之地。

② 内部环境因素。

• 组织机构适时调整的要求。组织机构的设置必须与组织的阶段性战略目标相一致,组织一旦需要根据环境的变化调整机构,新的组织职能必须得到充分的保障和体现。

• 保障信息畅通的要求。随着外部不确定性因素的增多,组织决策对信息的依赖性增强,为了提高决策的效率,必须通过变革保障信息沟通渠道的畅通。

• 克服组织低效率的要求。组织长期一贯运行极可能会出现低效率现象,其原因既可能是机构重叠、权责不明,也有可能是人浮于事、目标分歧。组织只有及时变革才能改变组织效率低下的局面。

• 快速决策的要求。决策的形成如果过于缓慢,组织常常会因决策的滞后或执行中的偏差而坐失良机。为了提高决策效率,组织必须通过变革对决策过程中的各个环节进行梳理,以保证决策信息的真实、完整和迅速。

• 提高组织整体管理水平的要求。组织整体管理水平的高低是竞争力的重要体现。组织在成长的每一个阶段都会出现新的发展矛盾,为了达到新的战略目标,组织必须在人员素质、技术水平、价值观念、人际关系等各个方面都做出进一步的改善和提高。

3. 组织变革的类型和目标

(1) 组织变革的类型。

① 战略性变革。指组织对其长期发展战略或使命所做的变革。如果组织决定进行业务收缩,就必须考虑如何剥离非关联业务;如果组织决定进行战略扩张,就必须考虑购并的对象和方式,以及组织文化重构等问题。

② 结构性变革。指组织需要根据环境的变化适时对组织的结构进行变革,并重新在组织中进行权力和责任的分配,使组织变得更为柔软灵活、易于合作。

③ 流程主导性变革。指组织紧密围绕其关键目标和核心能力,充分应用现代信息技术对业务流程进行重新构造。这种变革会对组织结构、组织文化、用户服务、质量、成本等各个方面产生重大的改变。

④ 以人为中心的变革。组织中人的因素最为重要,组织如若不能改变人的观念和态度,组织变革就无从谈起。以人为中心的变革是指组织必须通过对员工的培训、教育等引导,使他们能够在观念、态度和行为方面与组织保持一致。

(2) 组织变革的目标。组织变革的基本目标是使组织整体、组织中的管理者以及组织中的成员对外部环境的特点及其变化更具适应性。

① 使组织更具环境适应性。组织必须顺势调整自己的任务目标、组织结构、决策程

序、人员配备、管理制度,才能在动荡的环境中生存并得以发展。

② 使管理者更具环境适应性。管理者一方面需要调整过去的领导风格和决策程序,使组织更具灵活性和柔性;另一方面,管理者要能根据环境的变化要求重构层级之间、工作团队之间的各种关系,使组织变革的实施更具有针对性和可操作性。

③ 使员工更具环境适应性。组织要使人员更具环境适应性,就必须不断地进行再教育和再培训,决策中要更多地重视员工的参与和授权,并根据环境的变化改造和更新整个组织文化。

(3)组织变革的内容。

① 对人员的变革

人员的变革是指员工在态度、技能、期望、认知和行为上的改变。变革的主要任务是组织成员之间在权力和利益等资源方面的重新分配。要想顺利实现这种分配,组织必须注重员工的参与,注重改善人际关系并提高实际沟通的质量。

② 对技术与任务的变革

技术与任务的变革包括对作业流程与方法的重新设计、修正和组合,包括更换机器设备,采用新工艺、新技术和新方法等。由于产业竞争的加剧和科技的不断创新,管理者应与当今的信息革命相联系,注重在流程再造中利用最先进的计算机技术进行一系列的技术改造。同时,组织还需要对组织中各个部门或各个层级的工作任务进行重新组合,如工作任务的丰富化、工作范围的扩大化等。

③ 对结构的变革。结构的变革包括权力关系、协调机制、集权程度、职务与工作再设计等其他结构参数的变化。管理者的任务就是要对如何选择组织设计模式、如何制订工作计划、如何授予权力以及授权程度等一系列行动做出决策。

4. 变革过程中的两种不同的观点

(1)风平浪静观。风平浪静观认为变革是对组织平衡状态的一种打破,组织被看作是稳定的、可预见的,变革是对正常事件流偶尔的中断,一旦中断被处理,组织就能回到正常的经营状态。

(2)急流险滩观。急流险滩的比喻是与由信息、思想和知识主导的新时代的动态环境相适应的。它认为变革是持续的、不可预见的,管理者必须敏捷、灵活地面对不断出现的、近乎无序的变革。

(二)管理组织变革

1. 组织变革的过程与程序

(1)组织变革的过程。组织变革的过程包括"解冻—变革—再冻结"三个阶段。

① 解冻阶段。这是改革前的信息准备阶段。组织在解冻期间的中心任务是改变员工原有的观念和态度,组织必须通过积极的引导,激励员工更新观念,接受改革并参与其中。

② 变革阶段。这是变革过程中的行为转换阶段。组织要把激发起来的改革热情转

化为改革的行为,关键是要能运用一些策略和技巧减少对变革的抵制,进一步调动员工参与变革的积极性,使变革成为全体员工的共同事业。

③ 再冻结阶段。这是变革后的行为强化阶段,其目的是通过对变革驱动力和约束力的平衡,使新的组织状态保持相对稳定。

(2)组织变革的程序

① 通过组织诊断,发现变革征兆。组织变革的第一步就是要对现有组织进行全面的诊断。通过搜集资料的方式,对组织的职能系统、工作流程系统、决策系统以及内在关系等进行全面的诊断。

② 分析变革因素,制定改革方案。组织诊断任务完成之后,就要对组织变革的具体因素进行分析,如职能设置是否合理、决策中的分权程度如何、员工参与改革的积极性怎样、流程中的业务衔接是否紧密、各管理层级间或职能机构间的关系是否易于协调等。

③ 选择正确方案,实施变革计划。制定变革方案任务完成之后,组织需要选择正确的实施方案,然后制订具体的改革计划并贯彻实施。

④ 评价变革效果,及时进行反馈。变革结束之后,管理者必须对改革的结果进行总结和评价,及时反馈新的信息。对于没有取得理想效果的改革措施,应当给予必要的分析和评价,然后再做取舍。

2. 组织变革的阻力及其管理

(1)组织变革的阻力

① 个人阻力

• 利益影响。从结果上看,变革可能会威胁到某些人的利益,如机构的撤并、管理层级的扁平化等,都会给组织成员造成压力和紧张感。过去熟悉的职业环境已经形成,而变革要求人们调整不合理的或落后的知识结构,更新过去的管理观念、工作方式等。新要求将使他们面临失去权力的威胁。

• 心理影响。变革意味着原有的平衡系统被打破,要求成员调整已经习惯了的工作方式,而且变革意味着要承担一定的风险。

② 团体阻力

• 组织结构变动的影响。组织结构变革可能会打破过去固有的管理层级和职能机构,并采取新的措施对责权利重新做出调整和安排,这就必然会触及某些团体的利益和权力。

• 人际关系调整的影响。新的关系结构未被确立之前,组织成员之间很难磨合一致,一旦发生利益冲突就会对变革的目标和结果产生怀疑和动摇,特别是一部分能力有限的员工将在变革中处于相对不利的地位。

(2)消除组织变革阻力的管理对策

① 客观分析变革的推力和阻力的强弱。勒温曾提出运用力场分析的方法研究变革的阻力。其要点是:把组织中支持变革和反对变革的所有因素分为推力和阻力两种力量,前者发动并维持变革,后者反对和阻碍变革。管理层应当分析推力和阻力的强弱,采取有效措施,增强支持因素,削弱反对因素,进而推进变革的深入进行。

② 创新组织文化。只有创新组织文化并渗透到每个成员的行为之中,才能使变革行为更为坚定,也才能够使变革具有稳固的发展基础。

③ 创新策略方法和手段。采用比较周密可行的变革方案,并从小范围逐渐延伸扩大。注意调动管理层变革的积极性,尽可能削减团体对组织变革的抵触情绪,力争使变革的目标与团体的目标相一致,提高员工的参与程度。

案例聚焦

苏宁的O2O组织变革

自 2009 年张近东提出"营销变革"口号后,苏宁始终面临线下的实体逻辑和线上的互联网逻辑长期并存和相互冲突的挑战。从启动摸索到战略成型再到组织定型,从此前长期主营电器线下销售到如今品类扩展至超市、百货、物流、金融等多元业务,从传统线下连锁零售企业到互联网零售企业,过去的业务经营和组织管理模式,已经不再适应苏宁发展的需要。根据苏宁互联网转型的状况及公司内部人员介绍,其变革过程大致经历了四个不同阶段。

1. 第一阶段:线上启动

苏宁在进入 21 世纪后处于连锁扩张时期。2000 年以后,中国经济保持了 GDP 每年 10% 上下的高速增长,消费者需求旺盛,商品供不应求,供应商将商品源源不断送到苏宁门店,使得苏宁的发展模式一直以门店单向扩张为主,通过规模扩张即可实现盈利。形势在 2008 年出现了变化。苏宁的家电连锁行业的快速扩张主要集中一二线城市,三四线城镇甚至乡村市场的扩展难以复制,传统模式进入瓶颈期。苏宁高层逐渐认识到以前"资源驱动型"的发展难以为继。而此时的中国家庭电脑普及迅速,全民互联网趋势初见端倪,京东早已在线上展开布局,苏宁的投资人也时常关心苏宁在电商方面的问题。

2009 年 3 月 16 日,张近东在南京紫金山"三天三夜"会议上正式喊出"营销变革"的口号,苏宁发展战略重心开始由控成本、扩规模转向顾客服务与价值创造。2010 年 2 月,苏宁易购上线,在苏宁的互联网转型过程中成为与阿里、京东抗衡的先头部队,被赋予了带动苏宁整体转型的重任。

苏宁易购线上运营对公司来说相当于内部创业,苏宁易购初期发展所面临的困难重重。经营方面,早期苏宁易购的用户体验较差,网页设计粗糙,内容不够丰富,经常得到网友"差评"。当时的易购负责人任俊承认线上运营经验"必须在运营过程中才能获得",还需时间积累。组织管理方面,易购也没有获得充分的支持。尽管有强大的供应链系统做支撑,但集团最初给的建制级别不高,易购在集团内部的资源获取受限。在资源分配方面,集团采购部门优先将资源配置给门店部门,苏宁易购"不受待见"。总体而言,这个阶段的苏宁易购主要依附于线下门店,自身实力较弱。孟祥胜指出,"我们光看线下的利润也不低,但是我们用线下的利润去贴补了很多线上的亏损"。

显然,此时的主导逻辑仍然是实体逻辑,实体逻辑对苏宁经营有根本性的影响。线上苏宁易购尚处于探索试验阶段,尚须依附于线下实体门店,互联网逻辑不占主导地位,对企业影响甚微,逻辑间的冲突尚未显现。因此,这一时期的逻辑性质表现为高兼容性和低中心性。但在张近东来看,互联网是一种资源性工具,苏宁要充分利用互联网的工具属性进行迭代升级。苏宁确已开始走上由实体逻辑主导向互联网逻辑与实体逻辑并存之路。

2. 第二阶段:易购发展

同预期类似,苏宁刚刚转战线上的开局状况不佳,线上的浏览量、转化率和销售额"不温不火"。但经过一段时间的摸索,苏宁易购逐渐有了经营思路。2010年10月31日,苏宁易购为摆脱消费者对苏宁只销售3C和家电产品的刻板印象,以图书促销为契机,策划了"0元售书72小时"的促销方案。促销活动获得了极大成功,苏宁易购网站点击率暴增,收到了大批订单。2010年12月8日,苏宁易购又发起了名为"1999元秒杀iPhone4"的营销活动,当日用户点击率(PV)即达500万次。此后5天内,苏宁易购销售额接近2亿元,并吸引了大量新用户注册,继而带动了笔记本、数码相机等其他产品的线上销售。这也让苏宁高层首次认识到互联网式营销的威力。此后,在2011年6月的苏宁"2011—2020年新十年战略规划"发布会,公司高层立足于互联网和线上业务,全面阐述了公司未来的整体发展战略。尽管苏宁易购经营业绩的攀升,互联网逻辑对企业经营的影响与日俱增。苏宁易购于2011年第二季度在市场上取得了2.2%的份额,仅排在淘宝、京东、卓越亚马逊之后,环比增长一倍多,但副总裁孙为民指出,易购的增长是以苏宁易购本身原有的庞大体量为基础,源于"底子厚",但若想实现进一步发展,最关键的因素有两个:规模采购和健全的服务体系"功夫全在线下"。因此,这一阶段,实体逻辑依然占据主导地位,逻辑中心性不高但渐呈增强趋势。

虽然线下优势为苏宁易购起到了支撑和保障作用,但互联网逻辑和实体逻辑之间的冲突在这一时期凸显。例如,集团的定位是苏宁易购与实体门店协同发展,但二者之间的"利益分配还没有明晰,存在左右手互搏的麻烦"。易购价格要比实体店低3%~5%,苏宁易购在线上要与淘宝、京东进行价格竞争,否则会面临客户流失的危险。另一方面,"对实体零售企业而言,电商大潮与消费者习惯的转变,又不能视而不见。"企业面临着两难抉择的困境。该时期,苏宁易购的迅猛发展使得互联网逻辑和实体逻辑的兼容性不断降低。

3. 第三阶段:变革转折

据苏宁内部人员介绍,2012年是苏宁互联网变革的转折年。有了前几年苏宁易购的试验性"试水"与拓展性"进攻",苏宁开始熟悉线上运作。张近东给苏宁的定位和期许是成长为国内的"沃尔玛+亚马逊"。

这一阶段苏宁线上业务和线下业务的相对地位发生了显著变化。8.15电商大战使易购获得电商前三的地位,同期线下门店经营业绩却不尽如人意,营收增长一段时间主要依靠线上业务。苏宁高层发现,线下连锁门店几近触到扩张的"天花板",而以苏宁易购为主导的线上零售额增长迅猛。另一方面,苏宁也并未忽视线下业务。"我们没有放弃过线下门店。"副总裁孙为民历来认为线下门店是苏宁战略的关键环节,之前公司发布的未来十年战略也明确规划"到2020年门店规模达到3 500家"。在许多人看来实体门店是苏宁变革的"累赘"。但苏宁却很清楚,一千七百家线下实体店,一千亿元的营收,其带来的采购和议价权难以忽视。此时实体门店需要的是优化升级,从粗放式规模扩张转为集约式效益提升。2012年7月,公司又决定投资200亿元升级完善线下的物流系统。由此可见,这一时期互联网逻辑的影响力显著增加,同实体逻辑一并对企业经营产生重要作用,逻辑中心性上升。

在8.15线上电子商务大战之后,苏宁易购与苏宁门店之间的关系愈加复杂。此时的苏宁面临着双线作战的挑战:线下门店要与老对手国美竞争,线上易购则与京东短兵相接。京东等电商企业也对苏宁线下连锁门店业务虎视眈眈,苏宁易购也需要提防电商对手对线下门店的"进攻",难以轻装上阵。另一方面,苏宁易购与连锁门店对互联网转型的理解亦有不同,彼此间的利益分配不够清晰,彼此间的协同难以顺畅。"当时苏宁易购独立运营,和门店不在一个系统,总部投入了大量资源帮扶苏宁易购,资源分配的双轨制使得门店部门的人员产生了不同意见,有人提出易购亏损都是由门店赚取的利润去贴补的,结果门店人员的待遇还不如易购的高。"此外,变革也进入了"价格"这一深水区,较为敏感的"同价"问题凸显出来,"线上和线下价格不同,主要在于其供应链、渠道等方面有差异。定价问题涉及顾客和供应商等多方利益,若是'同价',即意味原有均衡打破,利益关系需要重构,自身利润在短期可能会出现下滑,供应链方面的关系也要重新梳理。"显然,互联网逻辑与实体逻辑之间在这一阶段的矛盾和冲突显著,逻辑兼容性下降。苏宁转型并非易事,多重制度逻辑间的冲突亟须解决。

4. 第四阶段:全面融合

在2013年之后,互联网与实体经济链接愈加频繁,O2O模式在业界日渐盛行。此时的苏宁高层发现,"沃尔玛+亚马逊"模式还处于物理意义上的加法"+互联网"阶段,而"全面融入互联网其实是个化学反应的乘法公式。"

2013年2月17日,苏宁"年度春季工作部署会"上,张近东称苏宁的新定位为"店商+电商+零售服务商"的"云商模式",公司名称也去掉了"电器"二字,形象地定名为"苏宁云商"。为此,苏宁开展了一系列管理方面的动作:再造组织架构,线上线下共享组织资源和渠道,统一核算经营成本等,破除管理壁垒;2013年6月,苏宁正式实现线上线下同价,破除价格壁垒;将以传统销售为主的实体门店升级为集产品展销、消费者体验、售前与售后服务、休闲娱乐、品牌传播为一体的新型互联网化门店,破除线上线下的体验壁垒;实施"百日会战"包销定制、云店模式、布局移动互联网、人人微店模式、收购PPTV等多项战略举措,促进全面整合。经过2014年业绩起伏的考验,苏宁于2015年实现了线上线下前台后台的全面融合,将自己打造成了"一体两翼三云四端"模式的互联网零售企业。"一体",是要始终坚守顾客服务、商品经营的零售本质,以客户为中心,借助互联网等高科技新工具,实现科技零售和智慧服务。"两翼"意味着苏宁致力于构建线上和线下两大平台。线上是苏宁云平台,一方面向社会开放企业前后台资源,另一方面聚集社会资源,实现企业与社会各方资源的良性互动;线下平台以苏宁云店为载体,聚焦于本地生活,融合展销、宣传、服务和销售等元素,营造城市生活与消费者体验的空间与场景。"三云"主要是加强对零售企业的"商品信息和资金"这三大核心资源的有效利用,建立物流云、数据云和金融云,向客户、供应商等各方利益相关者开放和共享云资源。"四端"包括完成POS、PC、移动和电视这四端的链接与融合。

在互联网变革的末期,张近东始终强调,双线合力才是转型成功的关键,真正的O2O需要线上和线下的协同共赢。一系列战略和组织实践体现了逻辑的高中心性,同时也大大缓和了互联网逻辑和实体逻辑之间的冲突,二者的相互融合大大提高了兼容性。

(本案例节选自:葛明磊,张丽华,黄秋风.产业互联网背景下多重制度逻辑与组织双元性研究——以苏宁O2O变革过程为例[J].管理评论,2018,30(02):242-255.有改动。)

本章小结

组织设计并不是孤立的,它作为企业的框架支撑,不仅要承受企业所处环境即外部的压力,同时也要承受来自组织内部的压力。本章介绍了商业模式新生代与组织设计相结合的有关知识,着眼于商业模式这一新兴热门话题,从商业模式本身谈起,再到商业模式的创新与近几年流行的几种典型商业模式,通过案例分析,阐述了商业模式与组织设计之间的匹配关系,最后从理论视角探讨了组织变革与组织创新的相关概念。

复习与思考

1. 为什么要强调商业模式创新与组织设计变革的关系?
2. 关于组织变革的观点有哪些? 你更支持哪一个观点?
3. 关注一种新型商业模式,找一家企业进行资料搜集,分析其商业模式与组织结构之间的匹配关系。

应用案例分析

汇丰集团矩阵式管理模式

汇丰集团作为全球规模最大的银行及金融服务机构之一,在世界75个国家和地区设有约6 300个分支机构,其股票在伦敦、香港、纽约、巴黎及百慕大等五家证券交易所上市。2008年的金融危机中,汇丰集团的业绩受到了较大影响,在后危机时代,汇丰集团通过启动一系列的变革措施,较快地恢复了市场竞争力。2011年,汇丰集团制定了新的三年发展规划,通过改善资本投放与优化组织架构两项战略举措,实现盈利能力的提升。在改善资本投放方面,汇丰集团从2011年开始陆续出售或结束了63项非策略业务或非核心投资,释放出风险加权资产约900亿美元,未来有望进一步释放约50亿美元。在优化组织架构方面,汇丰集团对全球机构和部门进行整合,构建了一个新的三维矩阵式管理架构,并在全集团采用一致的业务模式,减少了管理层级,改善了决策流程,并消除了各种官像作风。通过以上两方面的改革措施,汇丰集团实现了自 2011 年以来平均每年 49 亿美元的成本节约,四个业务条线也获得了持续性的高增长,集团业绩明显提升。汇丰集团的改革成效获得了国际市场的认可,2013 年其税前利润达到了 226 亿美元,在英国《银行家》杂志公布的 2014 年全球 1 000 强商业银行中,汇丰集团以 1 581 亿美元的一级资本排名第 5 位。在国际金融监督与协调机构金融稳定理事会公布的 29 家全球系统重要性银行名单中,汇丰集团和摩根大通集团成为仅有的两家被列入最高组别的银行,适用的附加资本要求为最高值 2.5%。

1. 汇丰集团的矩阵式组织架构

变革之后的汇丰集团在全球范围内,采取三维矩阵式的管理架构:将全行业务划分为四个业务条线,并创立了四个全球业务部门;将全球市场划分为六大经营区域,在每一地区通过设立独立的法人实体来开展经营活动。同时,在集团层面创立了 11 个全球职能部门,承担中后台的统一管理职能,并为前台业务部门提供服务。

在业务条线的维度上,汇丰集团创立了零售银行及财富管理、私人银行、工商业务、环球银行与资本市场四个全球业务部门,分别为普通零售客户、高端零售客户、对公客户、跨国企业和资金客户提供金融服务。四大业务部门对全球各经营区域的业务条线拥有较多的管理权限,主要负责制定全球的业务经营战略,定义并执行统一的业务标准及运营模式,并对各自业务条线的收入、成本和利润承担责任。

在经营区域的维度上,汇丰集团将全球市场按地理位置划分为香港、亚太其他地区、欧洲、中东及北非、北美、拉美等六大经营区域。同时,按战略地位又划分为本土市场、优先发展市场、网络市场和小型市场四个类别,六大经营区域中的不同地区分别属于四大市场类别中的一种。在每一经营区域的不同地区,汇丰集团通过设立独立的法人实体来开展当地的业务经营。在汇丰集团层面下,设立了四家投资控股公司,通过这四家投资控股公司又设立了若干中间控股公司或运营实体,最终形成了庞大且复杂的全球经营网络。

在搭建起三维矩阵式组织架构的同时,汇丰银行还创立了 8×8 的管理模式,有效控制了管理层级,节省了管理成本,使得整个集团的组织架构更加精简高效。第一个"8",是指从集团 CEO 到全球最低级员工之间,不能超过 8 层汇报关系,旨在缩短汇报链条,减少官僚成本;第二个"8",是指每一个经理(管理者)所带的团队成员不少于 8 人,旨在增加管理幅度,增加个人责任,提高效率。

2. 汇丰集团的柔性管理机制

在三维矩阵式的管理架构下,汇丰集团建立了柔性的管理机制。对于前台的业务经营,汇丰集团同时采用两个管理维度:一是四大全球业务部门;二是各地的经营机构。然而,管理权限在条线和区域这两个管理维度上并不是平均分布,汇丰集团根据自身的实际特点,将管理权限更多地授予业务条线,形成了强条线型管理矩阵。以汇丰集团在中国大陆地区的管理模式为例,在汇丰(中国)的公司层面,设立了四个业务部门,专注于中国内地相应条线的业务经营,并接受集团总部四大全球业务部门的领导。同时,汇丰(中国)在内地还设立了 30 家分行,160 多家网点。在前台业务的经营管理上,业务条线的管理权限明显强于分支机构。

在预算分配上,汇丰(中国)以业务条线为单位来制定预算,四个业务部门把自身的预算总额分配到各家分行和网点,并将分配方案报给 COO,COO 汇总后,再下发到各家分行和网点。在业绩考核上,同时对业务条线和分支机构的经营绩效进行核算,但在业务人员的绩效考核指标体系中,其所属条线的绩效所占的比重要大于其所属分支机构的绩效。在风险管理上,以业务条线为单位进行信贷管理,四个业务部门分别负责制定各自业务条线的信贷额度分配方式,并控制风险敞口。在人力资源管理上,前台业务人员的聘任、晋升等事项,由上级业务部门和当地分支机构共同决定,但前者拥有更多的话语权。

(本案例节选自:张颖.大型商业银行组织架构变革的目标模式——基于模型和案例的分析[J].经济管理,2015,37(03):110-119.有改动。)

思考题:

1. 在本案例中,汇丰银行为什么会选择采用矩阵式的组织结构? 组织结构的选择受到哪些因素的影响?

2. 相较于传统的二维矩阵式组织结构,汇丰银行的三维矩阵式组织结构有什么不同? 存在哪些优势与弊端?

第四章 组织设计与工作分析

学习目标

1. 理解组织设计的影响因素
2. 了解岗位管理的意义及原则
3. 掌握RACI模型设计

开篇案例

《红楼梦》宁国府里的定岗定编

在红楼梦第十三回里讲到宁国府的秦可卿没了,王熙凤来协理宁国府。王熙凤说,"我须得先理出一个头绪来",于是先对宁国府的人员管理现状进行了一个梳理诊断,"头一件是人口混杂,遗失东西;第二件,事无专执,临期推诿;第三件,需用过费,滥支冒领;第四件,任无大小,苦乐不均;第五件,家人豪纵,有脸者不服钤束,无脸者不能上进。此五件,实是宁国府中风俗"——针对宁国府里存在的这些宿疾,凤姐儿开始了处治。

凤姐儿的处治措施就是"三管四定、责任到人"。四定,即是:定岗、定编、定责、定规;三管,即:管事、管账、管物。

首先,最根本的,也是最重要的就是需要对宁国府进行定岗定编定责,以避免"人口混杂、遗失东西;事无专管,临期推诿;任无大小,苦乐不均"等管理弊病。凤姐儿命人"钉造簿册",而后开始"三定"工作。"这二十个分作两班,一班十个,每日在里头单管人客来往倒茶,别的事不用他们管;这二十个也分作两班,每日单管本家亲戚茶饭,别的事不用他们管……"在三定时,还考虑设定不同的班次,将白班夜班分开设置,"这三十个每日轮流各处上夜,照管门户,监察火烛,打扫地方",以及设定业巡查岗,"来升家的每日揽总查看,或有偷懒的,赌钱吃酒的,打架拌嘴的立刻来回我",体现出岗位分工的不同特点,使得事事有人问。

其中,凤姐进行岗位分工的最主要特点就是"三管",即在任务分配的时候,按照管事、管物、管账相分离的"内控"原则。

对管物的,又进一步按固定资产、流动资产以及低值易耗品等不同的物品属性进行分配。有负责管理固定资产的,"这四个人单在内茶房收管杯碟茶器,若少一件,便叫他四个描赔。这四个人单管酒饭器皿,少一件,也是他四个描赔。""这下剩的按着房屋分开,某人守某处,某处所有桌椅古董起,至于痰盒掸帚,一草一苗,或丢或坏,就和守这处的人算账描赔。"也有负责管理流动资产的,"这八个单管监收祭礼";还有负责管理低值易耗品的,"这八个单管各处灯油,蜡烛,纸札,我总支了来,交与你八个,然后按我的定数再往各处去分派。"

另外,在资产管理方面,也是实行现在很多企业里建立固定资产卡片的方式,进行账、卡、物管理,"一面交发,一面提笔登记,某人管某处,某人领某物,开得十分清楚",使得物物有人管。

对于宁国府的这些事务,有人负责执行,有人负责监管,也有人负责组织与计划,这个人就是凤姐儿。"不论大小事,我是皆有一定的时辰""天天于卯正二刻就过来点卯理事""并不偷安推托,恐落人褒贬,因此日夜不暇"通过定岗定编定责,最终使得宁国府物物有人管、事事有人问,一众人"也都有了投奔,不似先时只拣便宜的做,剩下的苦差没个招揽。各房中也不能趁乱失迷东西。便是人来客往,也都安静了,不比先前一个正摆茶,又去端饭,正陪举哀,又顾接客。如这些无头绪、慌乱、推托、偷闲、窃取等弊端,一概都没了。"

而"定岗定编定责"这三定之后,还有一定,就是"定规",对此宁国府的贾珍曾经特意叮嘱凤姐儿,"不要存心怕人抱怨"。

为使"威重令行",凤姐儿言道,"如今都有定规","再不要说你们'这府里原是这样'的话,如今可要依着我行,错我半点儿,管不得谁是有脸的,谁是没脸的,一例现清白处理。"你有徇情,经我查出,三四辈子的老脸就顾不成了"。

在定规惩戒的同时,也施以激励,"咱们大家辛苦这几日罢,事完了,你们家大爷自然赏你们",以使奖罚分明。

一日,凤姐儿"按名查点""各各项人数都已到齐,只有迎送亲客上的一人未到"。后来那人道:"小的天天都来得早,只有今儿,醒了觉得早些,因又睡迷了,来迟了一步,求奶奶饶过这次。"

凤姐姐儿便说道:"明儿他也睡迷了,后儿我也睡迷了,将来都没了人了。本来要饶你,只是我头一次宽了,下次人就难管,不如现开发的好"登时放下脸来,喝命:"带出去,打二十板子!"一面又掷下宁国府对牌:"出去说与来升,革他一月银米!"

事实上,在曹雪芹笔下的宁国府里发生的这些宿疾,在现今很多企业里也普遍存在。

定岗是企业岗位管理中的一项基本工作。合理的定岗定责可以避免"人口混杂、遗失东西;事无专管,临期推诿;任无大小,苦乐不均"等管理弊病,使得物物有人管、事事有人问;科学地确定岗位设置原则,可以避免管账、管物不分离,减少企业"内控"风险等岗位管理问题;有针对性地分析岗位影响因素,可以使定岗方案切合实际;而有效地定岗定责之后,才能够配套地对员工的岗位职责与任务的完成情况进行绩效考核与激励,以加强岗位职责的执行与控制。

（本案例节选自：吕嵘.组织设计思维导图[M].人民邮电出版社,2008.有改动。）

第一节　组织设计与部门设置

一、组织设计

（一）组织设计及原则

1. 组织设计概述

组织设计，是指管理人员在设立或变革组织结构时所做的一系列工作。主要包括六个方面内容：工作专门化、部门化、指挥链、管理跨度、集权与分权和正规化程度。组织设计的实质是对管理人员的管理劳动进行横向和纵向的分工。

（1）个人活动与集体活动。组织设计要在管理劳动分工的基础上，设计出组织所需的管理职务和各个管理职务之间的关系。组织结构的必要性和重要性是随着组织活动内容的复杂和参与活动的人员数量的增加而不断提高的。

（2）管理幅度与管理层次。管理幅度是指任何主管能够直接有效地指挥和监督的下属数量，这种数量是有限的。

管理层次受到组织规模和管理幅度的影响。它与组织规模成正比，组织规模越大，包括的成员越大，则层次越多。在组织规模已定的条件下，它与管理幅度成反比：主管直接控制的下属越多，管理层次越少，相反，管理幅度减小，则管理层次增加。

（3）组织设计的内容。组织设计的内容包括提供组织结构系统图和编制职务说明书。组织设计者要完成以下三个步骤的工作。

① 职务设计与分析。组织设计是自下而上的，职务设计与分析是组织设计的最基础工作。职务设计是在目标逐步分解的基础上，设计和确定组织内从事具体管理工作所需的职务类别和数量，分析担任每个职务的人员应负的责任，应具备的素质要求。

② 部门划分。根据各个职务所从事的工作内容的性质以及职务间的相互关系，依照一定的原则，可以将各个职务组合成被称为"部门"的管理单位。

③ 结构的形成。根据组织内外能够获取的现有人力资源，对初步设计的部门和职务进行调整，并平衡各部门、各职务的工作量，以使组织机构合理。然后根据各自工作的性质和内容，规定各管理机构之间的职责、权限以及义务关系，使各管理部门和职务形成一个严密的网络。

2. 组织设计的原则

（1）因事设职与因人设职相结合的原则。组织设计往往并不是为全新的、迄今为止还不存在的组织设计职务和机构，组织设计的目的不仅是要保证"事事有人做"，而且要保证"有能力的人有机会去做他们真正胜任的工作"。组织中各部门、各岗位的工作最终是要人去完成的，并不总能在社会上招聘到每个职务所需的理想人员。任何组织，首先是人的集合,而不是事和物的集合。

(2)权责对等的原则。不仅要明确各个部门的任务和责任,而且在组织设计中,还要规定相应的取得和利用人力、物力、财力以及信息等工作条件的权力。

(3)命令统一的原则。组织中的任何成员只能接受一个上司的领导。为了保证这一原则必须做到:在组织设计中,要根据一个下级只能服从一个上级领导的原则,将管理的各个职务形成一条连续的等级链,明确规定链中每个职务之间的责任、权力关系,禁止越级指挥或越权指挥;在组织实践中,要实行各级行政首长负责制,减少甚至不设各级行政主管的副职。

(二)组织设计的影响因素

1. 外部环境对组织设计的影响

(1)企业组织的外部环境可以分为两个层次:任务环境与一般环境。

① 任务环境。主要作用于对组织实现其目标的能力具有直接影响的部门,如顾客、供应商、竞争对手、投资和金融机构、工会组织、行业协会和政府机构等。

② 一般环境。指对企业的日常经营没有直接影响,但对企业和企业的任务环境产生影响的经济、技术、政治、法律、社会、文化和自然资源等要素。

(2)不确定性是企业外部经营环境的主要特点。环境的不确定性取决于环境的复杂性和环境的变动性。

(3)环境的特点及其变化对企业组织的影响主要表现为:

① 对职务和部门设计的影响。社会分工方式的不同决定了组织内部工作内容,从而导致所需完成的任务、所需设立的职务和部门也不一样。

② 对各部门关系的影响。不同的环境使组织中各项工作完成的难易程度以及对组织目标实现的作用亦不相同。

③ 对组织结构总体特征的影响。外部环境是否稳定,对组织结构的要求是不一样的,是采用机械化的组织结构还是柔性化的组织结构,这与组织外部环境密不可分。

2. 经营战略对组织设计的影响

(1)保守型战略。保守型战略的企业领导可能认为,企业面临的环境是较为稳定的,需求不再有大的增长和变化。在组织设计上强调提高生产和管理的规范化程度,以及用严密的控制来保证生产和工作的效率。具体表现为:

① 实行以严格分工为特征的组织结构。

② 高度的集权控制。

③ 规范化的规章和程序。

④ 以成本和效率为中心的严格的计划体制。

⑤ 生产专家和成本控制专家在管理中,特别是在高层管理中占重要地位。

⑥ 信息沟通以纵向为主。

(2)风险型战略。选择风险型战略的领导可能认为环境复杂多变,需求高速增长,市场变化很快,机遇和挑战并存。在组织设计上,应以保证企业的创新需要和部门间的协调为目标。因而,实行柔性结构便成为这类组织的基本特征。具体为:

① 规范化程度较低的组织结构。

② 分权的控制。

③ 计划较粗泛而灵活。

④ 高层管理主要由市场营销专家和产品开发研究专家支配。

⑤ 信息沟通以横向为主。

(3) 分析型战略。分析型战略是介于保守型和风险型战略之间。它力求在两者之间保持适当的平衡,其组织结构的设计兼具刚性和柔性的特征。表现为:

① 既强调纵向的职能控制,也重视横向的项目协调。

② 对生产部门和市场营销部门实行详细而严格的计划管理,而对产品的研究开发部门则实行较为粗泛的计划管理。

③ 高层管理者由老产品的生产管理、技术管理等职能部门的领导及新产品的事业部领导联合组成,前者代表企业的原有阵地,后者代表企业进攻的方向。

④ 信息在传统部门间主要为纵向沟通,在新兴部门间及其与传统部门间主要为横向沟通。

⑤ 权力的配置是集权与分权的适当结合。

3. 技术及其变化对组织设计的影响

现代企业的一个最基本的特点,是在生产过程中广泛地运用先进的技术和机器设备。

(1) 生产技术对企业组织的影响。工业企业的生产技术同组织结构及管理特征有着系统的联系。

经营成功的企业的组织结构,与其所属的技术类型有着相互对应的关系,而经营不成功的企业,通常其组织结构特征偏离了其相应的技术类型。成功的单件小批生产和连续生产的组织具有柔性结构,而成功的大批量生产的组织具有刚性结构。

(2) 信息技术对企业组织的影响。信息技术的应用,使组织结构呈现扁平化的趋势,新技术提高了管理能力。对集权化和分权化可能带来双重影响,集权者可以获得更多的信息,做出更好的决策,同时,下属的参与性和自主性在信息技术的帮助下也有改善。此外,加强了企业内部各部门之间以及部门内工作人员间的协调,加强了沟通。

案例聚焦

新时代的管理突破——组织与技术创新的交互融合

在互联网高度发展的今天,互联网带来的信息交换的普及促进了制造业组织创新和技术创新的长足发展,它们在相互匹配和发展之中以企业为载体,而创新带来的正向效应又会显著提升企业的制造效率。因此企业需要实时掌握组织创新和技术创新在实际匹配过程中的路径,进而来指导制造企业开展创新活动,促进企业实现良性发展。

1. 西门子电器

德国西门子公司创立于 1847 年,其主营业务为电子电器工程类等高技术装备的制造,于 1872 年进入中国。西门子公司通过不断的技术创新和组织创新推出新的产品、提供更好服务,从而确定了其在中国的市场地位。截至 2018 年年底西门子在中国分部的收入总量达到了 94.37 亿欧元,其员工数量突破 35 000 人。

西门子自身的创新活动过程,也是组织创新和技术创新的匹配范式演化的过程。西门子的组织创新和技术创新同时进行,两者相互匹配,从而能够提升西门子公司的整体竞争力,不断巩固自身的地位。但是西门子在经过数十年的发展之后,其创新活动变革情况发生较少,发生的绝大部分演化都属于渐进式的演化。

西门子在不断地进行技术创新的过程中,为了打造自身的品牌优势,不断扩大业务范畴,除了对传统的电子电气产品进行制造之外,还开始从事医疗器械和工业设备的制造,技术创新由此上升到了战略的高度。西门子提出"开放合作、多元投入"的发展战略,通过技术创新推动战略发展,从而体现出战略和技术创新的匹配过程。西门子在进行技术创新时,由于其规模庞大,因此采用的为渐进式的战略创新:一方面做大做强核心电子电气产品;另一方面在这个基础上进行延伸,从而实现品牌效应,提升西门子品牌竞争力。

在组织设计上,西门子经过多年发展,技术人员数量、管理人员数量、职能部门分工等方面都发生了巨大的变化。原先的西门子主要设有北京分部和上海分部,负责对各地分部进行规培与提供智能性的服务,除此之外还设有技术研发中心,主要的制造、销售环节为各个分公司。总体来说,企业的整个结构框架较为庞杂,职能部门的专业性也较强,但也正是这种组织结构的复杂性和专业性,对信息的交互、部门和部门之间的沟通造成了负面影响,也对西门子的组织创新有所阻碍。因此西门子在 2010 年提出了组织结构扁平化的优化方案,并且不断对其进行优化。然而,西门子经过漫长的发展,已经形成了固有的研发、管理、分销模式,如果进行创新势必会引起相关从业人员的大规模变动。西门子现行的企业管理体系较为完备,各项规章制度随着经营活动的不断发展也越发完善,2014年之后,产学研的新的管理模式开始逐渐应用于各个分公司,而西门子也随之建立起一套能够使产学研和谐发展的管理体系。在技术创新过程之中,其各项产品的研发提出了"精细化、技术化"的原则。同时,西门子还引入了客户关系管理体系,通过该系统对日常管理流程进行优化,从而提升了管理质量和管理效率。除此之外,西门子还设立了自身的培训机构,在培养过程中建立了与学校合作的培训机制来对技术人员和管理人员进行培训。

纵观西门子的发展历程,由于其公司规模较大,且其组织创新与技术创新的匹配都是渐进式的,因此可以将其匹配机制理解为动态匹配。处于不同的市场竞争环境和不同生命周期,企业的技术创新和组织的发展战略以及匹配机制自然不同。西门子的快速发展过程中存在一个阶段,其组织各要素创新战略无法满足飞快发展的技术创新的要求,使得西门子在这个阶段虽然企业知识积累和技术水平飞快增长,但是公司效益却出现下滑。之后西门子及时调整了它的组织架构和管理方式,通过非技术层面的创新,实现企业效益飞快增长。西门子之所以能够一直处在快速发展的通道上,也是由于其技术创新和组织创新的高度协调匹配、共同发展。随着公司的发展成熟,西门子的生产经营活动基本成熟,企业在竞争市场上具有一定的市场份额,该阶段企业的目标从不断扩张实现盈利到平稳发展,效益与质量兼顾。所以西门子这时对组织的要求是组织同步变革创新与企业发展战略相适应。西门子此时的组织架构已经稳定,部门和层级化已经完善,所以在互联网背景下,为了提高组织的运行效率,适应西门子的技术产品创新的要求,需要组织层级的扁平化,使企业充满活力。

2. 大疆无人机

大疆公司全称为深圳市大疆创新科技有限公司,其主营业务为航拍无人机。随着互联网技术的不断发展,大疆在立足无人机业务的基础上开始转向传感器制作、机器人研制等方面。其组织创新活动在该阶段较为活跃,无论是技术创新还是组织创新,在这个阶段都得到了显著的提升。

大疆公司总部位于深圳,地域优势显著,加之我国在互联网发展大势之下对沿海城市的政策倾斜,大疆公司成立短短12年就在高技术制造行业占据了相当数量的市场份额。大疆公司通过技术创新,研发了具有自主产权的口袋飞机,并打出了"两年打基础,五年立品牌"的概念,在这个运营理念的指导之下,在2010—2012年主打技术创新,通过两年时间构建了集研发、制造、创新于一体的基础设施,并通过对资源的整合,集中公司整体资源进行科研创新,在2015年实现了公司销量的大幅度上升,并且形成了自身特点鲜明的无人机生产技术。此后,大疆公司通过组织创新不断地对制作过程进行优化处理,借助技术创新和组织创新的不断匹配,取得了良好的运营效果。

由于大疆公司的产品科技含量较高,在无人机研发方面,只有通过技术创新才能带动组织创新的发展。而大疆公司独特的产业链也需要组织的不断发展,从而使得产品研发以及组织管理之中存在的各项问题都能够反映出来,进而反过来为技术创新提供方向。但是自从2016年以来,大疆公司组织创新过于频繁,部分新技术应用过快导致一轮创新尚未完成就开始了下一轮的创新,因而尤其要注意这其中隐藏的风险。在大疆的自身技术创新的体系构建过程中,随着产品技术的不断提升,部门工艺流程的复杂化以及资源配置的高速更新,同时组织创新也在不断改革以匹配技术创新的发展。诸如以互联网为基础,构建了产学研三位一体的交互网络,从而显著提升了组织管理效率与研发效率。除此之外,大疆公司还通过技术创新将其产品扩展到了传感器与机器人等领域,并协同组织上的"一中心、多基地"模式,实现技术创新与组织创新的匹配发展。

大疆公司的组织与技术创新的匹配过程注重技术层面创新过程中组织层面与其匹配程度,认为在互联网背景下的技术创新需要高度匹配的组织创新。大疆公司的主要目标是实现操作技术的创新,所以要求匹配更加灵活的组织形式、精简的组织结构,在日常运营管理制度上表现为简单可重复。在大疆公司成立初期,不要求形成完整体系化的企业文化价值观,其一切行为直接简单立足于市场战略,以求实现盈利。在这个阶段匹配过程特点为简单易操作,组织层面通过部分表层优化保证技术创新活动的顺利进行。在大疆创立初期,虽然处于互联网的大背景下,但是企业由于规模较小,层级和部门职能职权划分不够明确,所以企业整体体现很强的集权特征,个人领导者对整个企业的运营管理、工作氛围、企业文化价值观有很强影响。但是由于本身初创阶段的生产创新活动就由团队领导人带头负责,因此这种高度集中的组织形式非常适宜高端装备制造业的生产创新活动。随着企业的不断发展,在该阶段后期,企业生产研发能力和产品营销能力显著提高,对于企业层级和规模就有了新的要求,企业快速扩张,开始要求清晰的组织架构,现有的组织层级部门职能职权、组织层面的小幅度优化调整已经不能满足企业技术创新活动的要求。随着大疆公司的发展,其在2012年进入成长期,这时产生了新的匹配要求,在该阶段强调技术创新的作用。该阶段的大疆公司已经形成了一定的竞争实力,生产了大量的产品,需要大量的分销渠道以占领市场提高市场份额,所以对技术创新提出了新的要求。在技术创新要求的推动下,组织架构、层级部门划分和管理办法,甚至企业文化等组织层面的各个要素开始变革。

(本案例节选自:黄华.当前高端装备制造企业的管理突破——基于典型案例的组织创新与技术创新匹配研究[J].河南社会科学,2020,28(05):56-63.有改动。)

二、部门设置依据

(一)组织的部门化

组织设计的实质是通过对管理劳动的分工,将不同的管理人员安排在不同的管理岗位和部门中,通过他们在特定环境、特定相互关系中的管理作业来使整个管理系统有机地运转起来。管理劳动的分工,包括横向和纵向两个方面。

一是横向的分工,是根据不同的标准,将管理活动分解成不同岗位和部门的任务,横向分析的结果是部门的设置或组织的部门化。

二是纵向的分工,是根据管理幅度的限制,确定管理系统的层次,并根据管理层次在管理系统中的位置,规定各层管理人员的职责和权限。

部门化是将整个管理系统分解、再分解成若干个相互依存的基本管理单位,它是在管理劳动横向分工的基础上进行的。组织设计中经常运用的部门划分的标准是:职能、产品以及地区。

早期管理学家使用的五种部门划分方式:职能部门化、产品或服务部门化、区域部门化、顾客部门化、流程部门化。

1. 职能部门化

职能部门化是按照生产、财务管理、营销、人事、研发等基本活动相似或技能相似的要求,分类设立专门的管理部门,它是一种传统的、普遍的组织形式。

(1)优点

① 职能是划分活动类型并设立部门的最自然、最方便、最符合逻辑的标准。

② 有利于维护最高行政指挥的权威,有利于维护组织的统一性。

③ 有利于工作人员的培训、相互交流,从而提高技术水平。

(2)局限性

① 由于各种产品的原料采购、生产制造、产品销售都集中在相同的部门进行,各种产

品给企业带来的贡献不易区别,因此不利于指导企业产品结构的调整。

② 由于各部门的负责人长期只从事某种专门业务的管理,缺乏总体的眼光,因此不利于高级管理人才的培养。

③ 由于活动和业务的性质不同,各职能部门可能只注重依据自己的准则来行动,因此可能使本来相互依存的部门之间的活动不协调,影响组织整体目标的实现。

2. 产品部门化

产品部门化是指根据产品来设立管理部门、划分管理单位,把同一产品的生产或销售工作集中在相同的部门组织进行。

(1)优点

① 能使企业将多元化经营和专业化经营结合起来。

② 有利于企业及时调整生产方向。按产品设立管理部门,更易考察和比较不同产品对企业的贡献,因此有利于企业及时限制甚至淘汰或扩大和发展某种产品的生产,使整个企业的产品结构更加合理。

③ 有利于促进企业的内部竞争。由于各个产品部对企业的贡献容易识别,可能促使部门间进行竞争。

④ 有利于高层管理人才的培养,每个部门的经理都需独当一面,完成同一产品制造的各种职能活动。

(2)局限性

① 需要较多的具有综合管理能力的人(如总经理)去管理各个产品部。

② 各个部门的主管可能过分强调本单位利益,从而影响企业的统一指挥。

③ 产品部门某些职能管理机构与企业总部的重叠会导致管理费用增加,提高待摊成本,影响企业竞争力。

3. 区域部门化

区域部门化是根据地理因素来设立管理部门,把不同地区的经营业务和职责划分给不同部门的经理。

组织活动在地理上的分散带来的交通和信息沟通困难曾经是区域部门化的主要理由。但随着通信条件的改善,这个理由已不再那么重要,取而代之的是社会文化环境方面的原因。

按区域划分管理部门的贡献和弊端类似于产品部门化。

(1)优点

① 可以把责权下放到地方,鼓励地方参与决策和经营。

② 地区管理者可以直接根据本地市场的需要灵活决策。

③ 通过在当地招募职能部门的工作人员,既可以缓解当地的就业压力,争取宽松的经营环境,又可以充分利用当地有效的资源进行市场开拓,同时减少了许多外派成本,减少了许多不确定性风险。

（2）缺点

① 企业所需的能够派赴各个区域的地区主管比较稀缺，且比较难以控制。

② 各个地区可能会因存在职能机构设置重叠而导致管理成本过高的问题。

4. 流程部门化

流程部门化又称过程部门化，是指组织按生产过程、工艺流程或设备来划分部门。如：机械制造企业划分出铸工车间、锻工车间、机加工车间、装配车间等部门。

（1）优点

① 组织能够充分发挥人员集中的技术优势，易于协调管理，对市场需求的变动也能够做出快速敏捷的反应，容易取得较明显的集合优势。

② 简化了培训，容易在组织内部形成良好的相互学习氛围，会产生较为明显的学习经验曲线效应。

（2）缺点

① 部门之间的紧密协作有可能得不到贯彻，产生部门间的利益冲突。

② 权责相对集中，不利于培养出"多面手"式的管理人才。

5. 顾客部门化

指依据共同的顾客来组合工作，这组顾客具有某类相同的需要或问题，只有相应的专家才能更好地予以满足。例如在市场部经理下面设置零售商、批发商和法人团体部。

（1）优点

① 企业可以通过设立不同的部门满足目标顾客各种特殊而广泛的需求，同时能有效获得用户真诚的意见反馈，这有利于企业不断改进自己的工作。

② 企业能够持续有效发挥自己的核心专长，不断创新顾客的需求，从而在这一领域内建立持久竞争优势。

（2）缺点

① 可能会增加与顾客需求不匹配而引发的矛盾和冲突，需要更多能妥善协调和处理与顾客关系问题的管理人员和一般人员。

② 顾客需求偏好的转移，可能使企业无法时时刻刻都能明确顾客的需求，结果会造成产品或服务结构的不合理，影响对顾客需求的满足。

第二节　部门岗位体系管理

一、岗位管理的概念

岗位是人力管理组织管理最小单位，岗位体系是人力资源管理的基础。岗位管理是岗位调查、岗位分析、岗位评价和岗位分级等项活动的总称。更确切地说，它是以企业各类员工的工作岗位为对象，采用科学的方法，通过系统岗位调查和岗位分析，编制工作说明书等人事文件,以及对岗位的相对价值进行全面的测量和评价、为企业人员招聘、考评、培训、晋升、调配、薪酬等人力资源管理活动提供客观依据的过程。岗位管理相关概念如下:

——任务:指为达到某特定的目标而进行的一项活动。例如,工人将若干物料运送到某工作地点;会计员登记一笔账目;打字员打印好一份文件。在一定时间内需要有一名员工承担一系列相同或相近似有联系的任务时,一个工作岗位也就产生了。

——职务:是对员工所承担工作任务的性质和特点的综合和概括。它与"职位"一词的区别在于,"职务"更多强调的是工作任务的内容,而不是工作任务的地点。

——责任:指分内应做的事,责任是员工根据劳动分工的要求,在职责范围内应尽的义务,即应尽职尽责、保质保量地进行工作、按时完成任务。

——职责:即职务与责任的统一,是指为了在某个关键成果领域取得成果而完成的一系列任务的集合,它常常以任职者的行动加上行动的目标来加以表达。例如,维护客户关系,以保持和提升公司在客户中的形象。例如,某企业的劳资管理员有 10 多项工作职责,其职责之一是定期(如每半年或一年)进行工资调查。这一职责由下列任务组成:(1) 设计工资调查表;(2) 发给被调查单位;(3) 对调查表进行必要的解释和说明;(4) 按期收回调查表;(5) 进行汇总、整理;(6) 写出分析报告(半年或年报)。

——工作岗位:在特定的生产技术组织中,在一定的时间内,由一名员工承担完成若干项工作任务,并具有一定的职务和责任、权限,就构成一个工作岗位。"职位"一词,其含义与"工作岗位"基本相同,专指一定组织中具有一定职责的员工的工作位置。它与"职务"的区别是:"职位"强调承担某类工作任务的人员数量,以及具体的劳动地点(位置)。不过,"职位"一词多见于机关、团体、事业单位人事管理中。而在企业人力资源管理中,更广泛使用的是"岗位"一词。

——工作:有 3 种含义:(1) 泛指体力和脑力劳动活动;(2) 专指职业;(3) 特指若干项专门任务。在岗位管理中,工作是由一组相近或相似的任务所组成。

——工作族:是两个或两个以上工作的集合。一个工作族是由性质相同的若干项工作组成。例如,销售工作和生产工作分别是两个工作族。

——职业:是指人们在社会中所从事的作为主要生活来源的某种工作。"工作"和"职业"的主要区别在于其范围不同。前者是"不工作"的对称,其范围很广,泛指人们的劳动活动过程;而后者范围较窄,特指人们所从事的具有某种性质和特点的劳动活动。

二、岗位管理的作用

(一)岗位管理在人力资源管理中的作用

岗位管理是企业人力资源管理中一项重要的基础工作,它与企业人力资源各项管理工作存在着不可分割的联系。

1. 岗位管理与员工招聘、选任

企业员工的招收、选拔和聘任是企业开发利用人力资源的重要措施。努力实现招收和选拔员工工作的科学化,对于加强企业员工队伍的组织建设,提高员工队伍的总体素质,保证企业生产任务的完成和推动企业发展,具有十分重要的意义。岗位管理是企业员工招收、选拔、任用的基本前提。岗位管理所形成的人事文件,如工作说明书,对某类工作的性质、特征,以及担任此类工作应具备的资格、条件,都做了详尽说明和规定,这就使人事管理人员明确了招收的对象和标准,在组织人员招收、选拔和聘任的考评时,能够正确选择科目和考核内容,避免了盲目性,保证了"为事择人、任人唯贤、专业对口、事得其人"。

2. 岗位管理与企业定编定员

岗位管理与企业组织机构的设置以及劳动定员工作有着十分紧密的联系。所谓定编,就是按照一定程序,采用科学的方法,从企业生产技术组织条件出发,合理确定企业组织机构的结构、形式和规模,以及人员配置数额;所谓定员,是在定编的基础上,严格按编制和岗位的质量要求,为企业每个岗位配备合格的人员。定编定员是企业重要的基础工作,只有不断加强这项工作,才能使企业组织机构达到精简、统一、效能的目的,杜绝人员浪费,实现劳动者与生产资料的最佳配置,促进企业经济效益的提高。实践中,目前尚有相当多的企业没有定员标准,普遍存在机构臃肿、人员膨胀、效率低下的现象。究其原因,一个很重要的方面就是这些企业至今还没有建立起岗位评价与分类制度,使机构设置缺乏真实可靠的客观依据,人员安排和使用没有统一、严格、具体的质量要求。值得欣慰的是,岗位管理的理论和方法已经开始受到企业的重视。

3. 岗位管理与劳动定额

无论从渊源、研究的对象和范围、研究的内容和方法,还是从基本功能来看,岗位分析、岗位评价与劳动定额之间都存在许多共同点。例如,企业劳动定员定额管理所采用的工作日写实、测时、工时抽样等技术测定方法,在工作岗位分析中也得到广泛运用,而岗位评价的结果又是确定工序(或工种)劳动定额水平,以及标准工作日长度的重要依据之一。

4. 岗位管理和岗位职务培训

企业岗位职务培训是指为了满足岗位的需要,对具有一定文化素质的在岗人员,进行有针对性的专业知识和实际技能的培训。岗位职务培训作为企业员工培训的重要组成部分,除具有员工培训的一般特征外,还有以下特点:(1)岗位职务培训具有很强的针对性和实用性,其根本目的是为了帮助员工获得岗位必备的专业知识和技能,具备上岗任职的资格,不断提高员工胜任本岗工作的能力。因此,岗位职务培训的内容必须从岗位的特点和要求出发加以设计。(2)岗位职务培训具有长期性、全员性和效益性特点。(3)岗位职务培训的前提是岗位规范化,包括岗位任职标准和岗位培训规范。岗位职务培训的上述三个特点说明:岗位管理的结果,如岗位规范等项文件是岗位职务培训必不可少的客观依据。

5. 岗位管理和绩效考核

员工的绩效考核是按照一定标准,采用科学的方法对企业员工的心理品质、职业道德、工作能力、劳动态度、工作业绩等方面所进行的全面考察、评定和审查。绩效考核与岗位管理的对象和目的有所不同。岗位管理是以岗位为中心,分析和评价各个岗位的功能和要求,明确每个岗位的职责、权限,以及承担该岗位职责的人员所必备的资格和条件,以便为事择人。绩效考核是以员工为对象,通过对员工的德、能、勤、绩等方面的综合评价,来判断他们是否称职,并以此作为任免、培训、奖惩、薪酬的依据,促进人适其位。虽然岗位管理与绩效考核有许多不同点,但就其实质而言,这两项活动体现了人力资源管理"因事择人,适才适所"的要求。从人力资源管理工作程序上看,工作岗位管理是员工绩效考核的前提,它要为员工绩效考核的内容和指标体系,以及评价标准的确定提供客观依据。

6. 岗位管理与劳动报酬

岗位管理为企业贯彻按劳分配原则,公平合理地支付工资提供了可靠的保证。企业员工劳动报酬的高低主要取决于其工作的性质、技术繁简难易程度、工作负荷、责任大小和劳动条件等;而工作岗位管理正是从这些基本因素出发,建立了一套完整的评价指标体系和评价标准,对各个岗位的相对价值进行衡量之后完成岗位分级列等。这就有效地保证了岗位和担当本岗位的劳动者与劳动报酬之间的协调和统一,使企业员工得到公平合理的工资。许多企业普遍实行岗位评价制,其最根本、最直接的目的,正是为了使企业工资制度更确切反映岗位与劳动报酬之间的对应关系。

7. 岗位管理与劳动计划、经济核算

岗位管理所形成的人事文件为企业准确地编制劳动计划、核算成本提供了前提。岗位管理完成以后,企业计划、财务部门对各个生产单位、职能科室的工作任务总量,以及人力资源的安排和使用,有了较为精确的统计和计量,从而为企业劳动计划的编制、产品成本的核算提供了可靠的依据,大大提高了计划的准确性和可行性。

8. 岗位管理与员工积极性

在调动企业员工生产的积极性、主动性和创造性,提高劳动效率方面,工作岗位管理具有重要的推动作用。由于工作岗位管理能够从根本上保证同工同酬,使员工明确自己的职责,以及今后努力的方向,他们必然会在生产中明确目标,服从领导指派,积极努力工作,不断开拓进取,最终结果将是企业经济效益的不断提高。

9. 岗位管理与企业劳动组织

岗位管理的重要作用还在于,通过岗位测定和分析,不断对岗位进行重新设计和改进,推动各岗位在劳动组织中合理配置,促进劳动组织的科学化,保证生产过程尽可能均衡、协调地进行,实现劳动力与生产要素配置的合理化、科学化;还有利于节约生产成本,提高劳动生产率。

10. 岗位管理与现代企业制度

现代企业制度是适应社会主义市场经济要求的一种新型的企业制度,它除了具有"产权清晰、权责明确、政企分开、管理科学"等传统企业所不具备的一些特点外,还是由相互联系、相互制约的一系列制度所组成的一个完整的体系。这些制度包括:企业的法人制度、有限责任制度、企业的组织制度、企业的管理制度等项内容。企业的管理制度覆盖了企业运营的方方面面,包括经营管理的组织模式、岗位责任制、民主管理制度、财务管理制

度、劳动工资管理制度、企业文化建设等内容。从广义上看,除财务制度外,上述的其他制度都属于人力资源开发与管理的范畴。但为了便于分析研究问题,进行专门化管理,往往从人力资源管理中将它们分离出来。具体地说,人力资源管理制度主要包括两大部分:一是人力资源配置制度,二是员工技能开发制度。而工作岗位管理的一切最终结果,都与实现人力资源的有效配置和员工的技能开发有不可分割的密切联系。因此,从这一意义上说,工作岗位管理是构建现代企业制度的重要前提和基础。

(二)岗位管理的原则

1. 系统原则

所谓系统,就是由若干既有区别又相互依存的要素所组成的,处于一定环境条件中,具有特定结构和功能的有机整体。其中各个要素可以是单个事物,也可以是一组事物构成的小系统。每一系统又可成为一个更大规模系统中的一个子系统。

人类社会是一个大系统,它是由自然资源、人力资源、政治、经济、文化等许多相互依存又相互区别的要素组成的有机整体。社会大系统中又包含许多中系统、小系统和更小系统。一个组织、一个单位甚至一个岗位就是一个系统。它们是由这一组织、单位或岗位独立承担的、既有区别又相互依存的各种各样的工作任务组成的有机统一体。一个系统具有以下特征:

(1)整体性。系统不是各个要素的简单集合,而是各个要素按照统一目的,根据一定的规则活动的集合体,它要以整体观念来协调各要素之间的联系,使系统的功能达到最优化。

(2)目的性。系统都具有某种特定的目的,为了实现这一目的而具有特定的结构和功能。作为人类社会生活中任何一个系统,总是为了达到一定目的而存在,没有目的性就不可能成为一个系统。决定一个系统并区别于其他系统的标志,是它们的基本目的不同。

(3)相关性。在系统内部各个要素之间具有某种相互依赖的特定关系,形成一定的结构秩序和运动规律。

(4)环境适应性。系统所处的外部环境都是有规律地运动、变化和发展着的,系统必然要与环境产生某种交换(物质、精神、能量、信息等方面)。因此,人们要研究系统为适应外部环境变化而运动、发展、变化的规律性。

从系统的具体形态来看,它表现为:自然系统与人造系统,实体系统与概念系统。前者是以矿物、生物、机械、能量等实体构成的系统,后者则是由概念、原理、原则、制度、程序等观念所构成的系统。现实生活中系统往往是两者的结合。

任何一个完善的组织、单位都是一个相互独立的系统。因此,在工作岗位管理中,应从系统论出发,将每个岗位放在组织系统中,从总体上和相互联系上进行系统性分析研究。

2. 能级原则

能级是指组织机构中各个岗位功能的等级,也就是岗位在组织机构这个"管理场"中所具有的能量等级。一个岗位能级的大小,是由它在组织中的工作性质、复杂难易程度、责任大小、任务轻重等因素决定的,功能大的岗位,其能级就高;反之就低。一般来说,在一个组织、单位中,工作岗位能级从高到低,可区分为四大层次:决策层、管理层、执行层和操作层,并呈上小下大的梯形分布状况。

3. 标准化原则

标准化是现代企业人力资源管理的基础,也是有效地推行各项管理的重要手段。现代化企业,不仅要实现产品设计、工艺、质量、销售等项生产活动中的标准化,还要促进企业管理的标准化。企业管理的标准化,就是将企业生产经营活动中需要统一的各种管理事项和概念,制定成标准或具有标准性质的技术文件并加以贯彻实施的活动过程。标准化表现为简化、统一化、通用化、系列化等多种形式和方法。工作岗位管理的标准化表现为岗位调查、岗位分析、岗位评价和岗位分级在内容、程序、方法、因素、指标上的标准化,以及其工作岗位管理的各项成果如工作说明书、岗位培训规范等人事文件的标准化。

4. 最优化原则

最优化是指在一定约束条件下,使系统的目标函数达到最大值或最小值。最优化原则不但体现在工作岗位管理的各项环节上,还反映在岗位管理的具体方法、步骤上。例如,在一个组织系统中,为了实现其总目标和总功能,必须设置一定数目的岗位,而岗位设置的决策应体现最优化原则,即以最低数量岗位设置谋求总体的高效率化,确保系统目标的实现。再如,岗位评价方法很多,在具体实施中到底采用哪一种方法,这就需要在一定约束条件下优选优化。

三、工作分析与岗位设计

岗位管理是一个复杂的体系,其中一项重要工作是对岗位进行分析、界定和说明。工作分析又称岗位分析或者职务分析,包括如下内容:进行组织结构优化或设计;对准备设置的各个岗位进行分析,关注其岗位职责划分与任职要求;编写详尽的岗位说明书。在工作分析的基础上,综合考察组织目标的实现以及员工工作积极性的调动,需要研究和分析如何做工作以及如何使员工在工作中得到满意体验,这就是岗位设计。

工作分析是岗位设计的基础,也是人力资源管理工作的基础。实践中,人力资源管理者如何在设计薪酬结构时体现内部公平性,如何设计员工晋升通道,如何进行员工职业生涯规划,都将受到工作分析和岗位设计的影响。

(一)工作分析的概念

工作分析是对企业各类岗位的性质、任务、职责、劳动条件和环境,以及职工承担本岗位任务应具备的资格条件所进行的系统分析和研究,并制定出岗位规范、工作说明书等人事文件的过程。

工作分析的内容取决于岗位分析的目的和要求。对于不同企业来说,各自的生产特点不同,面临以及亟待解决的问题也不同。例如,有的企业是为了制定更能反映劳动特点和差别的工资、奖励制度,有效地调动职工的生产积极性;有的企业是为了解决企业在职工招收、任用、晋升、考核中存在的难题,促进人事管理的科学化;有的企业是为了设计科学合理的岗位培训规范,以提高职工培训的针对性、实用性;有的企业是为了改进工作设计,改善劳动环境,减轻职工的劳动强度,创造健康、安全、舒适的工作条件。诸如此类,不一而足。

就企业岗位管理的一般要求来看,工作分析主要完成两方面的任务:一是形成岗位描述,即对岗位的名称、生产工作活动的程序、职责、工作条件和环境等方面所进行的一般说明。二是获取岗位要求相关信息,即在岗位描述基础上,进一步说明担任某一岗位工作的职工所必须具备的资格条件,如经验阅历、知识、技能、体格以及其他心理品质等方面的要求。

为了完成以上两方面的任务,工作分析的主要内容应包括岗位名称的分析、岗位任务的分析、岗位职责的分析、岗位关系的分析、岗位劳动强度、劳动环境的分析、岗位对职工的知识、技能、经验、体格、体力等必备条件的分析。

(二) 工作分析的作用

(1) 工作分析为企业选拔、任用合格的职工奠定了基础。通过工作分析、掌握工作任务的静态与动态特点,能够系统地提出有关人员的生理心理、技能、文化、思想等方面的具体要求,并对本岗位的用人标准做出具体详尽的规定。这就使企业劳动人事部门在选人用人方面有了客观的依据,经过人事考核、员工素质测评,为企业选拔和配备符合岗位数量和质量要求的合格人才。

(2) 工作分析为企业职工的考核、晋升提供依据。职工的考核、晋级、提升如果缺乏科学的依据将会挫伤职工的积极性,使企业的生产以及各项工作受到严重影响。根据岗位分析的结果,企业劳动人事部门可制定出各类人员的考核指标和标准,以及晋级、提升的具体条件,从而增加了职工考核、晋升的科学性。

(3) 工作分析是企业改进工作设计、优化劳动环境的必要条件。通过工作分析,可以揭示企业生产中的薄弱环节,反映工作(岗位)设计、配置不合理的地方,发现劳动环境中有碍于职工生产安全,加重劳动负荷,造成过度紧张、疲劳等心理生理方面各种不合理的因素,有利于企业改善工作设计和整个劳动环境,使职工在安全、健康、舒适的环境中进行劳动,以便充分发挥职工的专业技能,调动职工的劳动积极性和主动性。

(4) 工作分析是企业制定有效的劳动人事计划,进行人才预测的重要前提。每个企业对岗位的人员安排和配备,都要制定有效的计划,并根据生产任务和工作发展变化的趋势,进行人员需求的中、长期预测。工作分析所形成的工作说明书,为企业有效地进行人才预测,编制企业劳动人事计划提供了重要前提。

(5) 工作分析是工作评价的基础,而工作评价又是建立、健全企业工资制度的重要步骤。可以说,工作分析为企业建立较为公平合理的工资制度准备了条件。

此外,工作分析还能使职工通过工作说明书、岗位规范,充分了解本岗位在整个组织中的地位和作用,明确自己工作的性质、任务、职责和晋升方向,以便尽职尽责地工作。总之,工作分析在节省人力,提高工作和生产效率,推动企业生产发展等方面具有不容忽视的重要作用。

工作分析的程序、方法以及工作分析结果等相关内容在本书中后续章节有详细的阐述,此处不再赘述。现以案例形式展示工作分析在企业实际工作中的意义和作用。

案例聚焦

员工日常工作分析

某 IT 行业的一家企业有十几位业务人员,业务人员的素质相差不大,但业绩差异十分巨大。其中最明显的两个人,员工小王与员工小李,小王的业绩是小李的 5 倍多。在对全部员工的调查问卷中,大家一致认为小李比小王更吃苦,更认真。

对小王、小李的专业业务掌握进行了综合测试,小李得 91 分,小王得 84 分。对小王、小李的沟通技巧进行了面试,5 个评委,小李得 81 分,小王得 89 分。

于是对两个人做了一周 5 个工作日的跟踪分析。该公司工作时间是上午 8:30 上班,下午 17:30 下班,中午休息 1 小时。小王平均是 8:21 到公司,小李是 8:05 到公司。为了更进一步分析两位员工的工作内容,对他们的工作进行了梳理,总结其规律,反映在以下表格中。

表 4-1　小王一天的工作情况

时间	工作内容
8:21～8:26	打扫办公室卫生
8:27～9:40	联系客户(平均打电话为 21 个,找到对方负责人的电话为 15 个)
9:40～11:00	处理前一天老客户的成交单据,预约下午的老客户拜访
11:00～11:40 13:30—14:30	平均有大约 18 个开拓新客户的电话,找到单位负责人的电话为 12 个
14:30～17:00	外出进行客户的约定拜访,平均走访 4 家客户,成功拜访(指能见到分管业务的负责人)平均为 3.6 家
17:00～17:43	回公司处理一些杂务

根据一周工作情况记录,小王总的工作时间为 8:21～11:40,13:30～17:43,总计 7 小时 32 分。主要进行的业务活动包括:(1) 联系老客户;(2) 处理成交单据,预约拜访;(3) 开拓新客户;(4) 拜访客户。主要业务活动用时 6 小时 44 分。与老客户联系这项工作的平均通话率为 71.43%,新客户开拓这项工作的平均通话率为 66.67%,拜访客户的平均成功率为 90%。

表 4 - 2　小李一天的工作情况

时间	工作内容
8:05～8:20	打扫办公室卫生(其中还会帮其他同事做一些事)
8:20～9:20	处理前一天老客户的业务事务
9:20～11:50	电话联系开拓新客户的工作(平均打 34 个电话,成功找到单位负责人的电话为 9 个)
13:20～17:10	走访老客户,平均走访 5 家,平均成功访问为 1.2 家
17:10～18:35	回公司处理一些杂务

　　一周工作情况记录,小李总的工作时间为 8:05～11:50,13:20～18:35,总计 9 小时。主要进行的业务活动包括:(1)处理老客户业务;(2)开拓新客户;(3)拜访老客户。主要业务活动用时 7 小时 20 分,没有与老客户联系业务的情况下,进行了走访。新客户开拓这项工作的平均通话率为 26.47%,拜访客户的平均成功率为 24%。

　　对小李电话访问成功率低的原因进行分析,发现小李电话开拓新客户的时间,正好是多数客户的负责人外出办事的时间,而小王打电话时间多数客户的负责人还在公司。小李走访客户没有事先预约,所以成功率低,多数客户的负责人不在,仅有的一点成功率也多是在 17:00 左右的最后一两个拜访中出现的,而小王的走访多是事先预约的。以上两点是小王、小李业绩差异的主要问题。

　　根据这一结论,让小李先调整工作时间的分配,采用小王的工作时间分配形式。调整后,经过一周的磨合,到第二周,发现小李的成功率有了大幅度的上升,工作量反而有了一些下降。电话开拓新客户的数量为每天 36 个,成功数上升到 22 个,客户走访量仍是 5 家,成功率上升到 4 家。两个月后,小李的业绩已经达到小王的 90%。

　　(1)通过案例说明员工的工作行为对员工的工作业绩有何影响?

　　(2)进行员工工作行为分析时,应注意哪些问题?

第三节　RACI 模型设计

　　在规范化、体系化过程中,企业会在战略、运营、财务、人力管理的管理流程方面遇到相当多的具体问题。举例来说,很多民营企业在战略目标制定和分解方面,往往简单地在历史数据上加以修订,这样的战略目标制定缺乏合适的方法论来支持,并且缺失了自上而下以及自下而上的沟通机制。

　　完整的现代化管理流程是企业可持续发展的重要保障之一。这些关键流程可能包括战略规划和运营计划的制定和调整、运营数据的收集、整理和分析、财务相关流程、人事相关流程以及风险管理相关流程等。

　　建立的方法可以通过参照行业典范的做法,并针对企业自有的特征进行修订和梳理。

其中最为关键的不是仅仅记录下最主要的步骤,而是清晰地定义每一个参与部门、个人在关键流程中的定位。现代管理体系中可借助"RACI"模型(责任分配矩阵)来定义流程中的职能和职责。

• 谁负责(R=Responsible),即负责执行任务的角色,他/她具体负责操控项目、解决问题。

• 谁批准(A=Accountable),即对任务负全责的角色,只有经他/她同意或签署之后,项目才能得以进行。

• 咨询谁(C=Consulted),拥有完成项目所需的信息或能力的人员。

• 通知谁(I=Informed),即拥有特权、应及时被通知结果的人员,却不必向他/她咨询、征求意见。

RACI模型通常利用RACI表来帮助讨论、交流各个角色及相关责任。项目经理可根据项目的需要,选择"领导""资源"或其他适用词汇,来分配项目责任。如果团队是由内部和外部人员组成的,RACI表就显得尤为重要,以保证对角色和期望的明确划分。

RACI模型是一个协助管理项目的工具,它可以帮助组织更加细致地规划项目的责任和部门之间的关系。每一个举措最好只有一个"R"角色,保证没有责任的缺口或交叠。同时,职责必须与权限相匹配,并使决策者能根据有效信息进行决策。

一旦关键流程制定完毕,除需要督促在整个企业自上而下的实施之外,还需要通过内部控制等机制来监督流程的实施,以产生合适的效果。甚至可以更进一步,延请外部咨询公司来帮助梳理、设计完整的管理和业务流程,并请第三方认证机构进行长期的审计和认证,使流程的实施能够自始至终、一以贯之。

RACI模型的应用,能有效避免组织任务/活动因职责不清而导致相互推诿的现象。下文案例体现了这一作用。

基于RACI矩阵的目标成本管理流程优化

本案例着重探讨航天型号目标成本的优化及确立流程,通过责任分配矩阵(RACI矩阵),将所有过程的所有活动进行责任分解和落实。

1. 两维度型号成本分解

航天型号项目是一个庞大的系统工程,具有时间跨度长、阶段分类细、涉及产品多等特点。在进行成本分解时,既要考虑实物产品的分解,更要考虑全生命周期中项目的推进。基于此特点,航天型号成本分解可以从组成结构和时间阶段两个维度开展工作。

(1)组成结构维度

航天型号的组成结构是产品分解结构和工作分解结构的有机融合。组成结构维度的成本分解结构一般可按照以下流程开展工作:首先,根据底层的元器件、原材料等产品成本和为了实现产品投入的设计、生产、装配、试验和资源投入等成本,核算出上一级产品成本;其次,根据横向所有配套产品成本和为了实现系统功能开展的系统设计、综合试验等成本,核算出上一级分系统成本;最后,根据分系统成本以及为了实现指标开展的总体设计、大型地面试验、关键技术攻关等成本,核算出全型号成本。综上所述,组成结构维度上建立的是某一关键时间点上的型号成本分解结构,对于型号对外报价和开展某一时间点上的成本控制至关重要。

（2）时间阶段维度

在项目全生命周期的每一阶段,都应进行目标成本决策、目标成本分解、过程成本控制和成本效果评价的迭代。时间阶段维度一般可按照以下流程开展工作:在综合立项论证阶段,在武器装备战技指标和经济概算指标之间进行迭代,从而确定出装备购置的目标价格;在装备研制过程中,按照装备购置目标价格和各分项经济概算指标,对各分系统和单机进行价格匡算,并不断迭代进行技术方案优化调整和成本评估,作为目标价格调整的依据;在装备定型后,按照成本分解结构确定出装备成本价格方案,录入价格库并与目标价格进行对比分析,找到存在差异的原因,在未来的订货过程中进行针对性控制。

2. 型号全生命周期成本迭代

在对型号某一阶段完成成本评估后,可基于该阶段获得的成果,对下一阶段开展成本评估。这种评估方法适用于型号模样、方案、初样、试样、定型、批生产阶段。

3. 基于 RACI 矩阵的责任分解

目标成本分解流程梳理完毕后,便可以为每一个活动分配角色、职责和职权,建立 RACI 矩阵。矩阵可以反映每个人相关的所有活动,以及每项活动相关的所有人。它可以确保任何一项活动都只有 1 个人负责,并明确谁是该任务的最终责任人或谁拥有对该任务的职权,这样便于在目标成本确立的过程中找到有力抓手,真正做到责任的分解和落实。

RACI 责任分配矩阵,分别代表在一项活动中谁负责（R＝Responsible）、谁批准（A＝Accountable）、咨询谁（Consulted）、谁知悉（Informed）。每一个活动最好只有一个 A 角色,这是 RACI 的一般原则。当一个活动找不到 A 角色时,则出现缺口,这时应当在现有角色（或者发现新人选）中挑选,任命 1 人担任 A。每个活动有且仅能有一个 R 角色,以便明确活动的具体责任人。如果不止 1 个 R 存在,那么就要对该活动进行再分解,然后再对 R 进行分配,直到 R 唯一为止。

根据以上原则,对型号初样研制阶段目标成本确定流程中各个活动进行责任分配,得到责任分配矩阵,样例如表 4－3 所示。

表 4－3　型号初样阶段责任分配矩阵样例

过程	活动	责任主体					
		主管设计	主任设计师	经费主管	质量主管	计划主管	副总师
单机评估	梳理全级次供应商信息	C	A	I	C	R	C
	评估单机元器件、原材料价格	C	A	R	C	I	C
	评估单机设计价值	R	A	I	C	I	C
	评估单机试验费用	C	R	I	C	I	A
	评估单机质量成本	I	C	C	R	C	A

（续表）

过程	活动	责任主体					
		主管设计	主任设计师	经费主管	质量主管	计划主管	副总师
单机评估	评估单机管理成本	I	I	A	C	R	C
	评估单机成本	I	C	R	C	C	A
分系统评估	汇总单机费用	I	I	R	I	I	A
	评估分系统成本	I	C	R	C	C	A
	梳理分系统设计工作并评估其价值	R	A	I	I	I	C
	梳理公系统级试验并评估其成本	R	A	I	I	I	C
	评估分系统管理成本	I	I	A	C	R	C
	评估分系统质量成本	I	C	C	R	C	A
	汇总各分系统成本	I	I	R	I	I	A

通过 RACI 矩阵，明确每项活动的相关责任人，以及每个人负责的所有活动。这种管理方式既能帮助组织赋权并追踪负责，也能帮助个人梳理在整个任务、不同活动中的个人角色和职责，从而真正做到责任的分解和落实。此外，在目标成本评估初期，很多活动的负责人是一线设计人员，而非型号经费主管，体现了"成本是设计出来"的这一核心理念。在评估后期，由于需要综合考虑项目因素，进行综合评估和不断优化，这也体现了迭代和持续改进的管理思想。

（本案例节选自：刘均华，户鲲，王耕. 基于 RACI 矩阵的航天型号目标成本管理流程优化研究［J］.航天工业管理，2020，38（06）：51-56. 有改动。）

本章小结

本章介绍了组织设计与工作分析有关的知识。在第一节中，首先从组织结构与部门设置谈起，介绍了组织设计的概念、原则以及影响因素；其次，介绍了几种部门设置依据。在第二节中，阐述了部门岗位体系管理的相关理论知识，包括岗位管理的概念、作用与原则；并介绍了工作分析与岗位设计的基本关系与概念。在第三节中，简要介绍了现代管理体系中较为先进的 RACI 模型。

复习与思考

1. 常见的部门划分有哪些？它们的依据分别是什么？

2. 岗位管理在实践中有哪些具体作用？

3. 以你参与的某社团（或某活动项目）为例，分解任务活动，对其进行 RACI 模型设计。

应用案例分析

广州电视台广告部审核科主要负责广告内容审核、合同审核、播出审核。最初,部门领导在相关工作会议上口头强调过员工的工作范围,但那仅仅是一种模糊的"工作分工",并未形成文字,没有制度的约束力。员工对自己所从事的具体工作目标不清楚,也不知道哪些工作是自己职责范围内的,哪些是必须按时、按质完成的,哪些工作是要与相关岗位的员工沟通、协作才能做好的。员工对待工作是被动式的,是一种"叫我怎么干就怎么干"的工作局面。这种局面没有活力、没有创新、没有积极性,虽然勉强保证了工作数量的完成,但工作的质量却无明显提高。因为岗位责任不清,电视台出现过广告漏播、错播的问题。34频道因监测数据录入不及时,还出现过广告播出证明无法出具的现象。更严重的是,出现问题后员工间相互推诿与埋怨,引起人际关系不和谐。有时员工心里清楚是谁的责任,但又无据可查,最后问题不了了之。这样一来,团队的工作效率就不高。部门领导与员工都觉得有必要依据工作性质进行岗位设计,明确每个员工的责任。

初期岗位的设置分别是:广告内容审核;广告合同审核;广告播出审核;广告监测,资料管理。经过一段时间的实施,大家发现岗位间存在难易程度和责任大小的差别,工作量也不均衡。我们对上述岗位进行重新设计:将广告播出审核岗位分为监测一岗、监测二岗,增设出播证岗位,专职出具广告播出证明并负责广告播出情况核实。出播证岗位的职责是:在广告管理系统中出具常规播出证明后,将相关文件转换成文本格式,制作成客户签收表;对未录入广告管理系统的公益覆盖类广告的播出证明,要从媒介调查公司提供的监测数据中筛选后再人工出具。

由于内部进行机构调整,广告部增加了节目录制工作和参考频道六的广告播出。根据这一变化,我们在岗位设计上又进行了调整,增设了磁带管理岗位,负责录制节目磁带的归类、摆放、查询及办理借阅手续,并负责参考频道六播出带的审核和监测工作。

每个岗位的具体职责如下:

1. 广告内容审核:负责审核客户提供的广告录像带,填写《广告审核登记表》,录入磁带编号,核对串联单磁带号及客户磁带领取工作。

2. 广告合同审核:负责格式合同过单、广告播出清单及串联单的发放,依据"广州电视广告收费标准"审核合同广告价格、折扣、时段并进行财务确认。

3. 广告播出审核监测一岗:负责参考频道一、参考频道五监测数据的录入及 TXT 文件(串联单)的核对,必须在收到参考频道播出清单 2 个工作日完成录入,以保证广告播出证明的出具。

4. 广告播出审核监测二岗:负责参考频道二、三、四监测数据的录入及 TXT 文件的核对,必须在收到参考频道播出清单 2 个工作日完成录入,以保证广告播出证明的出具,检查三、四频道广告播出带。

5. 出播证:负责出具广告播出证明及播出情况核实,每一轮岗周期结束时必须将播出证明清单及客户未领取的播出证明整理归档。公益广告播出证明根据监测数据的提供日期滞后一个月出具。

6. 磁带管理：负责录制节目磁带的归类及排放，必须提前3个工作日将归类磁带交到行政科；负责参考频道六广告播出带的检查及监测数据的录入。

7. 资料管理：负责录入合同、客户资料、业务资料，以及串联单装订与资料归档。

在实践中我们碰到这样一个问题：有人因病或者因事而不能上班时，其他岗位的人很难顶替他的工作。于是在岗位设计中我们引进了岗位轮换制，轮岗周期为两周。在实施过程中，很多人觉得对岗位的工作流程熟悉时间长而遗忘率高，每次换岗的第一周工作效率最低，而且面对新工作岗位普遍有一种"一片空白"的感觉，不知从何处着手，两周轮岗周期太短。为此我们将轮岗周期延长为1个月。

岗位设计后，我们以文字的形式把"岗位职责"进行了规范和明确。2003年3月审核科开始按照新的岗位设计方案运作。经过1年多的实践，审核科发生了如下变化：

1. 员工对岗位的责任、难易程度、工作量和工作的风险性一目了然，减少了岗位目标的盲目性。员工心里普遍产生一种"现在很正规"的感觉。出播证岗位的设计不但减轻了原广告播出审核岗位的工作量，而且提高了对客户的服务质量与效率。以往客户的查询常常要5~7个工作日才能回复，现在客户1~2个工作日内就能得到满意的答复。

2. 由于职责明确，广告播出出现问题时，员工会自觉对照岗位职责查找原因与责任人。每一岗位流程完成时都有经办人的签名确认，出了问题一查就知道谁应该对此负责，即使有人想赖也赖不掉。员工在工作中一般不会掉以轻心，签名之前都会认真检查。这样就减少了工作失误，降低了差错率。

3. 岗位设计后，职责到人，具体而明确，员工的工作积极性得到了极大的提高，形成了"更快、更好"的良好风气。员工自觉研究各岗位的工作技巧，注重技能提高，提高了工作质量与效率。例如，广告播出审核岗位中负责广州电视三、四频道监测的员工，为提高岗位工作效率提出了该频道的监测数据可直接采用媒介调查公司提供的资料，一改长期以来该频道的监测工作均是由员工采用人工查看节目带的方式，既减少了工作时间，又保证了监测数据的准确性；原来完成一天三、四频道监测需90分钟，改用媒介调查公司的数据后，可省略查看节目带所消耗的大量时间，使监测工作仅需30分钟。

4. 轮岗之后员工的综合操作能力、熟练程度及工作效率均有不同程度的提高。大家对全局工作有了更强的适应力，能将各岗位间的技能灵活运用。例如，出具播出证明岗位，在核实广告播出情况时，常规情况不用查看节目带，只需根据不同频道查看监测一岗或监测二岗的播出数据即可，效率更高的方法是查看广告内容审核岗位录入的广告磁带号。原来每处理一份播出情况核对，从找节目带到出结果需20分钟，现在只需5分钟；原来录入一份参考频道广告播出监测数据需45分钟，现在只需30分钟。

（本案例节选自：张华初，黄燕. 一个岗位设计案例及其启示[J]. 经济管理，2004(15)：83-85. 有改动。）

思考题：

1. 案例中，该部门最初的岗位设计主要存在哪些问题？

2. 从上述岗位设计的变革之路中，你能得到哪些启示？

第五章 工作分析概述

学习目标

1. 掌握工作分析的概念、内容和基本术语
2. 理解工作分的目的和意义
3. 了解工作分析的历史、现状和发展趋势

开篇案例

A 公司的职位分析案例

A 公司是我国中部省份的一家房地产开发公司。近年来，随着当地经济的迅速增长，房产需求强劲，公司有了飞速的发展，规模持续扩大，逐步发展为一家中型房地产开发公司。随着公司的发展和壮大，员工人数大量增加，众多的组织和人力资源管理问题逐渐凸显出来。

公司现有的组织机构，是基于创业时的公司规划，随着业务扩张的需要逐渐扩充而形成的，在运行的过程中，组织与业务上的矛盾越来越严重。部门之间、职位之间的职责与权限缺乏明确的界定，扯皮推诿的现象不断发生；有的部门抱怨事情太多，人手不够，任务不能按时、按质、按量完成；有的部门又觉得人员冗杂，人浮于事，效率低下。

公司在人员招聘方面，用人部门给出的招聘标准含糊其词，招聘主管往往无法准确地加以理解，使得招来的人大多差强人意。同时目前的许多岗位不能做到人岗匹配，员工的能力不能得以充分发挥，严重挫伤了士气，并影响了工作的效率和效果。以前公司员工的晋升直接由总经理提出。现在公司规模大了，总经理几乎没有时间来与基层员工和部门主管打交道，基层员工和部门主管的晋升只能根据部门经理的意见来做出。

而在晋升中，上级和下属之间的私人感情成了决定性的因素，有才干的人往往不能获得提升。因此，许多优秀的员工由于看不到自己未来的前途，而另觅他职。

在激励机制方面，公司缺乏科学的绩效考核和薪酬制度，考核中的主观性和随意性非常严重，员工的报酬不能体现其价值与能力，人力资源部经常可以听到大家对薪酬的抱怨和不满，这也是人才流失的重要原因。

面对这样严峻的形势，人力资源部开始着手进行人力资源管理的变革，变革首先从进

行职位分析、确定职位价值开始。职位分析、职位评价究竟如何开展、如何抓住职位分析、职位评价过程中的关键点,为公司本次组织变革提供有效的信息支持和基础保证,是摆在A公司面前的重要课题。

首先,他们开始寻找进行职位分析的工具与技术。在阅读了国内目前流行的基本职位分析书籍之后,他们从其中选取了一份职位分析问卷,来作为收集职位信息的工具。然后,人力资源部将问卷发放到了各个部门经理手中,同时还在公司的内部网上也发了关于开展问卷调查的通知,要求各部门配合人力资源部的问卷调查。据反映,问卷在下发到各部门后,却一直搁置在各部门经理手中,而没有发下去。很多部门是直到人力部开始催收时才把问卷发放到每个人手中。同时,由于大家都很忙,很多人在拿到问卷之后,都没有时间仔细思考,草草填写完事。还有很多人在外地出差,或者任务缠身,自己无法填写,而由同事代笔。此外,据一些较为重视这次调查的员工反映,大家都不了解这次问卷调查的意图,也不理解问卷中那些陌生的管理术语,何为职责、何为工作目的,许多人对此并不理解。很多人想就疑难问题向人力资源部进行询问,可是也不知道具体该找谁。因此,在回答问卷时只能凭借自己个人的理解来进行填写,无法把握填写的规范和标准。

一个星期后,人力资源部收回了问卷,发现问卷填写的效果不太理想,有一部分问卷填写不全,一部分问卷答非所问,还有一部分问卷根本没有收上来。辛苦调查的结果却没有发挥它应有的价值。

与此同时,人力资源部也着手选取一些职位进行访谈。但在试着谈了几个职位之后,发现访谈的效果也不好。因为,在人力资源部,能够对部门经理访谈的人只有人力资源部经理一人,主管和一般员工都无法与其他部门经理进行沟通。同时,由于经理们都很忙,能够把双方凑在一块,实属不易。因此,两个星期时间过去了,只访谈了两个部门经理。人力资源部的几位主管负责对经理级以下的人员进行访谈,访谈情况出乎意料。大部分时间都是被访谈的人在发牢骚,指责公司的管理问题,抱怨自己的待遇不公等。而在谈到与职位分析相关的内容时,被访谈人又言辞闪烁,顾左右而言他,似乎对人力资源部这次访谈不太信任。访谈结束之后,访谈人都反映对该职位的认识还是停留在模糊的阶段。这样持续了两个星期,访谈了大概1/3的职位。人力资源部经理认为时间不能拖延下去了,因此决定开始进入项目的下一个阶段——撰写职位说明书。

可这时,各职位的信息收集却还不完全。怎么办呢?人力资源部在无奈之中,不得不另觅他途。于是,他们通过各种途径从其他公司中收集了许多职位说明书,试图以此作为参照,结合问卷和访谈收集到一些信息来撰写职位说明书。

在撰写阶段,人力资源部还成立了几个小组、每个小组专门负责起草某一部门的职位说明,并且还要求各组在两个星期内完成任务。在起草职位说明书的过程中,人力资源部的员工都颇感为难,一方面不了解别的部门的工作,问卷和访谈提供的信息又不准确;另一方面,大家又缺乏撰写职位说明书的经验,写起来自然费劲。规定的时间快到了,很多人为了交稿,不得不急急忙忙,东拼西凑了一些材料,再结合自己的判断,最后成稿。最后,职位说明书终于出台了。然后,人力资源部将成稿的职位说明书下发到了各部门,同时,还下发了一份文件,要求各部门按照新的职位说明书来界定工作范围,并按照其中规定的任职条件进行人员的招聘、选拔和任用。但这却引起了其他部门的强烈反对,很多直线部门的管理人员甚至公开指责人力资源部,说人力资源部的职位说明书是一堆垃圾文件,完全不符合实际情况。

为此,人力资源部专门与相关部门召开了一次会议来推动职位说明书的应用。人力资源部经理本来想通过这次会议来说服各部门支持这次项目。但结果却恰恰相反,在会上,人力资源部遭到了各部门的一致批评。同时,人力资源部由于对其他部门不了解,对于他们所提的很多问题,无法进行解释和反驳,因此,会议的最终结论是,让人力资源部重新编写职位说明书。后又经过多次重写与修改,职位说明书始终无法令人满意。最终,职位分析项目不了了之。

人力资源部的员工在经历了这次失败后,对职位分析彻底丧失了信心。他们开始认为,职位分析只不过是"雾里看花,水中望月"的东西,说起来挺好,实际上却没有什么大用,而且认为职位分析只能针对西方国家那些管理先进的大公司,拿到中国的企业来,根本就行不通。原来雄心勃勃的人力资源部经理也变得灰心丧气,但他却一直对这次失败耿耿于怀,对项目失败的原因也是百思不得其解。那么,职位分析真的是他们认为的"雾里看花,水中望月"吗?该公司的职位分析项目为什么会失败呢?

(本案例节选自:彭剑锋,张望军,朱兴军,等. 职位分析技术与方法[M]. 北京:中国人民大学出版社,2004. 有改动。)

第一节 工作分析的概念和要素

一、工作分析的概念

工作分析是对某特定的工作做出明确规定,并确定完成这一工作所需要的知识、技能等资格条件的过程,也是获取有关工作、职位以及职位之间关系信息的系统过程。

关于工作分析,有一个较为贴切的比喻:一个企业好比一座房子,组织结构好比房子的框架,部门是各个不同的房间,岗位设置就是在各房间摆椅子。工作分析就是判断坐在椅子上的人应该做哪些工作,应该给予什么回报以及坐在这把椅子上的人应具备哪些条件。

本书采用萧鸣政的观点,认为工作分析是采用科学的方法或技术,全面了解一项工作或提取关于一项工作的全面信息的活动。这一概念包括如下内涵:首先,工作分析是一种技术,它包含一系列的方法和程序;其次,工作分析是一个过程,是采用标准的程序和方法收集有关工作信息的过程;最后,工作分析的结果是制订工作说明书(也叫岗位说明书,包括工作内容和任职资格等)。

二、工作分析的内容

总体而言,工作分析包括两个方面的内容。(1)关于工作方面的:分析工作性质、工作内容、工作所规定的责任,说明工作条件和环境特征。(2) 关于员工方面的:对从事该项工作的员工的素质、技术水平、独立完成工作的能力,以及在工作中的自主权程度等说明。

具体而言,工作分析的内容如下:(1) 工作存在的原因。如果工作有存在的价值,则有必要进行工作分析,否则没有必要。(2) 该项工作的使命。主要指的是工作岗位职责,包括管理责任和非管理责任。管理责任主要表现为影响其他人工作的方式,包括指导监督责任、协调责任、沟通责任、决策责任、人事管理责任、成本控制责任、风险责任等;非管理责任即管理责任以外的责任。(3) 工作内容。即该工作岗位具体承担的工作任务。(4) 任职资格。(5) 工作环境和危险性。(6) 其他相关信息等。

工作分析的过程就是理清工作的输入特征、产出特征、转换特征的过程。如图 5-1 所示,这一过程包含了各种类型的信息。如图 5-2 所示,岗位是组织结构和流程的聚焦,工作分析的对象恰恰是通过这一聚焦点阐释关于组织和流程的关键节点。工作流程图是关于工作过程的一个简化的描绘。有时候,它能够展示关于人们如何完成工作以达到特定的目的的过程。一个工作流程图说明了可选择的路径及其关键特征,以及把投入转化为产出的任务和决策流。

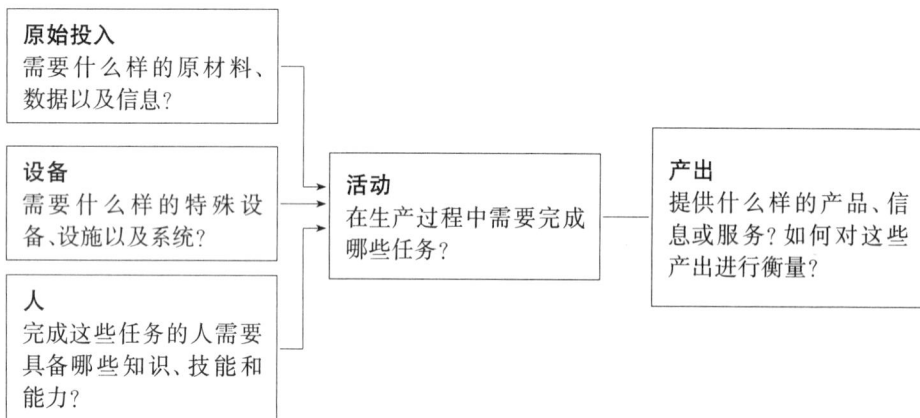

图 5-1 工作分析过程

三、工作分析的基本术语

工作要素(Job Elements),是指工作中不能再继续分解的最小活动单位,工作要素是形成职责的信息来源和分析基础,并不直接体现于职位说明书之中。

任务(Task),是指为了达到某种目的而进行的一系列工作要素,是职位分析的基本单位,是对工作职责的进一步分解。

职责细分(Duty),既可以作为职位分析中完成职责的主要步骤而成为职责描述的基础,也可以以履行程序出现在岗位说明书中。

职责(Responsibility),是指为了在某个关键成果领域取得成果而完成的一系列任务的集合,它常常以任职者的行动加上行动的目标来加以表达。例如,维护客户关系,以保持和提升公司在客户中的形象。

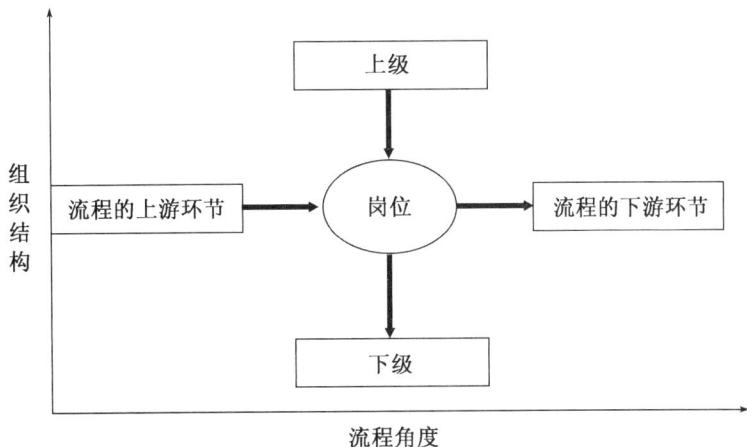

图 5-2 工作分析的对象

权限（Authority），是指为了保证职责的有效履行，任职者必须具备的对某事项进行决策的范围和程度。它常常用"具有批准……事项的权限"来表达。

任职资格（Qualification），是指为了保证工作目标的实现，任职者必须具备的知识、技能与能力要求。它常常以胜任职位所需要的学历、专业、工作经验、工作技能、能力（素质）等加以表达。

业绩标准（Performance Standard），是指与职位的功能或职责相对应的、对职责完成的质量与效果进行评价的客观标准。例如，人力资源经理的业绩标准通常包括员工满意度、空岗率、培训计划的完成率等。

职位（Position），是指承担一系列工作职责的某一任职者所对应的组织位置，它是组织的基本构成单位。职位与任职者一一对应。例如，销售部副经理张锋。

职务（Job），是指组织中承担相同或相似职责或工作内容的若干职位的总和。例如，销售部副经理。

职级（Class），是指工作责任大小、工作复杂度与难度，以及对任职者的能力水平要求近似的一组职位的总和，它常常与管理层级相联系。例如，部门副经理就是一个职级。

职系（Grade），是指工作性质和特征相同或充分相似，而责任轻重和繁简难易程度却不同的一些岗位所构成的系列或群体。职系是最基本的岗位业务分类，一个职系相当于一个专门职业。

职组（Functional Group），是由工作性质相似的若干职系构成的群体。

职等（Grade）：指对工作性质不同或主要职务不同，但困难程度、职责大小、工作所需资格等条件充分相同的职级的归纳。

职业（Professional），由一定时间内不同组织中相似工作所组成。如会计、销售员等。"工作"和"职业"的区别主要在于其范围的不同。"工作"针对组织内部而言，"职业"可以跨组织，针对整个行业而言。

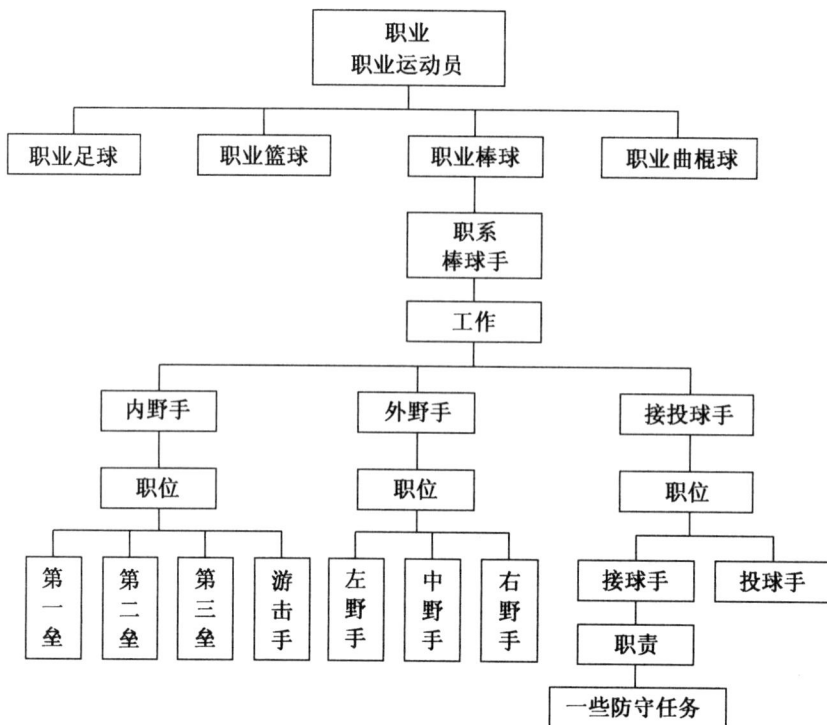

图 5-3 工作分析基本术语范例

四、工作分析的标准

工作分析的主要目标是缩小假设与现实情况的差距。工作分析的内容应当能衡量战略目标的关键产出。因此,在工作分析的过程中应该努力遵循以下标准:

(1) 工作分析是对可观察行为的描述,着眼于可观察的行为和结果。工作分析应该首先描述与工作相关的行为而非完成这项工序所具有的个人特征。工作分析首先描述工作是怎么被履行的,重点在于职位,而不是做这项工作的人员。绩效评价就是用于描述个体对特定岗位工作的完成情况,绩效评价的标准来源于工作分析,并且应该与工作描述相一致。

(2) 工作分析的数据必须是真实和可靠的。为了能够公正地对每一个工作分析进行判断,组织应该保留原始数据,并保证在原始数据的基础上做出结论。

第二节 工作分析的作用

工作分析在组织决策、工作设计、人力资源管理等方面均发挥着关键的作用。总体而言,工作分析要求工作的名称与含义在整个组织中保持特定而一致的意义,有助于实现工作用语的标准化。工作分析为确定组织的人力资源需求,制定人力资源计划提供依据;也为确定员工录用与上岗的最低条件,构建适当的培训与开发内容奠定基础。工作分析为考核程序及方法提供依据,有助于管理人员执行监督职能及员工进行自我控制。通过工作分析,企业可以把握有关工作与环境的实际情况,有利于发现导致员工不满、工作效率下降的原因,由此辨明影响工作安全的主要因素,及时采取有效措施,将危险降至最低。此外,工作分析能够为改进工作方法积累必要的资料,为组织的变革提供依据。工作分析在战略、组织以及人力资源管理中的具体位置和作用如图5-4所示。

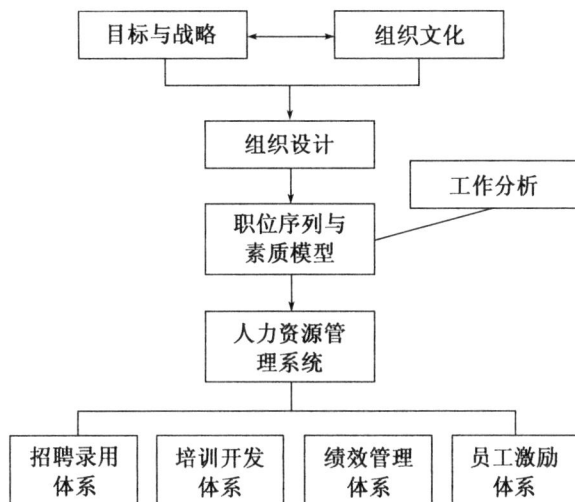

图5-4 工作分析在战略、组织与人力资源管理的作用

一、工作分析与人力资源管理

工作分析是现代人力资源管理所有职能的基础和前提,只有做好工作分析与工作设计,才能有效地完成各项人力资源管理的具体工作。现代企业人力资源管理的开展,一方面强调人力资源管理的战略导向,另一方面强调人力资源管理各职能模块的系统整合。工作分析在上述两个趋势中都扮演着关键性的角色。工作分析是从战略、组织、流程向人力资源管理职能过渡的桥梁,也是人力资源管理系统内各功能模块进行整合的基础和前提。具体而言,工作分析在人力资源管理中的作用主要体现在以下几个方面。

工作分析为招聘与配置工作提供了依据。人力资源管理工作中招聘与配置是工作的起始点,只有招聘到合适的人,并将其与岗位进行匹配,才能达到企业的用人目标。目前,招聘的各个环节已经非常完善,包括制订招聘计划、实施招募、甄选、录用、评估等。招聘与配置的各个环节都需要以工作分析的结果:岗位说明书为依据。此外,职位描述和任职资格也是设计甄选项目和甄选方法的依据。因此,工作分析的科学性、严谨性及工作分析结果的准确性对招聘与配置的效果有极其重要的影响。

工作分析为人力资源培训与开发工作指明了方向。人力资源培训与开发是促进员工提高综合能力、适应组织发展的要求,也是员工获取先进知识和技能,带领组织前进的需要。必须注意的是,人力资源培训与开发的最终目标是组织的发展目标。而组织的发展目标是通过组织中一个个具体事情的完成来实现的,这就要求组织必须以具体的"事"为基础开展员工的培训与开发工作。也就是先对"事"进行分析,明确岗位说明书之后再确定培训内容和培训项目。而对"事"的分析,就是工作分析的过程,可见工作分析对培训与开发工作的重要性。

工作分析是绩效管理工作的有力支撑。绩效管理的对象是"结果",不是"事",但在对员工进行绩效考核的时候确离不开"事"。例如,公司关键绩效指标的设立会涉及服务指标、产品指标、财务指标、员工队伍指标、领导能力指标,这些指标都与具体的"事"直接相关,甚至这些指标就来源于岗位职责,而岗位职责是工作分析的结果。所以工作分析为绩效管理工作提供了有力的支撑材料。

工作分析是薪酬管理的基础。薪酬管理在企业"用人""留人"上起到关键作用。薪资报酬取决于任职者所具备的素质和资格条件、工作的强度和难度、职责的大小及环境优劣等条件。以上这些是人力资源管理工作中岗位评价的内容。也就是说,岗位评价的结果是确定薪酬水平的依据。而岗位评价必须建立在工作分析的基础上。一般而言,工作分析和岗位评价是一体化的,岗位评价的一切根据都来源于工作分析,如果没有工作分析,岗位评价就是无源之水。可见,工作分析和岗位评价是薪酬管理的基础。

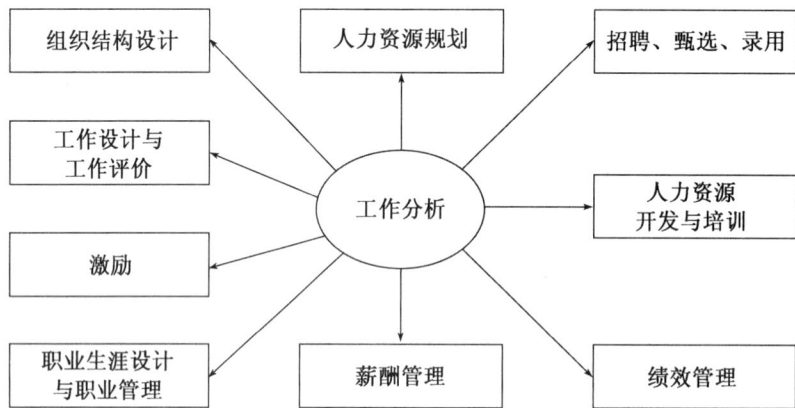

图 5-5 工作分析的作用

总的来说,工作分析在选拔和任用合格的人员,制定有效的人事预测和计划,设计积极的人员培训和开发方案,提供考核、升职和作业的标准,提高工作和生产效率,建立先进、合理的工作定额和报酬制度,改善工作设计和环境,加强职业咨询和职业指导方面都发挥着重要的作用。

二、工作分析与工作设计

在组织进行工作设计或战略评估时,工作分析更多地承担预测性的角色。其思想就是,通过预测满足组织目标所需完成的任务来描述职位。这种方法被称为战略工作分析。它主张在新的战略目标、新技术的应用、顾客联系增加以及责任扩大的新环境下,预测未来职位所需的任务。

很多组织不需要重新构筑,而是需要改变工作设计。工作设计(Job Design)是指对工作完成的方式以及某种特定工作所要求完成的任务进行界定的过程。而工作再设计则是指改变某种已有工作中的任务或者改变工作完成的方式的过程。进行工作设计,必须弄清楚工作丰富化、工作扩大化和以员工为中心的工作再设计等概念。

(一) 工作丰富化

美国学者弗莱德里克·赫茨伯格认为,工作丰富化(Job Enrichment)是对工作内容和责任层次基本的改变,旨在向员工提供更具有挑战性的工作。它通过动作和时间研究,将工作分解为若干很小的单一化、标准化以及专业化的操作内容和操作程序,并对员工进行培训和适当的激励,以达到提高生产效率的目的。赫茨伯格认为,充实工作内容应遵从下列五条原则:① 增加工作要求。应该以增加责任和提高难度的方式改变工人工作。② 赋予工人更多的责任。管理者在其授权范围内,让员工拥有对工作更多的支配权。③ 赋予员工工作自主权。在一定的限制范围内,应该允许员工自主安排他们的工作进度。④ 反馈。将有关工作业绩的报告定期地、及时地直接反馈给员工而不是其上级。⑤ 培训。创造有利环境来为员工提供学习机会,以满足他们个人发展的需要。

(二) 工作扩大化

工作扩大化(Job Enlargement)是指扩大工作的范围,为员工提供更多的工作种类。它是工作范围的水平扩展。充实工作内容与工作扩大化有区别。工作扩大化通过增加某一工作的工作内容,使员工的工作内容增加,要求员工掌握更多的知识和技能,从而提高员工的工作兴趣。工作扩大的途径主要有两个:"纵向工作装载"和"横向工作装载"。两种方法均可。"装载"是指将某种任务和要求纳入工作职位的结构中。"纵向工作装载"是指增加需要更多责任、更多权力、更多裁量权或更多自主权的任务或职责来扩大一个工作职位。"横向工作装载"是指增加属于同阶层责任的工作内容以及增加目前包含在工作职位中的权力。

三、工作分析与员工个人价值提升

通过工作分析,企业能够协助员工反思和检查自身的工作行为与工作内容,以引导员工积极主动地探究工作过程中存在的不足,顺利实现所任职岗位对本部门的贡献。同时,工作分析的成果——岗位说明书,也是制定员工职业发展规划的一个重要根据。在比较工作责任之后,员工能够明确自身的缺陷和不足,进而有针对性地提升自我,有利于自身的职业生涯规划。并且,企业为了提升员工的工作能力而实施的一系列培训事项,其目的也是为了提升员工的工作要求与责任。

工作分析有助于员工职业生涯发展。第一,工作本身对员工起着激励作用。在人力资源开发与管理工作中,员工职业生涯发展是需要重点关注的内容。赫茨伯格双因素理论的核心在于:只有激励因素才能够给人们带来满意感,而保健因素只能消除人们的不满,但不会带来满意感。在对员工进行激励的时候,要在保证保健因素不让员工产生不满意的同时,重点关注激励因素。在赫茨伯格的研究结果中,工作富有成就感,工作本身带有挑战性,工作的成绩能够得到社会的认可,以及职务上的责任感和职业上能够得到发展和成长等属于激励因素。第二,合适的岗位配置,能促进员工的职业发展。员工作为社会人,在关注物质需求的同时,更关注自身的职业发展。每一个员工都有自己所特有的知识、技能及品质,只有被匹配到合适的工作岗位上才能促进其职业的发展。如,组织领导能力强的员工更适合做管理类工作,技术技能强的员工更适合做生产指导类工作,思维活跃的员工更适合做创新创意类工作等等。

员工通过职业生涯规划可以发掘自我潜能,增强个人实力。员工与公司共同制定一份真正有效的职业生涯规划,将会产生以下作用:① 指导员工理性地认知自我的特质和个性、潜在的和固有的资源优势,引导员工重新自我定位并努力提升自身价值;② 启发员工分析自身的综合劣势和优势;③ 让员工清楚自身的职业方向和发展目标;④ 启发员工评估自身目标与现实之间的差距;⑤ 促使员工同时关注现实与未来,寻找新的、有潜力的职业机会;⑥ 让员工懂得如何用合理的方式,采取真正能够行得通的策略和程序,增强职业竞争优势,最终实现职业目标和理想。

第三节　工作分析的历史与发展

工作分析的思想由来已久,起源于社会分工及后续的人力资源配置。在中国古代和西方国家均产生了工作分析相关的思想,并随着管理学的发展和相关分析技术的应用而日趋完善,在组织管理过程中作用日益凸显。

一、工作分析思想的起源

(一)工作分析思想在西方的起源

关于工作分析的朴素思想,最早可以追溯到公元前5世纪古希腊时期关于社会分工的讨论。主要代表人物为苏格拉底、柏拉图和色诺芬。苏格拉底在对理想社会的设想中指出,社会的需求是多种多样的,每个人都只有通过社会分工的方法从事自己力所能及的工作,才能为社会做出较大的贡献,社会才能取得更大的发展。苏格拉底开创了关于公平社会特点的学说。他认为,一个公平的社会应当承认:个人的工作才能具有差异性;不同工作岗位的具体要求存在差异性;让人们从事其最适合的工作,以取得最高工作效能是最重要的;建立一种将上述三点付诸实践的学说是必要的。苏格拉底在设想的理想社会中明确了社会具备多样性的需求,所有人借助社会分工的手段,从事自身可以做的工作,这样才可以贡献社会,推动社会发展和进步。为此,人们应当对一系列工作进行了解,进而把握工作的实际要求。这样的思想奠定了之后分析工作的基础。而后,苏格拉底的学生柏拉图在《理想国》一书中,提出了工人要适当地专门化,做力所能及的工作,以及特定的工人要从事特定的工作的思想,认为这样可以大大提高个人的生产效率,从而提高社会的整体效益。此后,色诺芬对他们的思想又进行了丰富扩展和细化。他比柏拉图更详细地研究了劳动分工:"不仅研究了整个社会的分工,而且研究了单个工厂中的分工"。他的专业化的社会分工方法和公平社会的学说,为后来工作分析理论在西方社会的发展和成熟奠定了思想基础。

　　而亚当·斯密在其著作《国富论》中关于分工与国家财富之间关系的论述，进一步完善了工作分析的思想。亚当·斯密认为，分工在管理上对于提高劳动生产率有三个优势：第一，分工可以更快地提高劳动者的技术熟练程度；第二，分工能够让每个人专门从事某种作业，能够减少从一项作业转到另一项作业所消耗的时间；第三，分工可以促进专门从事某项作业的劳动者改革劳动工具和发明机器。其关于劳动分工与生产率关系的阐述，也为工作分析理论的产生和发展奠定了理论基础。

　　（二）工作分析思想在中国的起源

　　在中国，最早论述分工问题的是我国春秋时代的政治家管仲。在大约公元前700年，管仲提出"四民分业定居论"，主张将国人划分为士、农、工、商四大行业，并按专业分别聚居在固定的区域。管仲的思想强调了分工的整体功能，以及合理科学分工的重要性。

　　荀子在前人思想，尤其是管仲分工思想的基础上，提出了具有自己特色的职业分工理论。荀子把分工称为"曲辨"，强调分工的整体功能，提出了人与动物的区别在于"人能群""人有辨"；而社会的存在和正常运行是以人"有分""有辨"为前提条件，即由于人的精神、能力和技术是有限的，因此社会划分不同的职业范围和职能职守，形成一个覆盖全社会的职业体系。荀子还提出了"明分使群""定分而治""明分达治"的社会组织管理论；在分工的基础上，提出了农本商末思想，并进一步凝练成为著名的"务本禁末"论。由于这套理论与传统社会的封建自然经济相契合，从而成为延续几千年的国家经济政策的理论基础。

　　遗憾的是，传统的以农业和家庭手工业为基础的自然经济扼杀了关于社会分工思想在中国的进一步发展。因此，中国古代虽有工作分析的思想基础和思想起源，但并没有能够进一步发展和形成完整的工作分析理论体系。

二、工作分析的产生和发展

　　（一）工作分析的产生

　　19世纪末到20世纪初期，早期的工作分析理论随着古典管理理论的逐步完善而产生。主要以泰勒的科学管理理论、法约尔的一般管理理论以及韦伯的思想行政组织理论为代表。它们的主要特点是结构化、非人格化、规范化、等级化。

　　泰勒科学管理思想的提出，代表着管理开始成为一门独立学科和工作分析的产生。在亚当·斯密分工理论的基础上，泰勒开展工时研究和动作研究，确保每一工作的标准和所需人员的品质，让工作和人相互匹配。与此同时，泰勒实现了对工作流程的梳理，剔除了工作中无效的环节，这有利于规范生产流程、明确岗位职责。在分工的基础上，早期的管理思想家发展了最初的工作分析技术——动作研究、工时研究、工作标准化。泰勒的时间动作研究被称为是科学工作分析的起源。泰勒将一项工作分解为若干个组成部分，紧接着用秒表精准地测量出完成每一部分工作所需要的时间，用这种方式来进行工作时间和工作效率调查。泰勒1903年出版的《车间管理》一书中，用"搬运生铁块"的例子探讨了把工作分成若干部分进行计时,以提高劳动效率的事实。在这个前提下,工作分析制度出现。泰勒在1911年出版的《科学管理原理》中提出了系统的工作分析思想,认为应当科学地管理组织,务必认真地分析组织当中的一系列工作,对工作的各个部分进行研究,进而合理地挑选和培训工人,这样才能实现工人的最大潜能。泰勒倡导的用科学管理代替经验管理的思想,以及对工作内容进行调查研究来提高劳动生产率的思想,对工作分析理论与方法的构建和发展起到了巨大的推动作用。1916年,泰勒提出了"工作分析"一词,并将其列为科学管理五大原则中的第一原则,将效率目标与心理学的研究结合,应用到员工的选拔、培训和报酬奖励上。

在同一时期,工作分析比较有代表性的研究者还有芒斯特伯格和吉尔布雷斯夫妇。德国"工业心理学之父"芒斯特伯格开创了工业心理学,对工作中的个人进行科学研究,以使其生产率和心理适应达到最大化。他的理论促进人事选拔和测评在商业中的广泛应用,使工作分析也得到了迅速的发展。吉尔布雷斯夫妇在技术方法上和某些指导思想上对泰勒开创的时间动作研究的方法做了改进。他们用摄影机把工人的动作拍摄下来,又利用用他们发明的一种计时器和灯光示迹摄影法清晰地看到并记录下每项动作的时间。他们还把动作划分为17项基本要素,进行更深入的研究。吉尔布雷斯的妻子更是将社会科学中的有关理论运用到工业管理当中,进行恰当的人员配置,认为工作分析的出发点应该是工人本人,企业应该事先人尽其才。他们的理论研究和实践经验,有效地促进了工作分析在企业管理中的推广。

法约尔第一次清楚地区分了"经营"和"管理"的概念,把管理理解成为计划、组织、指挥、协调和控制五大职能,并提出了管理十四项原则。一般管理理论对于工作分析最主要的贡献在于对"组织"这个概念本身进行了规范。法约的管理职能与管理原则为工作分析提供了理论指导。

韦伯的理想行政组织理论指出,理想的行政组织就是一种一切以制度为上的组织,组织内部必须建立起绝对的权威,员工必须遵守和服从于制度。在这种理论下,员工之间的等级关系决定了组织的结构,制度的存在规范了工作的流程,进而推动组织结构和流程的发展。

在工作分析理论的形成过程中,古典管理理论起着关键的作用。但这个时期的理论过分强调组织的规范化、结构化,缺乏人性化,忽略了人的要求,流程规范严谨但几乎没有可变性。

(二)工作分析的成熟和发展

第一、二次世界大战的爆发,对工作分析的发展起到了间接的促进作用。为了国家取得战争胜利的最高需要,工作分析与其他管理学科密切相关的工业心理学得到了前所未有的重视。在两次世界大战期间,工作分析的主要代表有宾汉、斯科特、巴鲁什以及美国相关研究会。宾汉将工作分析作为工业心理学的分支来研究。他在卡耐基工学院创建了第一个应用心理学系,在第一次世界大战期间,宾汉完成了以解决人员配置为目的的工作分析方法的研究。在两次世界大战期间,宾汉在应用心理学上的成果,对于大规模工作分析项目和工作评价的发展产生了深远的影响。斯科特的主要贡献是,1917年在美国军队中组建人员测评委员会,制定了军衔资格标准,编制了军官任职技能说明书,实现了面谈考评的科学化,并创立了斯科特公司,与克洛西尔合著了《人事管理》一书。巴鲁什对工作分析研究最大的贡献,是把工作分析的方法与结果运用于确定美国政府职员工资等级,并促使美国国会通过了《工薪划分法案》。此外,该时期美国各研究会在工作分析上也做出了显著的贡献,如美国社会科学研究会对各行各业的职业技能的标准做出了明确的规定;美国国家研究会为职业能力评价提出了一套生理指数体系;美国职位研究会完成了《职业大辞典》(Dictionary of Occupational Titles,DOT),对公认的知识、技能等最基本的要求为标准来划分各项工作职位等级。

两次世界大战期间,工作分析的成果主要可以总结为以下三方面:第一,"职业""职务""任务""工作"等工作分析的基本概念术语被明确定义。第二,人们为服从于军队的战时要求而从事的"人员配置表"研究和应用,提供了大规模样本实践检验的机会。该量表反映了某项具体工作所需的技能、资历、经验以及工作所需职位的数量,并在军队的招募、训练和战时军工生产中起到很好的促进作用。第三,伴随着《职业大辞典》的编制完成,工作分析逐渐成为基础的人力资源管理工具而在西方企业界得到广泛应用。据统计,从1931到1940的十年里,美国采用工作分析的工商企业从39%上涨到75%。

第二次世界大战结束以后,工作分析作为整个人力资源管理工作的基础地位愈加巩固。工作分析系统在20世纪四五十年代开始作为专项进行研究,研究的鼎盛时期在20世纪七八十年代,并趋于成熟。到20世纪七十年代,工作分析已经被西方发达国家视作人力资源管理现代化的标志之一。在这一时期,工作分析的理论和方法更加完善。1979年,德国工效学家罗莫特经过几十年的工作分析和设计研究后,进一步加以总结和归纳,提出工作分析的工效学调查法,被管理学界公认为"工作分析"的创始人。在欧美等发达国家,工作分析属于现代化人力资源管理的一个重要标志,人力资源管理方面的一些专家也将其当作一项最为基础性的功能。这一时期,开发出了一系列新的工作分析技术。例如,在20世纪成功开发了职位分析问卷(PAQ)、职能工作分析(FJA)、关键事件分析技术(CIT)等工作分析系统。工作分析也开始与其他工作职能进一步融合,应用范围进一步拓展。如,工作分析有效地促进了工作评价技术的发展,而工作分析与胜任力模型的结合,能够有效地统一胜任特点与工作分析,创建有效的实证数据,从而增强组织的核心竞争优势。

总体而言,第二次世界大战后,工作分析研究的发展与应用主要体现在以下几个方面:在工作评价中的应用;对工作分析工具的开发;对职能工作分析方法的探索;对工作要素分析表的开发研究;对关键事件分析法的研究;对任务清单标准化的研究;在劳动纠纷处理法律中的应用;在人员录用生理条件中的应用;在绩效考评中的应用等。

三、工作分析的发展趋势

（一）从准确性的工作分析转向未来导向的战略性工作分析

急剧变化的社会环境和组织环境,要求工作分析不仅能体现大背景下工作内容和性质的发展变化趋势,还能够与具体组织的特性及发展目标结合起来。桑切斯在 1994 年提出了新的工作分析的概念,并就传统工作分析的不足,对未来的工作分析提出了一系列建议。他认为,工作分析应首先采取自下而上的方式收集信息,而不是根据原有的职业设定自上而下进行:即应先分析工作活动和工作流程,再根据岗位工作活动的异同,从现实出发确定工作流程以及相应的工作。其次,通过自上而下的方式对前一个步骤搜集的信息进行补充:设计"如果—那么"的假设情境并通过对主题专家进行访谈,据此确定未来工作对知识、技能、能力和其它特征的要求。这样就能够满足于工作性质的变化带来的工作职责和任职要求的变化,促进组织更好地适应不断变化的环境。最后,通过分析不同工作活动所需要的技能,建立基于技能的薪酬系统,对组织内部的不同工作岗位进行统合。

为了更好地实施工作分析,桑切斯在 2000 年进一步提出了在迅速变化的环境下如何进行工作分析的两个问题。传统工作分析把任职者作为主要的信息来源,桑切斯认为,为了适应新的需要,不能仅仅把任职者作为唯一的工作信息来源,还应该让一些非任职者,例如企业的战略制订者和人力资源管理者以及相关领域的行业专家,加入工作分析的过程中,这样他们可以就企业需要的一些比较抽象的个性特质和企业的战略需求提出建议。另一方面,为节省时间和成本,他提出应改变传统的用纸笔测验和面谈收集工作信息的方式,代之以计算机等现代通信设备来收集和保存工作信息。

综上所述,工作分析应当体现工作的发展趋势和组织的战略需求。战略性工作分析和未来导向的工作分析早就被许多学者重视。施耐德和考茨早在 1989 年就提出了战略性工作分析的概念。其主要思想是将环境变化因素、企业战略以及特定工作的未来发展趋势纳入传统的工作分析中。在操作层面上,邀请相关人员进行访谈和讨论,采取自上而下的方法;参加访谈的人员除了工作分析专家、任职者、任职者的上级和人力资源管理专家等传统工作分析包含的人员外,还应包括企业的战略规划者、相关技术领域的技术专家和经济学家,因为他们能够提供关于技术进步和经济发展等影响工作的环境因素的信息。这样通过将得到地对未来需要的任务、知识、技能和能力等（Knowledge, Skills, Abilities,简写为 KSAs）和现有的 KSAs 进行对比,就能对现有的任务和 KSAs 进行修正,把自上而下得到的信息和自下而上的信息有机结合。

（二）工作分析和胜任特征的结合

胜任特征（Competence）,也称为胜任力、胜任能力或者胜任素质。自麦克莱兰提出要用胜任特征代替传统的智力测验以来,胜任特征不仅对心理学研究产生了巨大影响,而且在研究和实践中得到了广泛应用。目前学界对胜任特征的定义尚未达成一致。相对而言,被引用比较多的概念主要是麦克莱兰和斯宾塞的定义,即认为胜任特征是动机、特质、自我概念、态度或价值观,知识或认知行为技能的组合,以及其他任何能够被稳定测量的、能够区分绩效优秀者和绩效平平者的个人特征。

工作分析和胜任特征模型构建之间存在重要的联系。首先,在定义方面,有学者将工作分析定义为确定和描述能够区分高低绩效的工作者表现的一系列程序,这与上面提到的胜任特征的定义非常相近。其次,在研究方法上,胜任特征研究中常用的行为事件访谈法就是从工作分析关键事件技术中发展而来的。最后,从两种方法的分析结果来看,工作分析的结果是以工作描述和工作规范的形式表现的。工作说明书通常是工作任务和职责等工作方面的要求,而工作规范则强调对从业者的素质要求。胜任特征强调的是能够区分不同绩效的任职者的特征,因此在某种程度上可以看作是对工作规范的拓展和深化。

但是,随着胜任特征在管理实践中得到了广泛应用,传统的工作分析开始面临着比较尴尬的局面。为了探讨传统的工作分析和"新兴"的胜任特征二者之间的联系,美国专业实践委员会和工业组织心理学会联合成立了工作分析和胜任特征建模任务小组(Job Analysis and Competency ModelingTask Force,JACMTF)。该小组对比了工作分析和胜任特征模型,发现工作分析方法的信度优于胜任特征模型构建的方法,但是却缺乏对组织战略等组织特定要求的关注,这跟战略性工作分析以及未来导向的工作分析对传统工作分析带来的挑战是非常一致的。胜任特征建模更多关注长期的员工—组织匹配,从而将组织愿景和核心价值观体现在胜任特征中,这为工作分析发展带来的重要启示。

从发展趋势来看,工作分析和胜任特征建模间的界限正在变得模糊,如果将两种方法综合起来,就能使其相互补充、相得益彰。工作分析能够为胜任特征模型提供大量的实证数据,例如关于工作任务、工作要求等具体信息,这也就为抽象的胜任特征的提取提供了丰富的资料;不仅如此,从具体工作情境中得到工作分析结果还可以对这些胜任特征进行具体解释。而另一方面,胜任特征可以体现组织特性和工作未来需要,它能够弥补工作分析对于组织层面信息和工作未来需求上的不足。因此,体现胜任特征的工作分析能够把工作分析和胜任特征两种方法的优点结合起来,能够为建立组织的核心竞争力提供更为有效的实证数据,这也应该成为工作分析需要探索的重要发展方向之一。

（三）从工具性的工作分析研究到工作分析影响因素研究

把工作分析作为人力资源开发与管理过程中的一种方法和技术进行研究,即是工具性的工作分析研究。主要研究的内容是如何改进传统的工作方法与技术,使工作分析的效率与效果得到提高。近年来这一领域的发展趋势是对工作分析影响因素的研究,主要在个体影响因素和组织影响因素两个层面展开探讨。

（四）从独立的工作分析到系统的工作分析

员工在对工作成就感和工作挑战性的要求,以及实施工作扩大化和工作丰富化等新的趋势,使得各工作岗位之间的分工界限变得不那么明晰并逐渐消失。所以工作分析应该分析一个岗位族类,而不能只分析一个单独的工作岗位。而分析岗位与岗位之间的联系时,也应该包括信息联系、产品联系、人员联系等内容。

（五）从描述性工作分析到预测性工作分析

传统工作分析的目的是描述工作现状。但工作内容、职责范围和任职资格等都会随着现代社会经济的快速变化而发生改变，所以现在的工作分析已逐渐向着预测性的方向发展。在创建一个新工作或者某项工作正在经历重大变革时，工作分析所承担的为了实现组织目标所需履行的预测性任务，称为预测的职能。预测性的工作分析着力于在新环境中预测工作的特征，比如新的战略目标、不同的工具、更加紧密的联系顾客以及扩大的职责任务。使用预测性工作分析取决于工作分析者和其他参与者能否准确预测该项工作的变化。

本章小结

工作不仅能提供维持生存所必要的经济来源，还具有很多重意义。而工作分析正是我们认知工作、了解工作和完善工作的手段，也是一项关键的人力资源职能。本章主要介绍了工作分析的概念、作用与发展等基础知识。第一节详细阐述了工作分析的概念、工作分析的内容、相关术语，以及工作分析要达到的标准。第二节从工作分析与人力资源管理、工作分析与工作设计、工作分析与员工个人价值提升三个方面介绍了工作分析的作用。第三节主要介绍了工作分析的发展历程以及发展趋势。通过本章的学习，能够对工作分析的基本知识有一个总体把握，为后续深入学习工作分析的方法打下基础。

复习与思考

1. 如何理解工作分析？工作分析有什么作用？
2. 对每一个职位的详细的工作描述会影响到团队有效性吗？
3. 工作分析的相关术语有哪些？应该怎样理解？

应用案例分析

某煤炭公司工作分析实施案例

某煤炭公司是某大型国有煤炭贸易集团的全资子公司，成立于1992年，建立之初的主要业务是煤炭进出口贸易。从1995年开始，我国煤炭市场价格全面放开，买方市场日渐形成；另一方面，1995年出台的《煤炭法》和煤炭工业部颁布的"九五"纲要都鼓励减少煤炭经营的中间环节，煤炭用户和煤炭销售区的煤炭经营企业有权直接从煤矿企业购进煤炭。正是在这种形势下，为避免煤炭贸易企业因受到煤炭供应、运输和销售三方制约而带来的脆弱性，从1998年开始，公司开始了从贸易公司向煤炭业务一体化经营的探索和实践，主要采取了如下三项措施：第一，分别与主要客户（电厂）共同投资组建合资公司，通过形成利益共同体稳固和发展长期合作关系;第二,为保证货源的质量和数量,公司先后投资控股三个洗煤厂;第三,为了保证运输的及时性,公司又与某国有铁路局合资成立储运公司。自 1998 年以来,公司发展业绩良好,销售收入年均增长率达到 30% 以上,成为集团公司人均利润最高的二级子公司。A 公司逐渐形成了以煤炭的进口、出口和国内销售为主业,几个非煤高风险产品为辅业的业务格局。

但是,2002 年以来,公司面临的外部环境进一步严峻。2002 初,国务院公布了《电力体制改革方案》,要求电力行业实行厂网分开,竞价上网。此次电力体制改革对 A 公司产生巨大的影响:一方面,已形成稳定关系的电厂将通过兼并重组形成新的经营实体,这意味着原有的合作关系不再稳定;另一方面,竞价上网将引发电厂对成本的严格控制。在我国,煤炭成本占煤电成本的 70% 以上,降低成本的压力会在很大程度上转移到煤炭采购上,这意味着电厂将对煤炭的价格、质量和供货的及时性提出更高的要求。

从公司业务运作来看,由于缺乏煤炭一体化产业链运作的经验,公司转型的过程并非一帆风顺。2002 年 3 月,刚刚重组的南方某发电厂因为硫超标拒收 A 公司生产厂自产的整批货物,给公司造成了价值 500 万的损失,“三月事件”加上 2002 年上半年销售利润的大幅滑坡使公司更加深刻地意识到政策的变化给曾经牢固的客户关系带来的巨大影响,以及公司对煤炭的生产质量、运输过程、管理方面控制力度的薄弱。

从公司的内部管理来看,2001 年 1 月—2002 年 3 月短短十五个月,先后有四、五位公司的业务骨干提出辞职,主要原因集中在岗位职责不清、工作缺乏挑战性等方面。另一方面,公司现有员工基本由集团公司人力资源部调配调剂形成,员工结构和素能现状不能满足公司运营和长期战略目标实现的需要。

2002 年 5 月,集团公司实行新的人事政策,将逐渐下放副总经理以下人员的人事权力,二级公司和员工自主签订合同。

在这种背景下,公司认为提高对煤炭供应链的控制的关键是提高内部管理水平和改进人力资源质量。公司决定聘请咨询公司进行人力资源管理诊断与设计,在工作分析的基础上,明确岗位责任,确定岗位的工作描述和工作规范,从而为关键岗位配备胜任的员工。

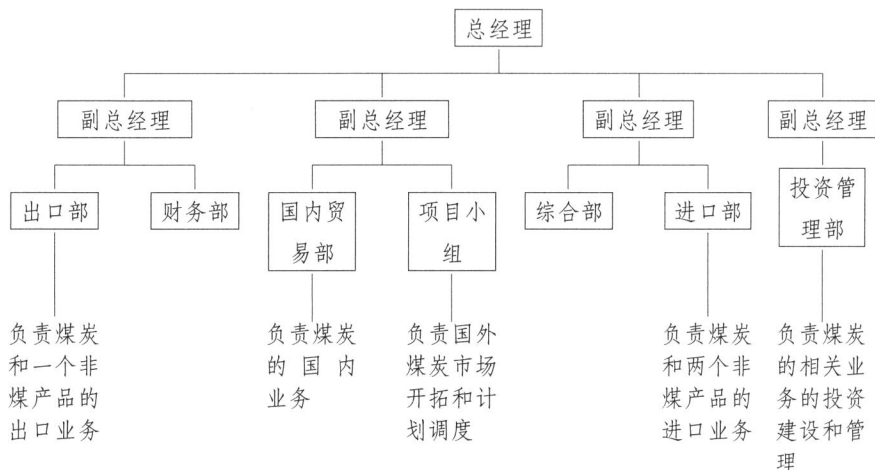

原有组织结构图

从上图可以看出公司原有组织结构存在的主要问题在于：

第一，公司总部只有50人，但是却有5个管理层级（总经理—副总—部门经理—主管—助理），管理层次过多，跨度过小，导致每个层级的人都在做比自己职位层次低的工作，反应速度慢。

第二，有两个副总对业务部门和职能部门进行混合管理，由于业务部门的业绩更容易识别，不可避免会出现重业务轻管理，职能部门弱化的情况。

第三，将煤炭业务分割成三个部门，增大了部门协作成本，严重影响对煤炭产业链的控制。

第四，将三种业务特点类似的非煤产品（为充分利用公司的财务优势而经营的产品，成功的关键在于财务风险控制）分割成两个部门运作，不利于专业化和资源共享，难以不断增强公司的风险控制能力。

调整后的组织结构从强化内部管理，提高业务流程运作效率的角度来设立部门。调整后的公司组织结构如下图：

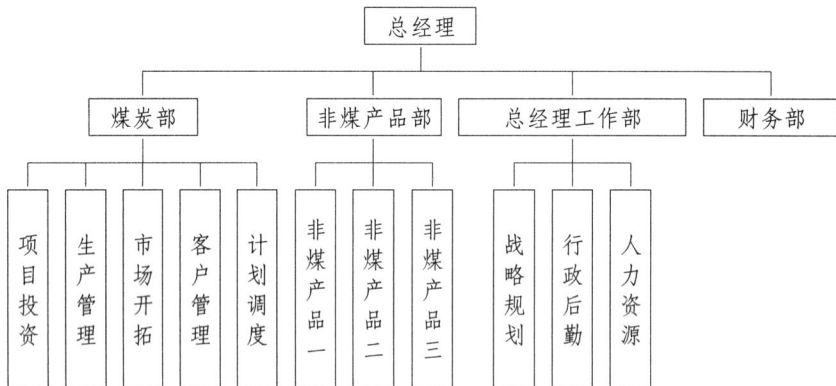

调整后的组织结构图

组织结构调整后，煤炭部的部门职责包括：负责管理为煤炭业务投资建立的控股和相对控股企业，监督参股企业；负责煤炭业务的市场、销售和物流管理，主要包括市场开拓、产品研发、生产组织、运输、销售、售后服务等工作；负责制定煤炭业务发展规划，负责组织实施项目投资。

岗位层次的工作分析：以计划调度主管为例

计划调度岗位是加强对煤炭业务链控制的关键岗位，在此以计划调度主管为例进行工作分析的介绍：

1. 工作分析方法

• 公司内部资料分析。

• 本岗位和相关岗位的深度访谈和业务流程分析。

• 职位说明书问卷调查。

2. 原岗位的工作分析诊断

• 汇报关系：直接上级，项目小组经理；直接下级，无。

- 问题：该岗位人员在实际工作中主要向主管国内贸易和主管投资的两位副总经理汇报，经常出现多头指挥的现象。
- 工作职责：收集和汇总生产、运输和销售的报表；协调公司生产经营调度会议和编写会议纪要；煤炭调度相关信息的上传下达。
- 问题：履行职责的层次远低于企业的实际需要。具体表现为对煤炭业务流程节点的审核监督、信息分析和建议职能发挥不足，只起到了信息汇总和传递的作用，这是公司对于煤炭业务链各个环节的控制作用发挥不足的一个重要原因。
- 协调关系：内部协调关系，国内贸易部、投资部、项目小组；外部协调关系，三个生产厂、储运公司。
- 问题：履行职责的层次远低于企业的实际需要。尚未统一信息流的进口和出口，尚未使信息在企业内部合理共享，供应链信息管理和共享职能发挥不足。
- 任职人员信息：

岗位定员3人；学历：2人本科，1人专科；专业：1人贸易，1人英语，1人管理；经验：平均具备2年煤炭进出口贸易经验。

- 问题：原岗位任职人员的专业结构不符合岗位要求，普遍缺乏供应链管理和计划调度的相关技能和经验。

3. 调整后岗位的工作说明书

在原有岗位工作分析和诊断的基础上，进行工作描述，编写工作规范，改进的着眼点如下：

- 增强对煤炭业务流程节点的审核和监督职能。
- 增强对产供销的计划控制职能。
- 增强供应链信息管理和共享职能。

区分需要较高和较低经验技能的工作，以此区分主管和助理的工作职责，使主管这一关键岗位工作丰富化。

（本案例节选自：http://www.hrsee.com/? id＝327.有改动。）

思考题：

1. 此案例是如何体现传统工作分析与基于胜任特征的工作分析之间的区别与联系的？

2. 此案例中，组织和个人分别是如何受益于工作分析的？

第六章　工作分析的过程与方法

学习目标

1. 掌握工作分析的具体实施过程
2. 掌握工作分析的方法
3. 理解工作导向型分析技术的应用
4. 理解人员导向型分析技术的应用
5. 了解工作分析实施的注意点

开篇案例

工作分析究竟如何做?

情景一:小刘接到指示,公司从本月开始将进行工作分析。小刘负责销售部门各个岗位的分析,他决定先从普通销售员开始,从下往上分析,销售经理最后分析。事实上,普通员工并不像小刘预想得那样配合。"工作分析? 干吗用的?""喔,是不是要裁人了?""真抱歉,手头忙,以后再说吧。"一周下来,小刘精疲力竭,却收获寥寥。

情景二:某公司的人力资源部专门制定了成稿的工作说明书下发到各部门,还下发了一份文件,要求各部门按照新的工作说明书来界定工作范围,并按照其中规定的任职资格来进行人员的招聘、选拔和任用。但这却引发了其他部门的强烈反对,很多部门的人员甚至公开职责人力资源部的工作说明书不符合实际情况。后来,经过了多次重写与修改,工作说明书始终无法令人满意。最后,工作分析项目只能不了了之。

情景三:某私营公司老板对近期公司内部工作职责不清、混乱扯皮现象增多、不满情绪和专业人才流动频繁的状况十分苦恼。在参加了一次现代人力资源管理报告会后,他意识到许多问题实际上是工作分析没有到位的必然结果。为此,该老板要求管理科在一个月内制定好各职位的工作说明书。管理科以原来的岗位责任制中的各个岗位职责为依据,以工作说明书的基本格式拟订了初稿。但是老板非常不满意,认为这些与岗位职责并没有什么本质的区别。

那么,工作分析有什么原则? 在工作分析的组织与实施过程中,应该注意什么问题? 在进行工作分析前要准备什么事项? 应该使用什么样的工作分析方法呢? 通过这一章的学习将会得到答案。

（本案例节选自：龚尚猛，宋相鑫.工作分析理论、方法及运用［M］.上海财经大学出版社，2020.有改动。）

第一节　工作分析实施过程

工作分析的整个过程其实从本质上来讲是一个信息的流动过程，从输入到分析再到输出，把关于工作岗位的复杂信息加工成为有序的工作分析结果的信息。因此，工作分析的过程主要包括准备阶段、实施阶段、完成阶段，具体可参考表 6-1。

表 6-1　工作分析实施程序

阶段	主要工作
准备	明确工作分析的意义、目的、方法、步骤 按精简高效原则组成工作小组 广泛收集有关资料、数据，对现有资料进行分析研究 选择待分析的工作职位 选择工作分析的方法 制定总体的调查方案，确定工作的基本难度
实施	召开员工动员大会，进行宣传动员 向员工发放调查表、工作日志表 实地访谈和现场观察 对收集所得信息进行归纳和整理 创造性地分析、发现有关工作和工作人员的关键成分 与有关人员确认信息
完成	编写岗位说明书 将工作分析结果反馈给相关员工及其主管并获取他们的反馈意见 进行岗位说明书的修改和审核

一、准备阶段

（一）明确工作分析的目的

明确工作分析的目的是工作分析首先应该注意的问题，也是工作分析过程中必不可少的一个环节。有了明确的目的，才能正确确定工作分析的范围、对象和内容，制定调查方式和工作分析方法。由此厘清应该收集什么信息，到哪里去收集，用什么方法收集。

在一个组织中，工作分析的目的不同，其侧重点也有所不同。如果工作分析的目的是调整薪酬结构，那么仅仅通过访谈等方法获得描述性的信息是不够的，还需要采用一些定量的方法对职位进行量化评估，确定职位的相对价值。如果工作分析的目的是组织结构调整，那么工作分析的侧重点应该是该职位的工作职责以及对任职者的要求，明确需要取舍的职位。如果工作分析的目的是建立考核体系，那么其侧重点就应该是岗衡量每一项工作任务的标准，厘清任职者完成每一项工作任务的时间、质量、数量等方面的标准。如果工作分析的目的是招聘,那么其侧重点就应该是岗位对任职者的要求,包括能力、人格、知识、经验等。如果在一个新组织中进行工作分析,那么其侧重点就应该是了解组织的职能,确定工作权限、职责和关联关系。可见,工作分析的目的不同,其实际的操作过程也有所差别。

(二)制订工作分析的实施计划

明确了工作分析的目的之后,为了使工作分析有序进行,需要制订一份具体精确的工作分析实施计划。工作分析实施计划应该包括以下内容:

- 工作分析的目的与意义
- 工作分析所欲收集的信息
- 工作分析项目的实施者
- 工作分析的程序
- 工作分析的时间
- 工作分析方法的选择
- 工作分析的参与者
- 工作分析提供的结果
- 工作分析结果的审核与评价者

(三)组建分析小组,确定实施人员

收集工作分析资料的人员通常有三种类型:工作分析专家,主管和工作的任职者。因此,工作分析小组成员应该包括:进行策划和提供技术支持的工作分析专家,实施工作分析的人员以及负责联络协调的人员。三类成员中,工作分析专家最客观公正,有利于保障工作信息的一致性,也可以选择不同的分析方式,但也可能存在咨询费用昂贵,对组织缺乏了解,可能忽略一些无形的工作信息的问题。主管对所要分析的工作具有全面而深入的了解,收集信息的速度也比较快。但在进行工作分析时,首先要对主管进行工作分析培训,这会给主管带来时间上的负担,并且某些情况下难以保证信息的客观性。任职者对工作最熟悉,收集信息速度快,但其主观性较强,收集信息的标准化程度较差,无法完整地描述工作职责,也可能在过程中造成员工之间的矛盾。由于以上问题存在,工作分析小组中的一般专家从外部聘请,其他人员由内部抽调。工作分析专家需要提供有价值的工作分析计划方案,实施工作分析的专业人员需要熟练掌握工作信息分析的技能,熟练实施工作分析方案。

在成立工作分析小组之后,还需要明确小组成员内部职责,保证工作的效率和质量。小组成员的职责一方面是填充基本步骤框架,制订更详细的工作计划;另一方面是督促计划方案的实施。

(四)收集、分析与工作相关的背景资料

在工作分析中,除了需要实地收集的资料外,现存的背景资料对于工作分析也是非常

重要的。组织现有的资料就是一项对工作分析有重要参考价值的背景资料。组织现有的资料主要包括以下内容：

1. 组织结构图

组织结构图简明扼要地描绘了组织结构。组织结构图中既包括了纵向的报告关系，也包括横向的职能职责。组织结构通常包括两个方面：其一是组织结构的维度。组织结构的两个最为关键的维度是集中化和部门化。集中化指的是决策权力集中于组织结构图上层的程度，部门化指的是在多大程度上根据职能的相似性或者工作流程的相似性对各个工作单位进行分类。其二是组织结构的形式，一般有直线制结构、职能结构和事业部结构。

2. 流程图

组织结构为创造产出的不同个人以及工作单位之间的静态关系提供了一个全面的框架，而工作流程涉及组织对于投入转化为产出的动态关系的理解。流程图表明工作之间是如何彼此联系起来的，体现了对特定工作的更为详尽的分析。在进行工作分析时，应该参考工作关系流程图。

3. 部门职能说明书

部门职能说明书规定了组织中一个部门的使命和职能，工作分析就是要将部门的职能分解到下属的职位。仔细研究现有的部门职能说明，可以帮助我们将部门的职能全面有效地分解到部门内部的职位上。这些现有的资料尽管可能不尽完善，或者与现有的实际情况不符，但仍会提供工作的一些基本信息，因此仍然具有参考价值。

（五）确定工作分析要收集的信息

从对现有资料的分析中，我们已经得到了一些关于将要分析的职位的基本信息。但是，关于职位的最关键的大量信息仍然需要从实际调查研究中得到。在实施工作分析之前，我们需要根据工作分析的目的和侧重点，确定要收集哪些信息；根据对现有资料的研究，找出一些需要重点调研的信息或需进一步澄清的信息。工作分析需要各种类型的信息，包括任务/职位导向的信息，个体/工作者导向的信息和特质导向的信息。

（六）确定收集信息的方法

收集工作信息的方法多种多样，有定性的方法，也有定量的方法；有以考察工作为中心的方法，也有以考虑任职者特征为中心的方法。一般而言，在进行工作分析时，工作分析者需要选用几种方法加以综合运用。在选择收集工作信息的方法时，应注意以下几点：① 考虑所分析的职位的不同特点，不同的职位选用不同的工作分析方法。② 考虑实际条件的限制，例如，直接观察法可以较直接地从工作任职者处获得信息，而且观察者和被观察者之间可以进行交流，能深入挖掘工作信息，但它所花费的时间较多。而问卷法虽然获得的信息有限，但效率较高，可以在时间紧迫的情况下使用。③ 考虑工作分析方法及人员的相互匹配性，尽可能多地收集工作信息。常见的收集信息的方法有观察法、工作实践法、面谈法、关键事件法、工作日志法等。

6

二、实施阶段

(一)取得相关人员的理解

在进行工作分析的过程中,必然要同大量的工作任职人员和管理者产生联系,因此调查动员,取得他们的理解和支持,营造良好的工作分析氛围是十分重要的。在开始工作分析前,需要与所涉及的人员进行沟通,让有关人员理解工作分析的目的和意义,消除内心的顾虑和压力,争取他们在实际收集信息时的支持和合作。另外,应组织有关人员学习工作分析调查的具体实施步骤和方法,工作分析大致的时间安排,使参与的员工积极配合,最终保证工作分析的有序进行。

(二)收集、分析工作信息

工作信息来源主要为三类:工作任职者、管理监督者、工作分析专家。

一般来说,对工作信息的收集和分析通常包括以下内容:

(1)职位名称分析。职位名称应尽可能标准化,并符合人们的一般理解,保证人们通过职位名称可以直观地了解职位的性质和内容。

(2)工作内容分析。主要包括以下内容:

• 工作任务。明确规定某职位所要完成的工作活动,完成工作的程序与方法,所使用的设备和材料。

• 工作责任与权限。以定量的方式确定工作的责任与权限,如财务审批的金额。

• 工作联系。工作中的关联与协作关系,如该职位与其他工作的关联关系,对其他工作的影响,受其他工作制约的程度,工作协作关系,晋升和职位轮换的职位范围等。

• 工作量。确定工作的标准活动量。

(3)工作环境分析。主要包括以下内容:

• 工作的自然环境。包括环境中的温度、湿度、照明度、噪音、异味、粉尘、辐射等以及任职者与这些环境因素接触的时间。

• 工作的安全环境。包括工作的危险性,可能发生的事故、事故的发生率和发生原因,对身体可能造成的危害及危害程度。

• 工作的社会环境。包括工作地点的生活方便程度、环境的变化程度、与人交往的程度等。

• 工作的组织形式。包括组织的运作方式、组织文化等。

(4)任职者要求。任职者要求是工作本身对承担工作的人的知识、技能、个人特征的要求,主要包括以下几个方面。

• 身体素质要求。工作任职者应具备的体力、协调性、感觉辨别等方面的要求。

• 知识和技能要求。包括最低学历要求,有关理论和技术的要求,对相关政策、法律规定的了解和掌握程度,从事该职位的工作所需的注意力、判断力、组织能力、创造能力、决策能力等。

• 工作经验要求。包括过去从事同类工作的时间和成绩、应接受的专门训练的程度以及完成有关工作活动的实际能力等。

• 个性特征要求。工作者应具备的个性特征及情绪稳定性等方面的特点。

工作分析并不是简单地积累工作的信息，而是要在工作信息的基础上，仔细审核，深入分析总结，创造性地解释有关工作和工作人员的关键要素。整理和分析过程中应该注意以下几点。

① 整理访谈结果和调查问卷，剔除无效信息，并按照编写工作说明书的要求对各个职位的工作信息进行分类。② 让在职人员以及主管对初步整理的信息进行核对，以减少可能出现的偏差，同时也有助于提高员工对工作分析结果的理解和接受程度。③ 修改并最终确定所收集的工作信息的准确性和全面性，以作为编写岗位说明书的基础。

三、完成阶段

工作分析的结果一般为工作描述和工作规范，它们是工作分析的直接结果形式。其表现形式为岗位说明书。岗位说明书不但可以帮助任职人员了解其工作，明确其责任范围，还可为管理者的决策提供参考。一般而言，岗位说明书由工作描述书和工作规范两部分组成。工作描述主要解决工作主要干什么的问题，工作规范主要解决由谁来干的问题。

对现有的与工作分析相关的信息进行分析整理后，就会形成一份岗位说明书的初稿。这份初稿需要返回与工作分析相关的工作任职人员及主管，并填写意见反馈表格，如表6-2。工作分析人员根据意见反馈情况，对岗位说明书(初稿)加以修订。

6

表 6 - 2　岗位说明书信息反馈表

姓名		职务		部门	
性别		年龄		学历	
意见	1. 2. 3. 职位主管 部门(章) 年　　月　　日				

岗位说明书的编写并没有一个标准化的模式，可以根据使用目的决定内容的繁简。但是，一份完整的岗位说明书一般应该包括岗位标签、工作概要、工作关系、工作职员、工作权限、绩效标准、工作条件、任职资格8个方面。岗位说明书常见的格式有一栏式和两栏式。前者把工作描述书和工作规范书放在一个统一的文件里，后者将工作描述书和工作规范书作为两个独立的文件。具体编写范例如表6-3、表6-4、表6-5所示。

表6-3 岗位说明书一般模板

基本资料			
(1) 职务名称	(2) 直接上级职位	(3) 所属部门	(4) 工资等级
(5) 工资水平	(6) 所辖人员	(7) 定员人数	(8) 工作性质
工作描述			
(1) 工作概要	(2) 工作内容	(3) 工作职责	
(4) 工作结果	(5) 工作关系	(6) 工作技术	
任职资格说明			
(1) 最低学历	(2) 培训要求	(3) 工作年限和经验要求	(4) 一般能力
(5) 兴趣爱好	(6) 个性特征	(7) 性别、年龄特征	(8) 体能要求
工作环境			
(1) 工作场所	(2) 工作环境的危险性	(3) 职业病	
(4) 工作时间特征	(5) 工作的均衡性	(6) 工作环境的舒适程度	

表6-4 岗位说明书范例1

职务	发货员
部门	货品收发部门
地点	仓库C大楼
职务概况	听仓库经理指挥,根据销售部门递来的发货委托单据,将货品发往客户。和其他发货员、打包工一起,徒手或靠电动设备从货架搬卸货品,打包装箱,以备卡车、火车、空运或邮递。正确填写和递送相应的单据报表,保存有关记录文件。
教育程度	高中毕业
工作经历	可有可无
岗位责任	一、花70％的工作时间从事以下工作: 1. 从货架上搬卸货品,打包装箱; 2. 根据运输单位在货运单上标明的要求,磅秤纸箱并贴上标签; 3. 协助送货人装车。 二、花15％的工作时间从事以下工作: 1. 填写有关运货的各种表格(例如装箱单、发货单、提货单等); 2. 凭借键控穿孔机或理货单,保存发货记录; 3. 打印各种需要的表格和标签; 4. 把有关文件整理归档。 三、剩余的时间从以下工作: 1. 开公司的卡车送货去邮局,偶尔也处理当地的直接投递; 2. 协助别人盘点存货; 3. 为其他的发货员或收货员核查货品; 4. 保持工作场所清洁,一切井井有条。
管理状态	听从仓库经理指挥,除非遇到特殊问题,要求独立工作。
工作关系	与打包工、仓库保管员等密切配合,共同工作。装车时与卡车司机联系,有时也和订销部门的人接触。
工作设备	操纵提货升降机、电动运输带、打包机、电脑终端及打字机。
工作环境	干净、明亮、有保暖设备。行走自如,攀登安全,提货方便。开门发货时要自己动手启门。

表 6 - 5 岗位说明书范例 2

一、基本信息		
工作名称：人力资源经理 所在部门：人力资源部 薪资等级：6～10	工作说明书编写人：XXX 编写日期：X 年 X 月 直接上级：副总经理	工作地点：XXXX 岗位编号：XX-YYY 认可人：XXX

二、工作综述（设置该工作的目的）
制定和推行公司的各项人力资源政策、制度，以吸引、激励、保留、开发公司人力资源，促进公司近、中期经营目标的达成和长远发展。

三、工作关系图				
1	人力资源规划：拟订公司的人力资源计划并监控其执行，以确保公司对人员编制的控制和公司经营发展对人力资源的需求。		全部	计划的及时性 计划的合理性
3	招聘：……		部分	……
4	绩效管理：……		部分	……
……	……		……	……

四、工作权限（职位范围）
直接下属人数：X　　　其中：管理人员 X　　专业人员 X　　其他 X 间接下属人数：X 控制的预算额：工资预算_____ 培训预算_____ 招聘预算_____ 部门预算_____ 工作环境： 其他：

五、任职基本素质要求	
知识、技能、经验	学历：大学本科学历，人力资源管理或相关专业； 计算机操作：熟练使用 office、IE 及 HR 应用软件； 外语水平：听、写、读、说熟练； 经验：从事人力资源管理 X 年以上，任管理职位 X 年以上； 专门知识/技能：熟悉各项人力资源操作技术；
能力	分析概括能力；领导能力；影响能力
态度、品质、价值观	诚信、毅力、团队精神

第二节　工作分析的方法

一、传统的工作分析方法

由于工作分析最重要的一项工作在于对与具体工作相关的各项信息、资料的掌握和了解，因此，传统的工作分析方法侧重于工作信息的收集并行之有效的分析。主要包括观察法、工作实践法、面谈法、关键事件法、工作日志法、问卷法等。

（一）观察法

观察法是现场实地去察看员工的实际操作情况，并予以记录的方法。

观察法的优点是，通过对工作的直接观察和工作者介绍，分析人员能够更全面、更深刻地了解工作要求，从而获得更广泛、客观和正确的信息。该方法适用于大量标准化的、周期短的、体力活动为主的工作。该方法的缺点是，不适用于观察脑力劳动者的工作，不宜观察紧急而又偶然的工作以及处理紧急情况的工作；观察法所取得的资料的可信度会受到被观察对象的影响，因为被观察的员工的行为表现可能会出现跟平时不一致的情况；观察法的工作量比较大，要消耗大量的人力和财力，时间也比较长；有关任职资格方面要求的信息，也很难通过观察法获得。

表 6-6　岗位工作观察表（范例）

日期	2020.7.30					
时间	8:00～18:00					
观察对象	巡线岗—李XX					
工具	记事本、手机					
观察人						
序号	内容	时间点	过程时长	主要动作	顾客对象	工作成果
1	早上去公司打卡、开会、找图纸	8:00～8:30	30分钟	开会		
2	去管辖片区的路程	8:30～9:00	30分钟			
3	马路沿线燃气管道检查，关键点拍照上传	9:00～9:30	30分钟	检查、拍照、上传		
4	修路施工，协商管道位置，督促施工	9:30～9:40	30分钟	协商		

（二）工作实践法

工作实践法指的是工作分析人员通过直接参与某项工作来深入细致地体验、了解所分析工作的特点和要求的方法。该方法的优点是能够获取工作要求的第一手资料，了解工作的实际任务以及在体力、环境、社会等方面的要求，适用于短期内可以掌握的工作。当一些有经验的员工由于不善于表达或者并不了解自己完成任务，无法提供有效的工作分析信息时，工作分析者亲自参与工作，可以获得第一手的工作分析信息，确保收集信息的真实性和全面性。该方法存在的主要缺点是不适用于需要大量训练和存在危险性的工作。

（三）面谈法

面谈法是由分析人员分别访问工作人员本人或其主管人员，以了解岗位说明书中原来填写的各项目的正确性，或对原填写事项有所疑问的问题以面谈方式加以澄清的方法。面谈程序可以是标准化，也可以是非标准化。面谈的内容一般包括以下几个部分：工作目标、工作范围与性质、工作内容、工作责任。

在面谈中，一般需要遵循以下面谈准则：① 找到最了解工作内容、最能客观描述职责的员工；② 尊重面谈对象（谈话内容不能引起被谈话人的不满或涉及其隐私）；③ 所提问题与工作分析项目有关；④ 不要让对方觉得有压力或是有业绩考核的感觉；⑤ 分析人员语言表达清晰且含义准确；⑥ 所提问题和谈话内容不能超出被谈话人的知识和信息范围。

面谈法有如下优点：该方法可以获得标准化和非标准化的资料，也可以获得体力和脑力劳动的资料。由于工作者本人也是自己行为的观察者，因此他也可以提供一般不易观察到的信息。换言之，工作者可以提供从任何其他来源都无法获得的资料，可以对工作者的工作态度和工作动机等较深层次的内容有比较详细的了解；运用面广，能够简单迅速收集到多方面的工作分析资料。但是该方法也存在一定的不足。例如，信息可能受到扭曲，因受访者怀疑分析者的动机、由于误解或分析者面谈技巧不佳等因素造成信息的扭曲；面谈需要专门的技巧，需要受过专门训练的工作分析专业人员参与。

表 6-7　工作分析面谈表节选（范例）

职位名称：_____　主管部门：_____　所属部门：_____　工作地点：_____

间接主管：_____　直接主管：_____　监 督 者：_____

一、职位设置的目的：_____

二、职责

按顺序列举说明本职位的工作责任及其重要性，或按发生频率高低列举所担负的工作任务（责任分为每日、一定时期内和偶尔担负三种类型）。

1. 每日必做的工作　　　　　　　　　　　　完成该任务花费时间的百分比

（1）_____　　　　　　　　　　　　_____

……

2. 一定时期内必须做的工作（周、月、季度）　完成该任务的时间的百分比

（1）_____　　　　　　　　　　　　_____

……

三、教育要求

对于本职位的工作来说，一些教育与知识可以从学校获得，也可以通过自学、在职培训或工作实践获得。请确定下列教育或知识中哪些是必要的，并在每条前面的括号内打"√"标记。

（1）任职者能够读写并理解基本的口头或书面的指令；

（2）具备商业管理财政等面方面的基础知识与技能；

……

四、经验

本职位要求任职者具备哪些经验？请确定下列哪些经验是必需的。

（1）只需要一个月的工作实习期货在职培训期；

……

（四）关键事件法

关键事件法是获取特定的、关注于工作描述的行为和其他活动的一种定性的方法。此方法是一种行为分析技术，它要求上级主管把每位员工在活动中表现出来的、对组织的效益产生重大影响、非同一般的工作行为记录下来。这些行为可以是积极的，也可以是消极的。在一定的时间里，通常是半年或一年之后，根据累计的记录资料，通过对这些在工作中的事件进行分析和评价，主管和员工就相关事件进行面谈并讨论，进而评价员工绩效的一种方法。

关键事件需要具备四个特征：关键事件应该是明确的，关注于在职位上表现出来的可观察的行为，描述行为发生的环境，说明行为产生的结果与产出。使用该方法进行工作分析时，需要特别注意的是，调查的期限不宜过短，否则难以保证调研结果的准确性；调研数量应足以说明问题，事件数目不能太少；调研中正反两方面的事件要兼顾，不得偏颇。

关键事件法的要点在于观察、收集到的事件必须具有特殊的意义与重要性，并能为这些事件设定系统的评价标准，某一工作的关键事件是能够表明员工所做的工作是特别有效或特别无效的，即每一项工作中都有一些关键事件。业绩好的员工在这些事件上表现出色，而业绩差的员工则正好相反。对关键事件的描述内容一般包括以下几个方面：导致事件发生的原因和背景；员工的特别有效和无效的行为；关键行为的后果；员工对关键事件行为后果是否能够控制或避免。

关键事件法的优缺点也很明显。关键事件法的优点在于能够提供明确的事实证据，避免近因效应所产生的考核误区；保存动态的关键事件记录，有利于及时反馈，便于员工快速提高工作绩效；成本较低，易于操作。关键事件法的缺点在于耗费时间较长，难以对员工工作绩效的所有层级水平进行评价，会造成员工的不安全感，不能作为单独的考核工具。

（五）工作日志法

工作日志法指的是为了了解员工实际工作的内容、责任、权利、人际关系及工作负荷，而要求员工坚持记工作日记，然后经过归纳提炼，获取所需工作信息的一种方法。

工作日志法的优点是，所获得的信息的可靠性很高，适用于与获取有关工作职责、工作内容、工作关系、劳动强度等方面的信息；该方法的费用相对较低，对高水平和高复杂性工作进行分析更经济和有效。该方法存在的不足是，员工可能会夸张或隐藏某些活动和行为，因此可能存在误差；耗费时间且干扰员工，要求事后对记录和分析结果进行必要的检查，员工可能存在抵触心理。

表6-8　工作日志法(范例)

工作日志填写说明:
1. 请你在每天工作开始前将工作日志放在手边,按工作活动发生的顺序及时填写
2. 要严格按照表格的要求进行填写
3. 请你提供真实的信息,以免损害你的利益
4. 请你注意保留工作日志,防止丢失

谢谢你的合作!

　月　　　日　　　工作开始时间　　　　　　工作结束时间　　　　　　岗位名称

序号	工作活动名称	工作活动内容	工作活动结果	时间消耗	备注
1	复印	协议文件	4 页	6 分钟	存档
2	起草公文	贸易代理委托书	8 页	75 分钟	报上级批准
3	贸易洽谈	玩具出口	1 次	40 分钟	承办
4	会议	讨论东欧贸易	1 次	90 分钟	参与
…					
16	请示	贷款数额	1 次	20 分钟	报批

(六)问卷法

问卷法是指采用调查问卷来获取工作分析的信息,实现工作分析的目的的一种分析方法。具体而言,有关人员首先设计一套调查问卷,然后由工作的承担者或工作分析人员填写问卷,最后再将问卷加以归纳分析,并做好详细记录,据此制定出岗位说明书,然后再征求任职者的意见,进行补充和修改。

调查问卷一般包括如下几种类型:① 通用型和针对某一专业岗位的问卷;② 标准化问卷和非标准化问卷;③ 针对管理、技术岗位问卷和针对操作工人的问卷;④ 结构化程度较高的问卷和开放式问卷。

在运用问卷法进行工作分析、收集工作信息时,应着重关注下面几个方面:① 问卷的设计应该科学合理;② 对问卷中的调查项目要做统一的说明;③ 应及时回收调查问卷;④ 对调查表提供的信息做认真地鉴别与必要的调整。

与其他分析方法相比,问卷调查法有如下优点:① 与其他方法相比,成本低迅速快,容易开展;② 可扩大分析的样本量,比较适用于需要对很多工作进行分析的情况;③ 答案可以以各种有意义的形式量化和分析;④ 分析的资料可以数量化,由计算机进行数据处理;⑤ 可用于多种目的、多种用途的工作分析。

问卷调查法存在的不足有:① 设计理想的问卷需要花费大量的时间、人力和物力,问卷本身的质量对工作分析的质量有至关重要的影响;② 问卷法不容易了解到对象的态度和动机等较深层次信息;③ 很难预计回答者对问题的理解,问题可能会被曲解;④ 回收率可能不高,从而影响了结果的代表性;⑤ 开放性的问题难以统计和分析。

表 6-9　工作分析问卷(范例)

一般工作分析问卷

1. 职务名称：

2. 比较适合任职的性别是：

　　A. 男　　　　　　B. 女　　　　　　C. 男女均可

3. 最适合此职的年龄

　　A. 20 岁以下　　B. 21~30 岁　　C. 31~40 岁　　D. 41~50 岁　　E. 51 岁以上

4. 能胜任此职的文化程度是：

　　A. 初中以下　　B. 高中、中专　　C. 大专　　　　D. 本科　　　　E. 研究生

5. 此职位的工作地点：

　　A. 本地市区　　B. 本地郊区　　C. 外地市区　　D. 其他

6. 此职的工作主要在：

　　A. 室内　　　　B. 室外　　　　C. 室内室外各占一半

推销员工作分析问卷

说明以下职责在你工作中的重要性(最重要的打 10 分,最不重要的打 0 分,标在横线上)

1. 和客户保持联系。_____

2. 接待好每一个客户。_____

3. 详细介绍产品的性能。_____

4. 正确记住各种产品的性能。_____

5. 拒绝客户不正当的送礼。_____

6. 掌握必要的销售知识。_____

7. 善于微笑。_____

8. 送产品上门。_____

9. 参加在职培训。_____

10. 准备好各种推销工具。_____

二、工作导向型分析技术

工作导向的分析技术,从工作岗位出发,侧重描述完成其组成元素——工作任务——所需的活动、绩效标准以及相关任职条件。主要包括任务清单分析系统、职能工作分析法、海氏职位评价系统三种分析技术。

(一)任务清单分析系统(TIA)

1. 概述

任务清单分析系统(Task Inventory Analysis,TIA)是一种典型的工作导向工作分析系统。对该技术的研究开始于 20 世纪 50 年代,前后经历 20 年时间,趋于成熟完善。任务清单系统一般由两个子系统构成:一是用于收集工作信息的一套系统的方法和技术;二是与信息收集方法相匹配的用于分析、综合和报告工作信息的计算机应用程序软件。

任务清单系统中收集工作信息的工具实际上是一种高度结构化的调查问卷,一般包括两大部分:一是背景信息,二是任务清单。

背景信息部分包括两类问题:传记性问题和清单性问题。传记性问题是指那些可以帮助分析者对调查对象进行分类的信息,如姓名、性别、职位名称、任职部门、服务期限、教育水平等。清单性问题是指为了更加广泛地了解有关工作方面的背景信息而设计的问题。如所用的工具或者设备、所参加培训的课程、工作态度等。

任务清单部分是把工作任务按照职责或其他标准以一定顺序排列起来,然后由任职者对这些工作任务进行选择、评价等,最终理顺并形成该工作的工作内容。根据任务清单的使用目的不同,可以选择和设计相应的任务评价维度及其尺度。常用的评价维度有四种类型:相对时间花费、执行频率、重要程度、困难程度,一般为五个等级。如相对时间花费维度:等级 1,极少量时间;等级 2,少量时间;等级 3,平均时间;等级 4,大量时间;等级 5,极大量时间。

工作任务清单的调查对象一般是任职者和直接主管。任职者填写背景信息部分,并在任务清单中选择符合他所做工作的任务项目并给予评价。直接主管通常提供有关工作任务特征的信息,如任务的难度、对工作绩效的影响等。

2. 实施步骤

(1) 构建任务清单。任务清单的构建有多种方式,可以运用观察法、工作日志、文献法等或者借助主题专家(Subject Matter Experts,SMEs)进行任务描述。表 6-10 显示了工作时间管理的任务清单。

表 6-10　任务清单示例

工作时间、休息、休假制度的建立
请假制度的建立
请假制度实施情况的监督检查
考勤制度的建立
考勤制度实施情况的监督检查
制度的分析研究改进
核实各部门的考勤记录
汇总各部门的考勤记录
考勤记录的统计分析

(2) 利用任务清单搜集信息。在列出任务清单的基础上加上评价尺度,成为用于搜集信息的工具,具体过程及注意事项如下:

① 首先根据调查研究的目的确定调查范围与调查对象。针对不同的调查范围和调查对象形成不同的调查方案。② 接着选择合适的调查方式。一般来说有两种方式,集中调查和单独调查。集中调查即把被调查者集中到一起同时进行调查,就可以由调查实施者本人发放并回收问卷;可以直接指导、解释调查的目的,回答有关提问,保证回收率;保

证被调查者有充足的时间提供有用信息。但集中调查可能会增加成本，如把被调查者从工作场所集中起来的往返时间、路费，以及聘请或培训专门调查人员的费用等。单独调查即由被调查者本人选择应答的时间和地点，最好通过正式的组织渠道发放并回收问卷。如果有保密的需要可以随附信封，问卷填好后装入信封，密封以后再收上来。因此，单独调查的方式一定要使用相关的措施保证回收率。总之，调查方式可以根据具体情况灵活运用。③ 接着是选择适当的信息源。有关工作执行频率、时间花费等信息最好由工作执行者提供，有关工作的重要程度、困难程度、工作失误的后果的严重程度等信息最好由管理者提供。在填写任务清单时，被调查者需要以填空或选择的方式回答背景信息部分的所有问题；阅读任务清单上的所有描述，并在属于其正常工作范围内的任务描述旁边做标记；在另一张空白纸上写出没有被包含在任务清单中但属于其正常工作范围内的所有任务描述；逐一对所选择的任务进行评价。按照任务清单分析技术的要求，被调查者需要两次浏览任务清单，找出被调查者所执行的各项工作任务并对所做的工作任务进行评价。

（3）分析任务清单所搜集到的信息。任务清单分析技术通常使用综合职业数据分析系统（CODA 系统）进行分析。对信息分析的方法很多，对于大多数工作分析，一般使用基本的描述性统计方法。任务清单的基本统计分析就是一系列百分比统计，如执行某一任务的人数占被调查者总人数的百分比，认为某一任务是关键任务的百分比等。这些百分比数值往往用作区分各个任务的指标。那些被认为需要经常执行、最困难或最关键的任务，需要被重点分析，用作人员甄选或绩效考核等人事职能运作的重要参考。任务清单第二类分析是对于集中趋势的测量，如任务评价的均值或中位数。比如，每一项任务困难程度的均值、关键程度均值、时间花费均值等。这些数值是用于评价分析工作的重要指标，是进行各种人事决策的参考依据。在离散趋势测量方面，方差或标准差的测量可用来揭示信息的信度、执行同类任务的各个员工之间的差异。相关程度测量可以解释各个任务或各个工作之间的相似程度或差异程度，以及信息的信度等，可用于工作分类、建立回归预测模型。相关程度测量在任务清单分析中的运用，最常见的是有关任务重叠度的测量。利用任务重叠度可以揭示各任务之间的相似性程度，可以用于工作分类。

（4）利用任务清单编制岗位说明书。同工作分析的其他方法一样，工作分析的结果是形成一份岗位说明书，其中的重要任务部分是任务清单分析结果的直接运用。

3. 评价

任务清单分析技术有以下优点：首先是信息可靠性较高，适合用于确定工作职责、工作内容、工作关系和劳动强度等方面的信息；所需费用较少；难度较小，容易为任职者接受。

任务清单技术也存在如下一些缺点：① 对"任务"的定义难以把握，即难以明确什么样的活动或内容能被称为"任务"。导致对"任务"的分类程度不一，有些任务只代表一件非常简单的活动，有的任务描述却包含了丰富的活动。② 使用范围较小。该方法只适用于工作循环周期较短、工作内容比较稳定、变化较小的工作。③ 整理信息的工作量大，归纳工作比较烦琐。④ 任职者在填写时，容易受到当时工作的影响，通常会遗漏其他时间进行的比较重要的任务。

（二）职能工作分析法（FJA）

1. 概述

职能工作分析方法（Functional Job Analysis，FJA），主要分析方向集中于工作本身，是美国培训与职业服务中心开发的一种以工作为导向的工作分析方法。FJA 是一种典型的主题专家会议法，即将最熟悉待分析岗位的所有人员召集起来展开讨论，以获得有关工作岗位信息的一种工作分析方法。主题专家的成员可以是企业的内部成员，也可以是企业的外部成员。

在职能工作分析中，最基本的分析单元是任务，而不是工作本身。即分析任职者在完成这一任务的过程中应当承担的责任，以获得胜任该岗位所需的通用技能、特定工作技能和适应性技能相关的信息。运用职能工作分析的目标是填写如表 6-11 所示的任务陈述表。在职能工作分析中，每项任务描述必须以能描述工作者行为的特定动词开始，如打印、誊写、阅读等，而以"目的是"或"为了"等对工作结果描述的词作为任务描述的结尾。只有同时具备工作行为和工作结果，任务描述才算完整。

表 6-11　FJA 任务描述表

行为/动作	打印/誊写
动作的目的	形成信件
信息来源	通过记录提供
指导的性质	标准的信件形式 特定的信息 按照现有的操作规范操作，但为了文字的清楚和通顺可以调整标准格式
机器设备	打字机和相关的桌面设备
工作结果	待寄的信件

作为一种职能分析系统，FJA 的核心是分析工作者的职能。FJA 认为所有工作都涉及工作者与数据、人、事三者的关系。数据，指与人、事相关的信息、知识、概念，可以通过观察、调查、想象、思考和分析获得。具体包括数字、符号、思想、概念、口语等；人，指人或者有独立意义的动作，这些动作在工作中的作用相当于人。事，指人控制的无生命物质的活动特征，这些活动的性质可以用物质本身的特征反映出来。工作者与数据、人、事发生关系时所表现的工作行为，可以反映工作的特征、工作的目的和人员的职能。工作行为的难度越大、所需的能力越高，也就说明了工作者职能等级越高。从工作结果要求中确定绩效指标与标准，从工作行为要求中确定特定技能。同时要明确工作者被指导的程度，以确定适应性技能。由此确定日后的通用性能力培训、特定技能培训和适应性技能培训内容。表 6-12、6-13 是 FJA 的职能等级表及职能等级标准定义，每项职能描述了广泛的行为，概括了与数据、人、事发生关系时工作者的工作行为。

表 6-12 FJA 职能等级表

数据		人		事	
号码	描述	号码	描述	号码	描述
高					
6	综合	7	顾问	4A	精确操作
5A	创新	6	谈判	4B	装配
5B	协调	5	管理	4C	操作控制2
号码	描述	号码	描述	号码	描述
中等					
4	分析	4A	咨询	3A	熟练操作
3A	计划	4B	指导	3B	操作控制1
3B	编辑	4C	处理	3C	开发—控制
		3A	教导	3D	发动
		3B	劝导		
号码	描述	号码	描述	号码	描述
低					
2	抄写	2	信息转换	2A	机械维护2
1	比较	1A	指令协助	2B	机械维护1
		1B	服务	1A	处理
				1B	移走

表 6-13 任职者职能等级标准定义

分类	职能	概念
事物职能等级	1A 处理	工作对象、材料和工具在数量上很少,而工人又经常使用;精确度要求一般比较低;需要使用小轮车、手推车和类似工具
	1B 移动	为自动的或需要工人控制和操作的机器设备安插、扔掉、倒掉或移走物料;具有精确的要求,大部分要求来自工作本身需要的控制
	2A 照管	帮助其他工人开、关和照看启动的机器和设备时,保证机器精确地运作,这需要工人在几个控制台按照说明去调节机器,并对自动机信号做出反应,包括所有不带有明显结构及结构变化的机器状态;在这里几乎不存在运转周期短、非标准化的工作,而且调节是预先指定好的
	2B 操纵	当有一定数量的加工对象、工具及控制点需要处理时,对于加工、挖、运送、安排或者放置物体或材料具有比较精确的要求,包括工作台前的等待、用于调换部件的便携动力工具的使用,以及诸如厨房和花园工作中普通工具的使用等
	3A 操作—控制	开动、控制、调节被用来设计产品结构和处理有关资料、人员和事物的机器设备。如打字员操作电脑

（续表）

分类	职能	概念
事物职能等级	3B 运转—控制	操作过程被检视和引导,需要持续观察和做出反应
	4A 精确工作	按标准成簇加工、移动、引导和防止工作对象或材料。如用车床手动切削物料
	4B 装配	插入工具、选择工装、固定件和附件;修理或按工作设计和蓝本说明使机器恢复功能;精度要求很高
数据职能等级	1 比较	选择、分类或排列相关数据,判断这些数据已具备的功能、结构或特性与已有的标准是类似还是不同
	2 抄写	按纲要和计划召集会议或处理事情,使用各种操作工具来抄写、编录和邮寄资料
	3A 计划	进行算术运算;写报告,进行有关的预订和筹划工作
	3B 编辑	按照某一方案或系统去收集、比较和划分数据;在该过程中有一定的决定权
	4 分析	按照准则、标准和特定原则,检查和评价相关数据,以决定相关的影响或成果,选择替代方案
	5A 创新	在整体运行理论原则范围内,在保证有机联系的条件下修改、选择、调整现有的设计、程序或方法,以满足特殊要求
	5B 协调	在适当的目标和要求下,在资料分析的基础上决定时间、场所和一个报告的操作顺序、系统或组织,并且修改目标、政策或程序,包括监督失策和事件报告
	6 综合	基于人事直觉、感觉和意见,从新的角度出发,改变原有的部分,以产生解决问题的新方法,来开发操作系统。或脱离现存的理论模式,从美学角度提出解决问题的办法或方案
人员职能等级	1A 指令协作	注意管理者对工作的分配、指令或命令;除非需要指令明确化,一般不必与被管理者作直接的反应或交谈
	1B 服务	注意人的要求与需要,或注意人们明显表示出的或暗示出的希望
	2 信息转换	通过讲述、谈论和示意,使人们得到信息,在既定的程序范围内明确做出任务分配明细表
	3A 教导	关心个人、鼓励个人
	3B 劝导	用交谈或示范形式引导别人
	3C 转向	通过逗趣等方法使听众分心和减缓气氛
	4A 咨询	作为技术信息来源为别人提供服务,提供相关的信息来界定、扩展或完善既有的方法、能力或产品说明
	4B 指导	通过解释、示范或试验的方法给其他人讲解或对他们进行培训
	4C 处理	对需要帮助的人进行特定的治疗或调节;由于某些人对规定的反应可能会超出工作者的预想范围,所以要系统地观察在整个工作框架内个人行为的处理结果;必要时,要激励、支持和命令个人,使他们对治疗和调节程序采取接受或合作的态度
	5 管理	决定和解释工作程序;赋予相应的责任和权限;保证相互之间的合作关系;评价工作绩效并促使效率提高;在程序的和技术的水平上做出决策

6

（续表）

分类	职能	概念
	6 谈判	作为谈判某一方的正式代表与对手就相关事宜进行协商、讨论，以便充分利用资源和权力，在上级给定的权限内或在具有完整程序的主要工作中"放弃或接受"某些条件
	7 顾问	与产生问题的人们进行交谈、劝导、协商或指导他们按照法律、科学、卫生、精神等专业原则来调节他们的生活；通过问题的分析、论断和公开处理来劝导他们

2. 实施步骤

需要遵循一些基本的步骤才能覆盖任职者定工作状况 75％的工作。这些步骤如下：

（1）在同 SMEs 会谈前，回顾现有的工作信息。工作分析者必须首先熟悉 SMEs 的语言（行话）。每一份工作都有其独特的语言，因为其处在特定组织文化和技术环境中，必然带有特殊的烙印。现有的工作信息，包括工作描述、培训材料、组织目标陈述等等，应该使工作分析者深入了解工作语言、工作层次、固定的操作程序以及组织的产出。工作分析者应该尽可能准备一些在 FJA 格式下可得的信息，目的在于：其一，说明在哪些方面需要补充信息；其二，可以以此向 SMEs 演示。这个步骤通常会花费 1～3 天的时间，取决于可得的信息量以及时间的压力。在此花费的精力会减少小组会谈的时间和精力。

（2）安排同 SMEs 的小组会谈。同 SMEs 进行的小组会谈通常要持续 1～2 天时间，选择的 SMEs 从范围上要尽可能广泛地代表岗位任职人员。会议室要配备必要的设备：投影仪、活动挂图、涂改带，会议室的选址要离开工作地点，把工作的影响减到最小。

（3）分发欢迎信。自我介绍之后，工作分析者应当分发一封欢迎信，来解释小组会谈的目的，尤其要点明参与者将要完成大部分工作，而工作分析者只是作为获取信息的向导或促进者的角色存在。

（4）确定 FJA 任务描述的方向。工作分析者事先应该至少准备好三张演示图。第一张图显示了任务的结构。第二张图是一个打印任务的例子。如果可能的话，第三张图最好准备一个难度、复杂程度中等的任务的例子。这三张演示图的目的是给 SMEs 提供任务陈述的格式和标准。这个过程大概会花费 20～30 分钟。

（5）列出工作产出表（产品或服务）。首先，希望 SMEs 小组能将工作的产出列出来。通常应该问这些专家们这样一些问题："你认为被雇佣的岗位任职人员者应该要生产什么或者提供什么？工作的主要结果是什么？"一般说来，大概 15 分钟，小组就能以他们自己的语言将工作结果列出来。工作结果可能是物（各种类型的实物）、数据（报告、建议书、信件、统计报表、决议等等）、服务（对人或者是物）。通常工作结果很少超过 10 条，多数的情况是 5～6 条。将这些工作结果整理好列在活动挂图上，挂在墙上。

（6）产生任务。告诉 SMEs 从任何一个工作结果着手，请他们开始描述通过完成哪些任务才能得到工作结果。通常大家起初技能不太熟练，存在一个逐渐适应的过程。工作分析者应该不断进行鼓励，给大家创造一个好的开始。工作分析者可以以这样的问题来激发大家的思维："工作是以工作说明或是指示开始吗？工作是日常例行不需要特殊的指导吗？工作者个人需要主动干些什么？首先干什么？你是怎么知道应该这样干？"很快，在完成了几个任务之后，大家会很快掌握到这项工作的精神和诀窍，接下来工作进程会大大加快。这项工作一直要持续到小组的一致意见要覆盖95%以上的任务，没有遗漏重要的任务项。当然中间可以灵活安排几次休息的时间，保持工作的良好节奏。

每项任务产生后工作分析者将其写在活动挂图上。因为这个过程有多人参与，很可能还要进行字句上的斟酌和替换。常常开始大家有一个趋势，就是直接给出工作最终的结果，将其作为过程的工作行为。这就需要工作分析者进行指导，帮助小组将过程行为从最终结果中挑选出来。举例而言，SMEs通常会以"决定"或是"推荐"这样的词汇来开始描述任务。实际上，"决定"一般是分析和协调行为的最终结果，同样"推荐"也是数据处理和咨询这样行为的结果。工作分析者应该强调"目的"，应该询问：什么导致"决定"和"推荐"行为？比如，最初的句子是这样的：决定雇员填补空缺职位必须具备的资格。改为：分析以经验和心理为基础的工作说明书数据目的是决定雇员填补空缺职位必须具备的资格。

（7）修改任务库。每一个工作产出对应的任务都被写出来之后，我们会发现一些任务会在几个工作产出中反复出现，比如说"沟通"。在其他的一些情形下，同样的任务会在信息来源或是最终结果上有细微的差别。另一方面，SMEs应该说明有多少任务会以相同的行为开始。这些工作使小组对他们的工作有一个全面深刻的认识，不仅让他们认识到不同工作之间的相似之处，而且可以使他们看到哪些任务是琐碎的，应该作为其他的一部分而存在，而哪些却是可以拆散为多个部分的。

（8）产生绩效标准；说明关键任务。SMEs完成了任务库之后，下一步就要让他们列出为了圆满完成任务而需要具备什么素质。可以采取例如"大家可能注意到我们只是整理分析了动作、最终结果、信息来源、指导以及工作设备，而没有涉及需要具备什么素质才能做好工作。我们可以设想我们是某个工作的管理者，我们需要为这个工作找一个合适的雇员，你将以什么标准来进行甄选？请大家考虑素质和特点的时候，尽量同任务尤其是任务对应的行为联系起来考虑"这样的表达去启发SMEs思考。一开始可能会得到很多一般性的东西，因此有必要进一步进行分析，最好能让大家举出例子："这些素质特征以什么方式在何处体现出来？"通常很多任务都需要相同的素质特征，应该请SMEs进一步说明其中哪些素质特征是比较重要，而哪些是最为关键的，同样在分析这些素质特征赖以成长的经验时亦是如此。完成这些工作后，小组会议就可以结束了。

（9）编辑任务库。工作分析者将活动挂图上的信息收集起来，在此基础上用前文所述的格式要求进行任务库的编辑。要对这些信息进行整理，疏通语句，斟酌用词，特别是动词的使用。数据库即将完成之时，应该抄录一份给SMEs小组做最后的修改纠正。

3. 评价

职能工作分析法非常清楚地阐述了组织内部关于工作与人的一些理论：必须对任职者"做了什么"和"需要做什么"作基本的区分；任职者在工作范围内所做的主要是处理与信息、人和物之间的关系；对应这三种基本关系，任职者的职能体现在不同方面：处理与物的关系，工作者主要是利用身体方面的能力；处理信息，工作者主要运用智力因素；而处理与人的关系,主要使用交际能力。所有的工作都在一定程度上要求工作者处理这些基本的关系。尽管任职者的行为或任务可以用无限种方法来描述,但在本质上,每个职能对任职者的特征和资格的要求种类和程度都落在一些相对比较狭窄和具体的范围内;与处理各种关系相适应的职能都遵从由易到难的等级和顺序;三个等级序列提供两个衡量指标:复杂性水平和参与比例。职能等级反映了任职者处理各种关系时的自主决策空间的大小。

职能工作分析法的不足之处在于操作比较复杂,而且难以把握。

(三)海氏职位评估系统

1. 概述

海氏职位评估系统是由美国工资设计专家爱德华·海在1951年开发出来的,它有效地解决了不同职能部门的不同职务之间相对价值的相互比较和量化的难题,被企业广泛接受。海氏职位评估的逻辑假设是:组织是为完成其独特的最终目标而存在的;组织的产生原因是完成最终目标,要求一个以上的人协作;组织中的职位是为完成组织最终目标而设置的;职位对组织目标的功能贡献是可测量的。

海氏职位评估系统实质上是一种评分法,是将评价因素进一步抽象为具体的普遍适用的三大因素,即技能水平、解决问题能力和职务责任,相应设计了三套标尺性评价量表,最后将所得分值加以综合,算出各个功能工作职位的相对价值。具体如表6-14所示。

表6-14 海氏职位评价系统

付酬因素	付酬因素释义	子因素	子因素释义
技能水平	要使工作绩效达到可接受的水平所必需的专门知识及相应的实际运作技能的总和	专业理论知识	对该职务要求从事的职业领域的理论、实际方法与专门知识的理解。该子系统分为八个等级,从基本的(第一级)到权威专门技术的(第八级)
		管理诀窍	为达到要求的绩效水平而具备的计划、组织、执行、控制、评价的能力与技巧。该子系统分为五个等级,从起码的(第一级)到全面的(第五级)
		人际技能	该职务所需要的沟通、协调、激励、培训、关系处理等方面主动而活跃的活动技巧。该子系统分"基本的""重要的""关键的"三个等级
解决问题的能力	在工作中发现问题,分析诊断问题,权衡与评价对策,做出决策等的能力	思维环境	指定环境对职务行使者的思维的限制程度。该子因素分八个等级,从几乎一切按既定规则办的第一级(高度常规的)到只做了含混规定的第八级(抽象规定的)
		思维难度	指解决问题时对当事者创造性思维的要求,该子因素分为五个等级,从几乎无须动脑只需按老规矩办的第一级(重复性的),到完全无先例可供借鉴的第五级(无先例的)

(续表)

付酬因素	付酬因素释义	子因素	子因素释义
承担的职务责任	指职务行使者的行动对工作最终结果可能造成的影响及承担责任的大小	行动的自由度	职务能在多大程度对其工作进行个人性指导与控制,该子因素包含九个等级,从自由度最小的第一级(有规定的)到自由度最大的第九级(一般性无指引的)
		职务对后果形成的作用	该子因素包括四个等级:第一级是后勤性作用,即只在提供信息或偶然性服务上出力;第二级是咨询性作用,即出主意与提供建议;第三级是分摊性作用,即与本企业内外其他部门和个人合作,共同行动,责任分摊;第四级是主要作用,即由本人承担主要责任
		职务责任	可能造成的经济性正负性后果。该子因素包括四个等级,即微小的、少量的、中级的和大量的,每一级都有相应的金额下限,具体数额要视企业的具体情况而定

下面将对表 6-14 海氏职位评价系统付酬因素描述中技能水平、解决问题的能力和承担的职务责任三因素及其各子因素做如下说明:

表 6-15 专业理论知识等级划分

等级	说明	举例
A. 基本的	熟悉简单工作程序	复印机操作员
B. 初步业务的	能同时操作多种简单的设备以完成一个工作流程	接待员、打字员、订单收订员
C. 中等业务的	对一些基本的方法和工艺熟练,需具有使用专业设备的能力	人力资源助理、秘书、客户服务员、电气技师
D. 高等业务的	能应用较为复杂的流程和系统,此系统需要应用一些技术知识(非理论性的)	调度员、行政助理、拟稿人、维修领班、资深贸易员
E. 基本专门技术	对涉及不同活动的实践所相关的技术有相当的理解,或者对科学的理论和原则基本理解	会计、劳资关系专员、工程师、人力资源顾问、中层经理
F. 熟悉专门技术	通过对某一领域的深入实践而具有相关知识,或者/并且掌握了科学理论	人力资源经理、总监、综合部门经理、专业人士(工程、法律等方面)
G. 精通专门技术	精通理论,原则和综合技术	专家(工程、法律等方面)、CEO、副总、高级副总裁
H. 权威专门技术	在综合技术领域成为公认的专家	公认的专家

表 6 - 16　管理决窍等级划分

等级	说明	岗位
Ⅰ. 起码的	仅关注活动的内容和目的,而不关心对其他活动的影响	会计、分析员、一线督导和经理、业务员
Ⅱ. 相关的	决定部门各种活动的方向、活动涉及几个部门的协调等	主任、执行经理
Ⅲ. 多样的	决定一个大部门的方向或对组织的表现有决定的影响	助理副总、副总、事业部经理
Ⅳ. 广博的	决定一个主要部门的方向,或对组织的规划、运作有战略性的影响	中型组织 CEO、大型组织的副总
Ⅴ. 全面的	对组织进行全面管理	大型组织的 CEO

表 6 - 17　人际技能等级划分

等级	说明	岗位
1. 基本的	对多数岗位在完成基本工作时均需基本的人际沟通技巧,基本沟通技巧要求在组织内与其他员工进行礼貌和有效的沟通,以获取信息和澄清疑问	会计、调度员、打字员
2. 重要的	理解和影响他人是此类工作的重要要求。此种能力既要理解他人的观点,也要有说服力以影响行为和改变观点或者改变处境,对于安排并督导他人工作的人,需要此类的沟通能力	订货员、维修协调员、青年辅导员
3. 关键的	对于需理解和激励人的岗位,需要最高级的沟通能力。需要谈判技巧的岗位的沟通技巧也属此等级	人力资源督导、小组督导、大部分经理、大部分一线督导、CEO、助理副总、副总

表 6 - 18　思维环境等级划分

等级	说明
高度常规性的	有非常详细和精确的法规和规定作指导并可获得不断的协助
常规性的	有非常详细的标准规定并可立即获得协助
半常规性的	有较明确定义的复杂流程,有很多的先例可参考,并可获得适当的协助
标准化的	有清晰但较为复杂的流程,有较多的先例可参考,可获得协助
明确规定的	对特定目标有明确规定的框架
广泛规定的	对功能目标有广泛规定的框架,但某些方面有些模糊、抽象
一般规定的	为达成组织目标和目的,在概念、原则和一般规定的原则下思考,有很多模糊、抽象的概念
抽象规定的	依据商业原则、自然法则和政府法规进行思考

表 6–19 思维难度等级划分

等级	说明
重复性的	特定的情形,仅需对熟悉的事情作简单的选择
模式化的	相似的情形,仅需对熟悉的事情进行鉴别性选择
中间型的	不同的情形,需要在熟悉的领域内寻找方案
适应性的	变化的情形,要求分析、理解、评估和构建方案
无先例的	新奇的或不重复的情形,要求创造新理念和富有创意的解决方案

表 6–20 行动的自由度等级划分

等级	说明	举例
R. 有规定的	此岗位有明确工作规程或者有固定的人督导	体力劳动者、工厂工人
A. 受控制的	此岗位有直接和详细的工作指示或者有严密的督导	普通维修工、一般文员
B. 标准化的	此岗位有工作规定并已建立了工作程序并受严密的督导	贸易助理、木工
C. 一般性规范的	此岗位全部或部分有标准的规程、一般工作指示和督导	秘书、生产线工人、大多数一线文员
D. 有指导的	此岗位全部或部分有先例可依或有明确规定的政策,也可获督导	大多专业岗位、部分经理、部分主管
E. 方向性指导的	仅就本质和规模,此岗位有相关的功能性政策,需决定其活动范围和管理方向	某些部门经理、某些总监、某些高级顾问
F. 广泛性指引的	就本质和规模,此岗位有粗放的功能性政策和目标,以及宽泛的政策	某些执行经理、某些副总助理、某些副总
G. 战略性指引的	有组织政策的指导,法律和社会限制,组织的委托	关键执行人员、某些副总、CEO

6

表 6–21 职务对后果形成的影响

等级	说明	举例
A. 后勤	这些岗位由于向其他岗位提供服务或信息,对职务后果形成作用	某些文员、数据录入员、后勤员工、内部审计、门卫
C. 辅助	这些岗位由于向其他岗位提供重要的支持服务而对结果有影响	工序操作员、秘书、工程师、会计、人力资源经理
S. 分摊	此岗位对结果有明显的作用	介于辅助和主要之间
P. 主要	此岗位直接影响和控制结果	督导、经理、总监、副总裁

表6－22　技能水平的分析

人际技能		管理诀窍														
		起码的			相关的			多样的			广博的			全面的		
		基本的	重要的	关键的	基本的	重要的	关键的	基本的	重要的	关键的	基本的	重要的	关键的	基本的	重要的	关键的
专业理论知识	基本	50	57	66	66	76	87	87	100	115	115	132	152	152	175	200
		57	66	76	76	87	100	100	115	132	132	152	175	175	200	230
		66	76	87	87	100	115	115	132	152	152	175	200	200	230	264
	初等业务的	66	76	87	87	100	115	115	132	152	152	175	200	200	230	264
		76	87	100	100	115	132	132	152	175	175	200	230	230	264	304
		87	100	115	115	132	152	152	175	200	200	230	264	264	304	350
	中等业务的	87	100	115	115	132	152	152	175	200	200	230	264	264	304	350
		100	115	132	132	152	175	175	200	230	230	264	304	304	350	400
		115	132	152	152	175	200	200	230	264	264	304	350	350	400	460
	高等业务的	115	132	152	152	175	200	200	230	264	264	304	350	350	400	460
		132	152	175	175	200	230	230	264	304	304	350	400	400	460	528
		152	175	200	200	230	264	264	304	350	350	400	460	460	528	608
	基本专门技术	152	175	200	200	230	264	264	304	350	350	400	460	460	528	608
		175	200	230	230	264	304	304	350	400	400	460	528	528	608	700
		200	230	264	264	304	350	350	400	460	460	528	608	608	700	800
	熟练专门技术	200	230	264	264	304	350	350	400	460	460	528	608	608	700	800
		230	264	304	304	350	400	400	460	528	528	608	700	700	800	920
		264	304	350	350	400	460	460	528	608	608	700	800	800	920	1 056
	精通专门技术	264	304	350	350	400	460	460	528	608	608	700	800	800	920	1 056
		304	350	400	400	460	528	528	608	700	700	800	920	920	1 056	1 216
		350	400	460	460	528	608	608	700	800	800	920	1 056	1 056	1 216	1 400
	权威专门技术	350	400	460	460	528	608	608	700	800	800	920	1 056	1 056	1 216	1 400
		400	460	528	528	608	700	700	800	920	920	1 056	1 216	1 216	1 400	1 600
		460	528	608	608	700	800	800	920	1 056	1 056	1 216	1 400	1 400	1 600	1 840

表 6-23　解决问题的能力分析

		思维难度				
		重复性的	模式化的	中间型的	适应性的	无先例的
思维环境	高度常规性的	10％	14％	19％	25％	33％
	常规性的	12％	16％	22％	29％	38％
	半常规性的	14％	19％	25％	33％	43％
	标准化的	16％	22％	29％	38％	50％
	明确规定的	19％	25％	33％	43％	57％
	广泛规定的	22％	29％	38％	50％	66％
	一般规定的	25％	33％	43％	57％	76％
	抽象规定的	29％	38％	50％	66％	87％

表 6-24　承担的职务责任分析

职务责任	大小等级	微小				少量				中量				大量			
	金额范围																
职务对后果形成的作用		间接		直接		间接		直接		间接		直接		间接		直接	
		后勤	辅助	分摊	主要	后勤	辅助	分摊	主要	后勤	辅助	分摊	主要	后勤	辅助	分摊	主要
行动的自由度	有规定的	10	14	19	25	14	19	25	33	19	25	33	43	25	33	43	57
		12	16	22	29	16	22	29	38	22	29	38	50	29	38	50	66
		14	19	25	33	19	25	33	43	25	33	43	57	33	43	57	76
	受控制的	16	22	29	38	22	29	38	50	29	38	50	66	38	50	66	87
		19	25	33	43	25	33	43	57	33	43	57	76	43	57	76	100
		22	29	38	50	29	38	50	66	38	50	66	87	50	66	87	115
	标准的	25	33	43	57	33	43	57	76	43	57	76	100	57	76	100	132
		29	38	50	66	38	50	66	87	50	66	87	115	66	87	115	152
		33	43	57	76	43	57	76	100	57	76	100	132	76	100	132	175
	一般性规范的	38	50	66	87	50	66	87	115	66	87	115	152	87	115	152	200
		43	57	76	100	57	76	100	132	76	100	132	175	100	132	175	230
		50	66	87	115	66	87	115	152	87	115	152	200	115	152	200	264
	有指导的	57	76	100	132	76	100	132	175	100	132	175	230	132	175	230	304
		66	87	115	152	87	115	152	200	115	152	200	264	152	200	264	350
		76	100	132	175	100	132	175	230	132	175	230	304	175	230	304	400
	方向性指导的	87	115	152	200	115	152	200	264	152	200	264	350	200	264	350	460
		100	132	175	230	132	175	230	304	175	230	304	400	230	304	400	528
		115	152	200	264	152	200	264	350	200	264	350	460	264	350	460	608

(续表)

职务责任 / 大小等级	微小				少量				中量				大量			
金额范围																
职务对后果形成的作用	间接			直接	间接			直接	间接			直接	间接			直接
	后勤	辅助	分摊	主要	后勤	辅助	分摊	主要	后勤	辅助	分摊	主要	后勤	辅助	分摊	主要
行动的自由度 广泛性指导的	132	175	230	304	175	230	304	400	230	304	400	528	304	400	528	700
	152	200	264	350	200	264	350	460	264	350	460	608	350	460	608	800
	175	230	304	400	230	304	400	528	304	400	528	700	400	528	700	920
战略性指引的	200	264	350	460	264	350	460	608	350	460	608	800	460	608	800	1 056
	230	304	400	528	304	400	528	700	400	528	700	920	528	700	920	1 216
	264	350	460	608	350	460	608	800	460	608	800	1 056	608	800	1 056	1 400
一般性无指引的	304	400	528	700	400	528	700	920	528	700	920	1 216	700	920	1 216	1 600
	350	460	608	800	460	608	800	1 056	608	800	1 056	1 400	800	1 056	1 400	1 840
	400	528	700	920	528	700	920	1 216	700	920	1 216	1 600	920	1 216	1 600	2 112

通过分析每个职位的三要素,在参照表格中选出数字(查技能水平表得到得分 A,查解决问题的能力表得到百分数 B,查承担的职务责任表得到得分 C)根据公式(职位评价得分＝A＋A∗B＋C)得到职位评价得分。

海氏认为不同的职位有不同的"职务形状构成",这个形状主要取决于技能水平和解决问题的能力相对于职务责任这一因素的影响力间的对比和分配。根据三种职位"职务形状构成",赋予三种职务三个不同因素以不同的权重。即分别向三个职务的技能水平、解决问题的能力两因素与责任因素指派代表其重要性的一个百分数,这两个百分数之和恰为 100%。根据一般性原则,粗略确定"上山型""下山型""平路型",两组因素的权重分配界线分别约为(40%＋60%)、(70%＋30%)、(50%＋50%)。具体来说,"上山型"岗位的责任因素比技能与解决问题的能力重要。如公司总裁、销售经理、负责生产的干部等。"平路型"岗位的技能水平和解决问题的能力与责任并重,如会计、人事等职能干部等。"下山型"岗位的责任因素不及技能水平与解决问题的能力重要。如科研开发、市场分析干部等。一般来说,可以通过技能水平、解决问题的能力和职务责任的不同要求,区分不同类型的职位,以对各种职位进行划分,实行不同的薪酬结构。如"上山型"职位由于其职务责任的要求较高,可将薪酬浮动部分加大。

2. 评价

海氏职位评估系统是一种非常有效、实用的工作分析方法,但在企业的实际操作中,必须遵循一定的操作程序,保证评估的严谨性。

(四)O* NET 工作分析系统

O* NET(Occupational Information Network),是一项由美国劳工部组织发起开发的

工作分析系统,吸收了多种工作分析问卷(如 PAQ,CMQ 等)的优点。目前 O* NET 已取代了职业名称词典(Dictionary of Occupational Titles,简写为 DOT),成为美国广泛应用的工作分析工具。

O* NET 工作分析系统设计遵循三个原则:多重描述(Multiple Windows)、共同语言(Common Language)和职业描述的层级分类(Taxonomies and Hierarchies of Occupational Description)。O* NET 设计了多重指标系统(如任务、工作行为、能力、技能、知识、风格和工作情境等),不仅考虑职业需求和职业特征,而且还考虑到任职者的要求和特征;更重要的是,它还考虑到整个社会情境和组织情境的影响作用。同时该系统具有跨职位的指标描述系统,为描述不同的职位提供了共同语言,从而使得不同职业之间的比较成为可能。O* NET 运用了分类学的方法对职位信息进行分类,使职业信息能够广泛地被概括,使用者还可以根据自己的需要选择适合自己的从一般到具体不同层次的工作描述指标。

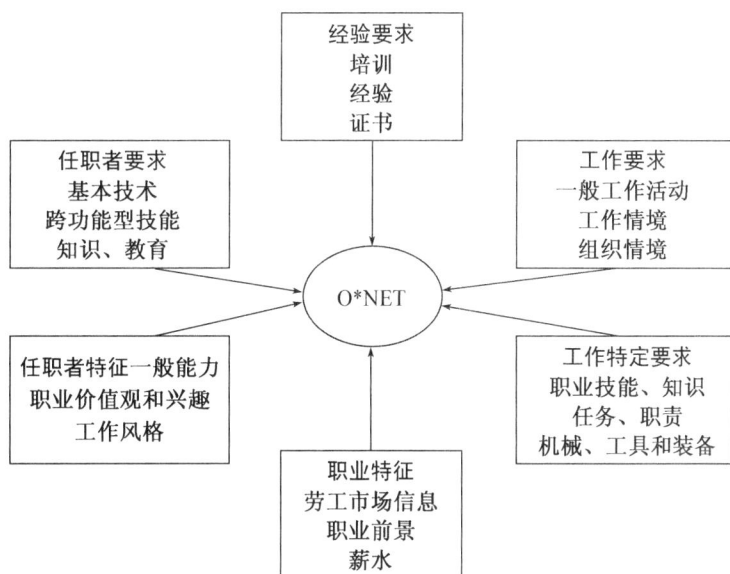

图 6-1 O* NET 的内容模型

O* NET 系统综合了问卷法和专家访谈法等各种工作分析方法,能够将工作信息(如工作活动、组织情境和工作情境等)和工作者特征(如知识、技能、兴趣)等整合在一起,不仅是"工作导向"的工作分析和"任职者导向"的工作分析的结合。O* NET 不仅考虑到组织情境、工作情境的要求,而且还能够体现职业的特定要求。在经济和市场急剧变化的现代社会,O* NET是工作分析领域体现最新趋势的、能够应对新挑战的一大进展。

O* NET 工作分析系统能够在很大程度上体现社会和组织环境对工作的影响作用,并具有较好的信度。虽已在我国进行了初步修订,但在中国现阶段特殊的社会转型期,如何结合现阶段的特点和中国文化特点,开发出基于中国背景的 O* NET,应该成为中国人力资源管理研究考虑的重要问题。不难预见,这一问题的解决必将大大推动中国人力资源管理研究和实践的发展。

O* NET 建立在六方面的内容模板上,试图通过更多的细节来提供职位的描述框架。所有将 O* NET 用于功能工作描述的调查表都能通过在职工作者完成,他们是和工作相关信息的主要来源。不像其他流行的方法,调查表的复杂性阻碍了更多在职者的参与。O* NET 的特点之一是根据工作者的性格和风格来划分职位。职位被分为 7 大类和 17 小类,7 大类是成就取向、社会影响、人际取向、调整、责任感、独立性和实践能力。这些信息对于雇员选择和职业辅导是有用的。O* NET 是描述职位和任职者最复杂的方法,也能提供丰富的数据。

国外研究者虽然曾对 O* NET 数据收集方法提出一定的质疑,但研究发现,O* NET 的一般工作活动作为预测能力倾向测验(GATB)分数的效度很好,这证明采用 O* NET 工作分析作为确定人员选拔的工具是可靠的。国内也有学者经常运用 O* NET 对人力资源管理等职位进行了工作分析,发现该工具具有较好的信效度指标。

美国劳工部尝试应用该系统建立美国国家职位分析信息数据库,并且定期进行更新,以适应不断变化的工作性质和内容的需要。收集到的信息有两个主要用途:一是将工作信息和任职者特征进行比较,得到人职匹配的资料;二是比较任职者和组织特征信息,得到"员工-组织"匹配的资料。因此,O* NET 不仅可以帮助求职者和毕业生寻找新工作,而且能够为组织招聘选拔称职的员工提供有效资料。

三、人员导向型工作分析技术

(一) 职位分析问卷(PAQ)

1. 概述

职位分析问卷(Position Analysis Questionnaire,PAQ)是 19 世纪 50 年代末期为分析一系列广泛的职位而开发出的工作分析系统。职位分析问卷通过标准化、结构化的问卷形式,收集六类信息上百项工作要素来评估每个工作的价值,从普通的工人行为角度来描述工作是如何被完成的,适用于多种职位类型。具体来说,职位分析问卷收集了以下六大类信息:

- 信息来源:工人从哪儿以及如何获得执行工作所需的信息。
- 脑力过程:执行工作所涉及的推理、决策、计划和信息处理能力。
- 工作产出:工人执行工作时所使用的身体活动、工具以及方法。
- 人际活动:人际信息交流、人际关系、个人联系、管理和相互协调等。
- 职务背景:工作条件、物资和社会环境。
- 其他特征:与职位相关的其他活动和特征。

其中,前三类信息与传统的行为模式相对应,即行为过程由"刺激—信息处理与决策—动作与反应"组成。职位分析问卷描述了包含在工作活动中的人的行为。

职位分析问卷是一种高结构化的工作分析问卷,用来描述职位不同方面的特征,它包含一系列工作要素,每个要素都是在描述、指明或暗示人类行为或活动,以及对任职者有影响的工作情境。它分为 A、B 两种样式,其中样式 A 包括 189 个工作要素,而样式 B 包括 194 个。具体维度与工作要素，如表 6-25、6-26、6-27、6-28 所示。

表 6-25　样式 A 维度

维度	说明	工作要素举例
信息来源	任职者所使用的信息源是什么,其中包含了什么样的感觉和感性能力?	书面材料的使用
脑力过程	在做工作的过程中,包含了什么样的脑力、推理、决策、信息加工和其他思考过程?	编码/译码
工作产出	作为处理传输过程的结果,任职者所运用的明显体力活动是什么?	键盘的使用
人际活动	在做工作的过程中,人际活动和职务关系是什么?	交谈
职务背景	工作是在什么样的物理和社会背景下进行的? 工作所伴随的社会和心理状况是什么?	在高温条件下工作
其他特征	与职位相关的其他活动和特征是什么?	进行重复性的活动

表 6-26　样式 B 维度

维度	说明	工作要素举例
信息来源	任职者在哪里并且怎样获得他在做工作时所使用的信息?	数据材料的使用
脑力过程	在做工作的过程中,包含了什么样的推理决策、计划和信息处理活动?	决策水平
工作产出	任职者在工作中进行了什么样的体力活动,并且运用了什么样的工具和设备?	设备的控制
人际活动	在做工作的过程中,要求和其他任职者发生什么样的关系?	代码交流
职务背景	工作是在什么样的物理和社会背景下进行的?	空气污染程度
其他特征	和工作相关的、超出以上所描述的活动,条件或特征还有哪些?	着装

表 6-27　样式 A 维度和子维度

维度	子维度
信息来源	工作信息源 感觉和知觉过程
脑力过程	决策与推理 信息加工活动 已学信息的运用

维度	子维度
工作产出	工具和设备的运用 手工活动 一般身体活动
人际活动	交流 各种人际关系 工作所要求的个人接触类型 监督和协调
职务背景	物理工作条件 心理和社会因素
其他特征	工作时间表、付薪方式和服装 工作要求 责任

表 6-28　样式 B 维度与子维度

维度	子维度
信息来源	工作信息源 感觉和知觉过程 推测活动
脑力过程	决策、推理和计划/安排 信息加工活动 已学信息的运用
工作产出	工具和设备的运用 手工活动 全身活动 运用体力的水平 身体定位/姿势 操作/协调活动
人际活动	交流 各种人际关系 工作所要求的个人接触类型 监督和协调
职务背景	物理工作条件 身体危险 个人和社会因素
其他特征	着装 资格许可 工作时间表 工作要求 责任 工作结构 职务的关键性 工资/收入

2. 实施步骤

（1）明确工作分析目的。一般来说，工作分析本身不是目的，将工作分析结果加以应用，更好地实现人力资源管理职能才是工作分析的最终目的。因此，应该首先明确需要实现哪些人力资源管理职能。

工作分析可以服务于多重目标。利用职位分析问卷所得到的分数，可以直接用于工作分类，同时也可用于绩效评价。但是用于绩效评价比应用于工作分类复杂，需要对职位分析问卷得到的数据进行加工和处理，投入更多的时间和精力。

（2）赢得组织支持。熟悉组织环境并取得管理层的支持，对使用任何一种方法进行工作分析都是必不可少的部分。在使用职位分析问卷系统时，首先要明确组织的环境和文化，确定工作分析是从高级职位往下开展还是从低级职位往上开展。然后，制定具体方案供组织管理人员审阅并得到他们的支持。

（3）确定信息收集范围与方式。如果由工作分析专业人员通过访谈任职人员或直接由主管收集数据，然后填写职位分析问卷，通常需要选择有一定工作分析知识与技能的人员组成临时性的项目小组。对于信息提供者来说，首先应在目前的工作岗位上任职至少六个月；其次，信息提供者必须至少是能较明确地描述工作内容的任职者；另外，如果需要进行访谈，信息提供者必须有较好的表达能力和沟通能力，保证访谈的顺利进行。如果由任职人员或主管直接填写职位分析问卷，通常需要注意有多位任职人员从事同一工作岗位的情况，应该至少选择三位任职人员独立完成职位分析问卷，以提高分析结果的准确性。另外，需要提供给问卷填写人员较多的指导，帮助他们理解职位分析问卷各个要素的含义及评价尺度，以提高分析结果的准确性。也可由工作分析专业人员对任职者和直接主管进行工作内容方面的访谈，然后由专业人员填写职位分析问卷。通过访谈的形式也可以收集更充足的信息。

（4）培训 PAQ 分析人员。无论采取什么样的数据分析方式，都要对职位分析问卷分析人员进行正式培训，帮助分析人员熟悉工作分析的步骤，收集数据的技巧，提升分析人员的操作能力。

（5）与员工沟通整个项目。获得员工的支持是推行工作分析项目的另一重要环节。首先要与员工沟通，让员工了解工作分析的目的和意义。其次要向员工说明运用 PAQ 分析的内容是工作内容，而不是员工的工作绩效，以便消除员工的顾虑。最后，要向直接参与工作分析、提供工作信息的任职者说明需要他们考虑的是为了完成工作的任务和职责，他们需要"做什么"以及需要运用到什么工具和信息。

（6）收集信息并编码。在确定信息策略、培训工作分析人员以及与员工进行必要的沟通后，便进入了实际的信息收集阶段。要指出的是，第三个步骤中确定的信息收集范围与方式，特别是工作分析员的类型，将在很大程度上直接决定获取职位分析问卷信息的具体方法，诸如面谈法、观察法、问卷法等。例如，如果在第三步骤中采取的是由专业人员填写职位分析问卷，任职人员或直接主管人员提供信息的方式，那么信息收集的具体方法则可以是面谈法或观察法，或者两者的结合。

就面谈法而言，由于职位分析问卷法措辞相对晦涩，通常在访谈之前，工作分析小组可以根据职位分析问卷法的结构,以及被分析工作的实际情况来设计补充的工作分析表格,然后再使用这些表格实施结构化面谈。在面谈结束之后,则使用讨论决定的标准将访谈结果直接对应到职位分析问卷法的各个项目中。另外,要指出的是,与任职人员和直接主管的面谈都是有价值的。而且,实践经验表明,将主管与任职人员组织在一起面谈与对他们分别面谈的效果是一样的。也就是说,主管人员在场与否不会影响任职者提供信息。但有时候情况也会恰恰相反,员工会把与主管一起面谈看成是一次机会,是向主管陈述一些他们平时没有注意到的重要信息的机会。而作为观察法,工作分析员可以直接观察工作场所,以及任职人员执行一项或多项工作任务的过程。

(7) 分析工作分析结果。在所有职位分析问卷法的内容填写完毕后,可以明确各个工作对人员的任职资格要求,而且可以根据需要进行其他分析。对此,由于职位分析问卷法所收集的是经验性资料,所以一系列广泛的分析都是可以利用的。包括从简单的指标到更复杂的分析。例如,几项研究表明,职位分析问卷法测定了 32 项具体的、13 项总体的工作维度。通过这些维度可以对任何一项工作进行评分。一旦经过评价以后,工作内容的概况就可以建立起来并应用于描述所分析职位的特征。因此,职位分析问卷法使得通过应用工作分析评分,定量化地描述某一职位成为可能。这些维度评分能够用于对职位所需的雇员任职资格进行直接评估,甚至开发和挑选出用于评价这些重要雇员任职资格的测试和其他甄选技术。

3. 评价

职务分析问卷是最为广泛使用的标准化工作分析工具之一,提供了大量可靠有效的职位资料。职务分析问卷对于评估职位所必需的雇员的任职资格,建立有效的人力资源甄选项目和人力资源开发项目是非常必要的。另外其花费少且所需时间相对其他的工作分析系统较少。然而职务分析问卷也是存在不足的,主要表现在两个方面:首先,使用该方法进行工作分析的人员需要有相当高的阅读能力,这无疑给使用者带来了困难;其次,职务分析问卷评价的是基本要素而不是具体的工作任务,不涉及实际的任务活动,因此还需要使用其他的工作分析方法来开发岗位说明书。以上缺陷使得职务分析问卷的应用受到了限制。

(二)管理工作描述问卷法(MPDQ)

1. 概述

管理工作描述问卷法(Management Position Description Questionnaire,MPDQ)是专门针对管理人员设计的工作分析系统,是所有工作分析方法中最具有针对性的。管理人员在组织中的特殊地位使得专门针对管理人员的工作分析系统具有很高的价值。该方法对管理者的工作进行定量化的测试,涉及管理者所关心的问题、所承担的责任、所受的限制以及管理者的工作所具备的各种特征。当组织需要通过工作分析来明确各类管理人员的工作内容,以及各类管理工作之间的相同点和不同点时,管理工作描述问卷法是最好的选择。管理工作描述问卷法是一种注重工作行为内容研究的技术方法,该方法的工作分析结果,对评价管理工作、决定该职位的培训需求、管理工作分类、薪酬评定、设计绩效评估方案等人事决策活动具有重要的指导意义。管理工作描述问卷法一共包含了 15 个大类,215 个问卷项目。完成一套完整的管理工作描述问卷法需要两个半小时。

2. 结构与内容

(1)结构。通过因素分析,管理工作描述问卷法的所有题目被分为 15 个部分,见表 6 - 29。

表 6 - 29　MPDQ 问卷的结构

MPDQ 问卷内容	题目数量	
	描述工作行为的题目数	其他内容的题目数
一般信息(general information)	0	16
决策(decision making)	22	5
计划与组织(planning and organizing)	27	0
行政(administering)	21	0
控制(controlling)	17	0
督导(supervising)	24	0
咨询与创新(consulting and innovating)	20	0
联系(contacting)	16	0
协作(coordinating)	18	0
表现力(representing)	21	0
监控商业指标(monitoring business indicators)	19	0
综合评定(overall ratings)	10	0
知识技能与能力(knowledge skills and abilities)	0	31
组织层级结构图(organization chart)	0	0
评论(comments and reactions)	0	7
总　　计	215	59

(2)内容。对管理工作描述问卷法的内容简要描述如下。

• 一般信息(general information)。这部分收集的主要是被分析工作和职位的一般信息,比如,任职者的姓名、头衔和该工作的职能范围;同时收集关于该工作和职位的人力资源管理职责、财务职责以及其他主要职责的信息;另外还包括管理人员下属的数量和类型、管理人员每年支配的财政预算等。

• 决策(decision making)。这部分包括两个要素,决策背景与决策活动。决策背景描述与决策相关的背景因素,反映决策的复杂程度,可以为工作评价提供依据;决策活动反映整个决策过程中涉及的重要行为,可为工作描述和工作评价提供信息。

- 计划与组织(planning and organizing)。战略计划的制定和执行情况。
- 行政(administering)。对管理者的文件处理、写作、记录、公文管理等活动进行评估。
- 控制(controlling)。跟踪、控制和分析项目运作、财务预算、产品生产和其他商业活动。
- 督导(supervising)。监督、指导下属相关的活动和行为。
- 咨询与创新(consulting and innovating)。属于技术性专家的行为。
- 联系(contacting)。包括两个矩阵,即内部矩阵和外部联系矩阵。收集的信息包括联系对象和联系目的。
- 协作(coordinating)。描述当工作存在内部联系时的行为,这种合作行为多存在于矩阵式组织和团队作业为主的组织。
- 表现力(representing)。这部分描述的行为通常发生在营销活动、谈判活动和广告宣传活动之中。
- 监控商业指标(monitoring business indicators)。包括监控财务指标、经济指标、市场指标的行为,多为高级经理人的职责。
- 综合评定(overall ratings)。这部分根据上述各部分将管理活动分为 10 种职能,要求问卷填写者估计这 10 种职能分别占整个工作时间多大比重以及它们的相对重要程度。
- 知识技能与能力(knowledge skills and abilities)。要求问卷填写者判断高效完成工作所需达到的知识、技能和能力的熟悉程度,包括对 31 种素质范围的评定。
- 组织层级结构图(organization chart)。让问卷填写者填写他们的下属、同级、直接上级和上级的上级的职位。这部分的信息有助于快速确定任职者在组织中的位置。
- 评论(comments and reactions)。要求问卷填写者反馈对问卷的看法。评估自己的工作有多大比例的内容被本问卷所涵盖,问卷总体、问卷题目以及问卷模式的质量和使用的难易程度;回答完成问卷所花费的时间;回答是否存在问卷未涉及的重要活动。这些问题都为 MPDQ 问卷将来的发展与修订提供了重要依据。

3. 评价

管理工作描述问卷法适用于不同组织内管理层级以上的职位的分析,具有很强的针对性,为培养管理人才指明了培训方向,也为正确评估管理工作、管理人员的薪酬设计、选拔程序以及提炼绩效考核指标体系提供了依据。但由于管理工作的复杂性,该方法难以深入地分析所有类型的管理工作。同时,成本与投入也较大。

(三)工作要素法(JEM)

1. 概述

工作要素法(Job Element Model,JEM)是一种典型的开放式的人员导向型工作分析方法。工作要素法的目的在于确定对成功完成特定领域的工作有显著作用的行为及此行为的依据。工作要素法由一组专家级的任职者对工作的各种要素进行确定、描述和评估。这种由专家级任职者或者任职者的上级组成的小组称为主体专家组（Subject-Matter Experts，SMEs）。

工作要素法关注的工作要素非常广泛，通常包括以下几类：知识、技能、能力、工作习惯、个性特点。

2. 实施步骤

（1）收集影响目标工作实现的工作要素。在这一过程中，通常由主题专家小组通过头脑风暴法从工作的各个方面列举对目标工作有显著影响作用的要素，并对这些工作要素进行反复的推敲。

（2）对收集来的工作要素进行整理。将主题专家小组通过头脑风暴法得来的工作要素和资料进行归类和筛选。将相近或相同的工作要素整合在一起，归入同一个类别，并对每一个类别赋予相应的名称，并根据该类别所包含的工作要素的内容和特点，对该类别进行明确的界定和解释，形成初步的工作分析维度和子维度。

（3）划分工作分析维度，确定各类要素的要求。在对工作要素资料进行了初步归类和筛选之后，可以采用专家小组的方法对工作分析的维度与子维度进行最终的划分。在这一过程中，小组成员需要独立地对这些要素进行评估，集合在一起，进行专家小组讨论，将各个子维度分别归类到不同的工作分析维度下，从而得到最终的工作分析维度和子维度。评估过程中参照以下四个指标：评估最低要求（Barely Acceptable Workers，B），即那些可以以最低可接受限度被接受的员工都具有的素质；评估优秀员工的指标（To Pick out Superior Worker，S），即该要素是否可以作为区分优秀员工的重要特征；评估问题或麻烦出现的可能性（Trouble Likely if not Considered，T），即对于每一个要素，如果不考虑它，相应的问题出现的可能性会有多大；评估实际可行性（Practical Demanding of This Element，P），即对于每一个要素，确认外部的普通求职者是否能够达到该要素的要求。以上指标均采用三点计量。

3. 评价

JEM 工作分析方法的开放性高，可以根据特定工作提取个性化的工作要素，并能够比较准确、全面地提取出影响某类工作绩效水平的工作要素。JEM 分析结果中的选拔性最低要求要素为人员甄选提供了可靠的依据，同时得出的培训要素也为企业确定员工培训需求提供了依据。

但 JEM 在初步确定目标工作的工作要素时，过分依赖工作分析人员对工作要素的总结，且评估的过程比较复杂，需要花费大量的时间、人力、物力。专家小组在进行评估时，也多基于主观判断得到结果，很难有客观的标准，这大大降低了工作分析结果应用在其他人力资源管理职能中的可能性。

（四）工作诊断调查（JDS）

工作诊断调查（Job Diagnostic Survey，JDS）的直接应用之一是工作设计和工作调整,总体上倾向于通过功能工作丰富化来重新设计工作。最可行的工作丰富化的方法之一是使用工作诊断调查(Job Diagnostic Survey,JDS)的工作特征模型(Job Characteristics Moodel,JCM),图 6-2 呈现了工作特征模型。

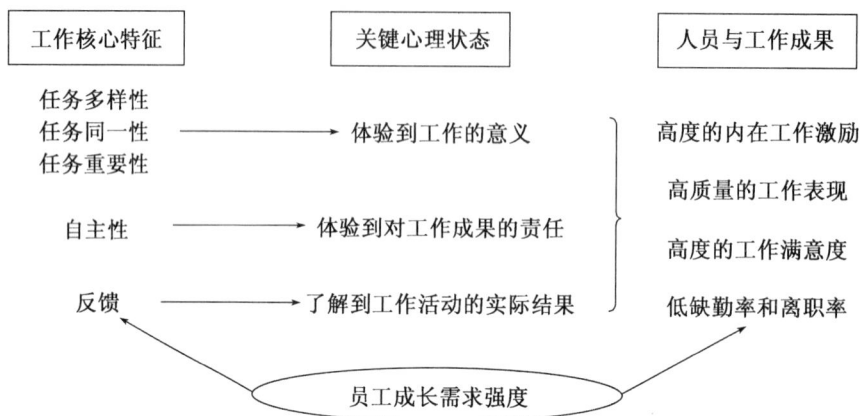

图 6-2　工作特征模型

工作特征模型是工作丰富化的核心。模型认为可以把一个工作按照它与核心维度的相似性或者差异性来描述,于是按照模型中的实施方法丰富化了的工作就具有高水平的核心维度,并由此创造出高水平的心理状态和工作成果。

工作特征模型提供了工作设计的一种理论框架。它确定了五种主要的工作特征,分析了他们之间的关系以及对员工生产率、工作动力和满足感的影响。根据工作特征模型,任何工作都可以从五个核心维度进行描述,它们是:技能的多样性(Skill Variety),即完成一项工作涉及的范围,包括各种技能和能力;任务的一致性(Task Identity),即从工作的开始到完成并取得明显的成果,在多大程度上工作需要作为一个整体来完成;任务的重要性(Task Significance),即工作在多大程度上影响个体的工作和生活;自主性(Autonomy),即工作在多大程度上允许自由、独立,以及在具体工作中个人制订计划和执行计划时的自主范围;反馈性(Feedback),即履行工作活动带给工作者对于他们绩效水平的清晰直观地反映的程度,如个体能及时明确地知道他所从事的工作的绩效及其效率。哈克曼和奥尔德姆设计的动机与五因子的关系方程为 Score=$(V+I+S)*A*F/3$。

根据这一模型,一个工作可以让员工产生三种心理状态,即感受到工作的意义、感受到工作的责任和了解到工作的结果。这些心理状态又可以影响到个人和工作的结果,即内在工作激励、高质量的工作表现、高度的工作满意度、低缺勤率和离职流动率。同时,工作特征和工作结果的关系受到个人成长需求强度的调节。JDS 通过工作特征模型提出的五项工作的核心特征来展开调查。表 6-30 展示了 JDS 中的部分项目。

表6-30 JDS典型问题(节选)

问题	得分
	1——2——3——4——5——6——7
	很少　　　　一般　　　　很多
1. 从管理者和同事那里得到的关于你工作情况的程度。	1——2——3——4——5——6——7
2. 一般来说,你的工作是如何重要的? 也就是说,你的工作的结果可能明显影响你的生活和让其他人感到舒适吗?	1——2——3——4——5——6——7
3. 在你的工作上,你有多大的自主性?	1——2——3——4——5——6——7
4. 你的工作在多大程度上从事一个完成的和明确的工作内容?	1——2——3——4——5——6——7
5. 你的工作的多样性是怎么样的? 也就是说,在你的工作上需要你使用多重技能和才干来做一些不同的事情吗?	1——2——3——4——5——6——7
6. 你的工作需要与其他人密切合作吗?	1——2——3——4——5——6——7
7. 工作本身能在多大程度上提供给你关于你的工作绩效如何的信息?	1——2——3——4——5——6——7

(五)临界特质分析系统(TTAS)

1. 概述

临界特质分析系统(Threshold Traits Analysis System,TTAS)是以个人特质为导向的工作分析系统。它的设计目的是为了提供标准化的信息以辨别人们为基本完成和高效完成某类工作至少需要具备哪些品质、特征,TTAS称这些特征为临界特质(Threshold Traits)。

TTAS系统指出,每个工作都具有两方面的特征:一是任职者必须完成的工作任务和活动,二是为了完成这些工作任务需要满足的条件。一份完整的岗位说明书必须包括和这项工作相关的所有任务、活动和要求;为了实现人员甄选、配置、开发和激励,一份工作说明书必须明确任职者完成工作所需要具备的特质;为了便于辨别工作对任职者特质的要求,有必要开发一种特质库,用有限的特质描述涵盖所有工作和职业对任职者的要求。罗派滋(1981)认为,工作有以下五个工作范畴:身体特质、智力特质、学识特质、动机特质和社交特质,可以通过研究工作与这五类工作范畴的相关性对工作进行描述。表6-31是其针对12种工作职能提炼出的33种特质因素。

6

表 6 - 31 33 种特质因素及其描述

工作范畴	工作职能	特质因素	描述
身体特质	体力	力量	能举、拉和推较重的物体
		耐力	能长时间持续地耗费体力
	身体活动性	敏捷性	反应迅速、灵巧、协调性好
	感官	视力	视觉和色觉
		听力	能够辨别各种声响
智力特质	感知能力	感觉、知觉	能观察、辨别细微的事物
		注意力	在精力不集中的情况下仍能观察入微
		记忆力	能持久记忆需要的信息
	信息处理的能力	理解力	能理解口头表达或书面表达的各种信息
		解决问题的能力	能演绎和分析各种抽象信息
		创造性	能产生新的想法或开发新的事物
学识特质	数学能力	计算能力	能解决与数学相关的问题
	交流	口头表达能力	口头表达清楚、简练
		书面表达能力	书面表达清楚、简练
	行动力	计划性	能合理安排活动日程
		决策能力	能果断选择行动方案
	信息与技能的知识	专业知识	能处理各种专业信息
		专业技能	能进行一系列复杂的专业活动
动机特质	适应能力	适应变化的能力	能自我调整、适应变化
		适应重复的能力	能忍受重复性活动
		应对压力的能力	能承担关键性、压力大的任务
		对孤独的适应的能力	能独立工作或忍受较少的人际交往
		对恶劣环境的适应能力	能在炎热、严寒或嘈杂的环境下工作
		对危险的适应能力	能在危险的环境下工作
	控制能力	独立性	能在较少的指导下完成工作
		毅力	能坚持一项工作任务直到完成
		主动性	主动工作并能在需要时承担责任
		诚实	遵守常规的道德或规范
		激情	有适当的上进心
社交特质	人际交往	仪表	衣着风貌达到适当的标准
		忍耐力	在紧张的气氛下也能和人和睦相处
		影响力	能影响别人
		合作力	能适应团队作业

2. 评价

在西方,TTAS的要素被广泛应用于各种类型的企业中,如银行、保险公司、零售企业、制造型企业、公共服务型企业以及政府部门中。同时,这种工作分析系统被用来分析各种类型的职位,如管理者、一线主管、工程师、技术人员、生产人员、销售人员以及服务人员等。实践证明,TTAS的分析结果相对而言比较准确,为企业带来一定的效益,但是与其他分析系统一样,使用者们也提出了一系列的批评。

首先,许多人力资源从业人员认为,TTAS的实用性不强。TTAS的引进和实施需要大量的人力和财力支持,容易超出企业的实际能力。只有当TTAS能解决组织长期以来形成的、直接影响企业可持续发展的大难题时,TTAS才被认为是很有价值的。而且,在TTAS成功引入之后,还需要有持续的监测与不断地完善才能充分发挥其作用,这无疑也将增加企业负担。

其次,TTAS过于精确。部分人力资源管理者倾向于使用传统的工作分析系统,他们认为TTAS的分析结果限制了工作自由,即修改工作分析结果的自由。例如,如果管理者试图将某工作岗位的薪酬水平确定为高于TTAS得到的薪酬水平之上,他们只能通过修改工作特质要求来实现,但这一过程可能会导致一些任职者达不到任职资格。

最后,TTAS过于复杂,难以操作。TTAS的技术背景、系统内部的逻辑性,以及它所依据的理念都超出了大部分人力资源专家和一线管理者的能力范围。因此,大部分TTAS使用者认为,过于复杂是TTAS应用的最大障碍。

(六)胜任特征分析法

1. 概述

在1973年的时候,美国心理学家麦克利兰第一次提出了"素质"的概念:一个人在工作中要想取得理想的成就,不但应当具备一些技能和知识,而且还应当具备价值观、动机、人格特质等等。而在1993年的时候,美国心理学家斯宾塞明确了个体特质等素质充当着持久和深层的角色,以及可以决定一个人是否能担负重任和决定他处于复杂工作情境情况下的行为。在这之后,合益集团提出冰山模型,这与胜任素质模型相对应,定义了这个模型的组成要素。

对该模型的构成要素进行如下定义:知识,指的是在人特定领域具备经验型与事实型信息;技能,指的是个体可以通过对知识的应用完成一些事务的能力;社会角色,指的是公共场合当中的个体体现出的风格、气质、形象;自我形象,指的是个体感知自身现状的能力,其涵盖认知到的自身角色合理定位、处理问题的风格、自身的不足和优势、思维方式、跟人交往的特点等;品质,涵盖兴趣、性格、气质等的综合反映,像气质种类的不同与性格的外向和内向等;动机,指的是个体为了实现一种目标而自生的一些行为的驱动力,像具备强烈成就动机的人群会为自己设置目标且积极地完成。这个模型是对冰山知识的体现,技能也仅仅属于冰山的一角,而涵盖于冰山之下的动机、个性品质、自我形象等才属于对个体以后绩效进行预测的关键要素。胜任力素质模型意味着一个人可以做什么(知识、技能),为什么做(动机、品质、价值观),想做什么(自身形象与定位角色)等内在特质的统一。借助胜任力素质模型充分发掘个体自我形象、动机、个性品质等隐性素质,基于胜任力素质模型的工作分析能够从职位出发,准确分析确认该职位任职人员所需具备的关键知识、关键技能和关键心态,更好地达到职位与任职人员的匹配最优。

表6-32 胜任力要素对照评分表

构成要素	要素描述	对应能力	打分				
			5	4	3	2	1
动机	对成功充满渴望,总是带领下属积极主动地去完成领导布置的工作,成就感强,愿意主动请缨	领导能力、激励能力、团队组织能力					
个性	性格稳定性高、即使无人监督也能把工作安排得井井有条	责任心、主动性、自我管理能力、计划性					
自我形象	对其自身具备的知识和技能的自我表达	自信心、示范效应、展示能力、亲和力					
社会角色	对团队和组织认同感非常强,全局观非常强	团队合作能力、团队组织能力、沟通能力					
价值观	对周边客观事物(包含人、事、物)的意义、重要性有积极评价和正面看法	激励能力、教练能力、全局意识、企业家思维、企业归属能力					
态度	总是具有积极向上的自我形象、正确的价值观、乐观向上、积极进取的态度	自信心、坚韧性、主动性、进取心					
知识	具有良好专业知识并且不断学习	专业能力、学习能力					
技能	工作技能高超,能够触类旁通地解决工作中遇到的各种问题	通用技能、创新技能、适应改变能力					

完整的胜任力素质模型包含若干个胜任指标。每个胜任力指标都有一个特定名称、描述性定义,以及若干个行为等级描述或在工作中展现的这种胜任力的特定行为要点。

表6-33 胜任力素质指标范例

能力素质		主动学习
素质定义		对新信息、知识和经验表现出极大的热情;经常寻找并利用学习机会;能够迅速吸收和应用知识
关键行为	热爱学习	对工作相关的知识、技能等信息有好奇心和学习热情;寻求可获取新信息的机会;主动花费时间学习这些内容
	迅速吸收知识	注重从正式或非正式的学习经验中,吸取并了解新的信息,并能够对获取的信息迅速做出判断,找出其中最重要的因素
	寻求反馈	寻求对自身工作表现的反馈意见;乐意接受反馈意见,并有建设性地利用反馈改进问题提升自己
	学习应用	将所学新知识、技能运用到实际工作中;并通过不断实践、加深学习

2．基本流程

胜任力建模的基本流程如下：

- 明确企业发展战略目标
- 选定所要研究的目标岗位
- 界定目标岗位绩优标准
- 选取样本组
- 收集整理数据信息
- 定义岗位胜任素质
- 划分胜任素质等级
- 初步建立胜任素质模型
- 对胜任力模型进行测试诊断
- 构建并完善适合企业的胜任素质模型

胜任力模型框架可从以下角度思考：企业文化、企业发展战略、所属行业特性、职责角色、绩优者特质、共性短板。在具体构建时，可以遵循以下步骤：（1）前期准备：成立建模小组；企业战略、文化、岗位说明书、绩效结果的梳理与提炼（主题分析）；编制目标岗位胜任力调查问卷；拟定行为事件访谈提纲；界定绩优与绩效一般的特征，与决策方沟通，选定被访谈人。（2）建模调研：与公司高层访谈，对胜任力问卷调查的因子进行补充和完善；分组进行：焦点小组访谈、行为事件访谈、个性特质实测；发放与回收调查问卷；数据统计及访谈信息汇总。（3）数据统计与建模：结合主题分析结果、调查问卷结果及访谈内容进行编码、提炼和归纳胜任力模型因子；形成初步的胜任力模型，包括一级因子、二级因子、行为描述点及各级因子解释；公司内部沟通修正和完善胜任力模型；结合调研访谈素材，拆分、撰写分级行为描述；验证模型结构完整性和分级描述均衡性。

3．评价

从胜任力素质模型构建的过程可以看出，胜任力素质模型是一个简约型的信息结构，是对现实、未来企业用人要求的萃取，其质量评价理论标准是对信息缩减的仿真度如何。所以胜任力素质模型的关键点在于在建模前或建模过程中就什么样的模型是好的、可接受的而达成一个共识、构建一个标准，并在建模过程中和使用过程中不断地验证与调整。

第三节　工作分析实施要点

一、工作分析的实施难点

（一）自上而下的重视程度不够

对工作分析的重视程度不够表现在各级管理者的忽视和员工的普遍抵制。从管理者的角度来看,忽视的原因来自两个方面:一是路径依赖,即遵循现有的管理模式,将工作分析视作额外的工作量,畏惧因工作分析可能产生的组织冲突。有的组织即使已经存在岗位设计不合理、岗位内容不清晰、人力资源管理缺乏依据等诸多问题,依然通过临时人员调整等非制度化手段加以解决。二是由于对工作分析的重要性认识不够充分,不愿意花费较多精力和时间去做这件貌似可有可无的事。而员工的抵制多是因为对于未来工作不确定性的普遍担忧,只看到了岗位内容、岗位责任"增加了",考核标准、任职资格"提高了",闲暇时间"减少了",却没有认识到工作分析只是将这些过去隐性指标显性化了。事实上,通过这一过程,工作内容、流程得以明晰,工作效率得以提高;工作绩效被更准确发现和衡量,工资收入得以增加;职业生涯路径更加清晰,职业生涯发展得以保障。

（二）源自技术壁垒的限制

工作分析是一项专业性很强的工作,对组织领导者和人力资源管理者来说都是不小的挑战,这也是工作分析难以达到期望结果最重要的客观原因。工作分析的技术壁垒主要体现在战略布局、系统思考、专业操作这几个方面。广义上来讲,工作分析不单是人力资源管理的一项工作,而是组织整体战略管理的一种手段,这与泰勒的科学管理思想相契合,也就是说工作分析的目标应聚焦在组织目标的实现和战略达成。所以好的工作分析往往需要精通此项工作的专业人士来完成,而且需要花费较多的精力和时间成本,还需要持续改进,以适应人力资源管理需要。

（三）不能对组织环境变化及时反应

组织所处的内外部环境并不是一成不变的,而是一个动态变化的环境。岗位说明书只适用于当下及可预测的未来。随着内部组织目标、组织结构、人员构成等变革,以及外部政治、经济、文化、技术等环境变化,岗位说明书就无法发挥应有的作用,不仅不能助力人力资源管理工作,反而掣肘组织良性发展,这也是导致工作分析被普遍忽视和抵制的重要动因之一。工作分析本身就不是一蹴而就的,是一项持续性、长期性的工作,必须设定动态调整机制,如编制弹性岗位说明书或定期、适时对岗位说明书进行适应化调整。

二、如何开展有效的工作分析

（一）纠正对工作分析的不当认知

工作分析的开展离不开组织高层的充分重视和持续支持，开展工作分析必须首先改变管理者特别是高层管理者对工作分析的不良看法和员工的不当认知。没有好的工作分析的组织管理是无序和低效的，往往需要反复的临时决策以应对工作分析缺失产生一系列问题，继而使整个管理都陷入低效运转的困境。可以通过教育培训、参观学习等方式转变管理者的观念，让高层管理者意识到工作分析的重要性和迫切性。此外，可通过宣传、培训等方式增加员工对工作分析的认识和了解，帮助员工认识工作分析对员工的积极意义，消除他们对未来不确定性的担忧。

（二）借助外部资源克服技术壁垒

随着社会分工的不断细化和虚拟组织的发展，"可以租用，何必拥有"的管理思维已深刻影响到组织管理的各个方面，这在人力资源管理工作中也很适用。如果是因为源自技术壁垒的限制而放弃工作分析，可尝试通过借助组织外部的资源解决这一难题。可以聘请有成熟工作分析经验的专业人士或通过外包的方式将这一内部工作外部化，借助社会优势资源加以解决。在实施过程中，不宜采用完全外包的形式，组织内部的人力资源管理者也需要参与进来，确保工作分析适用于组织管理需要，同时借此机会学习工作分析过程。

6

（三）进行合理的流程设计

作为一项复杂的系统工程，可通过流程设计，实现工作分析过程的阶段化、可操作化。一般而言，可将工作分析流程划分为准备阶段、信息收集阶段、结果形成阶段、结果应用阶段四个部分。准备阶段的工作重点在于明确工作分析目标、成立工作分析小组；信息收集阶段的工作重点在于选择恰当的工作方法，获取岗位相关信息；结果形成阶段的工作重点在于通过岗位信息分析，编制岗位说明书；应用阶段的工作重点在于将岗位说明书应用于各项人力资源管理工作中去。在这些流程之外，还需设置动态调整机制，根据组织内外部环境的变化对工作分析结果适时进行调整。

本章小结

工作类型的内在与外在差异决定了我们必须从不同的角度入手，以最大限度地了解和界定工作地内涵和外延。为了达到这一目的，我们应根据各种工作分析信息采集方法的特点、属性加以适当选择。因此鉴别和掌握各种工作分析信息采集方法的适用范围，是合格的工作分析人员专业知识架构中不可或缺的部分。本章围绕工作分析的过程与方法展开。第一节详细阐述了工作分析的实施过程，分别介绍了准备阶段、实施阶段和总结阶段各自的工作内容和工作重点;第二节阐述了工作分析的方法。传统的工作分析方法包括:观察法、工作实践法、面谈法、关键事件法、工作日志法和问卷法等。工作导向的分析技术包括:任务清单分析系统(TIA),职能工作分析法(FJA),海氏职位评估系统,O*NET 工作分析系统。人员导向型工作分析技术包括:职位分析问卷法(PAQ),管理工作描述问卷法(MPDQ),工作要素法(JEM),工作诊断调查(JDS),临界特质分析系统(TTAS)以及胜任特征分析法。通过本章的学习,能够从总体上掌握工作分析的方法,根据不同的工作分析目的选择合适的工作分析法,为实施工作分析奠定了基础。

复习与思考

1. 传统的工作分析方法仅有哪些? 各自有什么优缺点?

2. 工作导向型分析技术和人员导向型分析技术有什么区别? 各自包括哪些具体方法?

3. 如何评价各类工作分析方法?

应用案例分析

ATMB 公司工作分析研究

一、背景简介

ATMB 公司是伴随着民航体制的改革而诞生,并逐渐成长起来的。1992 年 8 月,随着民航体制改革进一步深化而成立的民航西南航管中心,就是 ATMB 公司的前身。1995 年 12 月,ATMB 公司在原西南航管中心的基础上成立了。2001 年 12 月 28 日,全国民航空管系统进行管理体制改革,民航昆明空管中心、贵阳空管中心、重庆空管站成立,划归 ATMB 公司管理,由此,ATMB 公司的辖区范围基本定型,成为全国民航七大空中交通管制枢纽之一,也是管理西南地区三省一市民用航空空中交通服务的职能机构,担负着西南地区空中交通管理事务及成都管制区空中交通管制任务。

ATMB 公司长期沿用的是传统的人事管理模式,已不适应空管管理体制改革后空管发展的需要,在人力资源管理方面存在如下一些问题:(1) 人力资源队伍结构不合理。空管事业的趋势是国际化、现代化,然而 ATMB 公司目前的人才结构远远不能满足这种发展的需要。(2) 人力资源配置不合理、不平衡。ATMB 公司的管制员、专业技术人员人数与行政管理人员、后勤人员人数之间的比例不合理。(3) 人力资源激励与开发水平较低。ATMB 公司的管制员面临巨大的工作压力,其待遇较之其他岗位又不高,导致管制员的工作积极性受挫、潜力发挥不够。该公司缺乏系统的人力资源培训开发体系,因此,各类专业技术人员缺乏明确的职业生涯发展规划体系,他们学习、提高的动力不足。此外,技术晋升渠道尚未建立,员工只能追求单一的行政职务发展路径。

ATMB 公司高层领导已充分认识到空管面临的各种挑战和机遇,在人事管理上再沿用传统的模式已跟不上发展的需要。为满足尽快实现从传统的人事管理向现代人力资源管理转换的需要,有必要建立一套科学的人力资源管理体系。局长办公会议多次讨论此项议题,决定和民航管理干部学院联合开发 ATMB 公司人力资源管理综合课题项目,项目内容包括工作分析、定岗定员、岗位劳动评价系统、人力资源规划这四个方面。开展工作分析活动是人力资源管理综合课题的第一步。

ATMB 公司以前虽然进行过工作分析,但工作分析没有从各个岗位的实际出发,工作分析人员未受过严格的训练,分析的方法不规范,不懂专业内容或者为了简单了事让从事岗位的人员自己撰写岗位说明书,得出的岗位说明书对职务描述不科学、不规范,仅仅罗列了工作的职责与任务,对从事岗位的人员素质要求描述不够,没有对任职资格的分析,从而不能为人员招聘选拔、员工绩效考评、教育培训、薪酬制度设计提供客观的标准,岗位说明书被束之高阁,没有发挥应有的作用。因此,ATMB 公司下发了《关于 ATMB 公司开展工作分析的通知》,成立了工作分析项目实施小组,开始了工作分析的活动。

二、工作分析的实施

1. 明确工作分析目的

ATMB 公司进行工作分析主要是为了建立一套科学的人力资源管理体系。具体而言,通过工作分析要达到如下目的:(1)对员工行为进行正确导向,建立有效的人力资源目标牵引机制。(2)优化组织结构和工作流程。(3)建立切实可行的绩效考核体系,通过工作分析掌握各个岗位的工作规范、标准和要求,明确工作的绩效标准,确定相对客观的绩效考评指标。(4)制订目标明确、针对性强的培训计划。(5)为进一步建立较为完善的人力资源管理体系奠定基础。

2. 成立工作分析小组

ATMB 公司高层领导决定授权人事劳动教育处作为进行此次工作分析活动的全权代表。人事劳动教育处通过召开全体中层管理人员会议,通过"下发文件并组织学习"的形式,使各部门中层领导在开展工作分析的必要性上统一了认识。并在此基础上,成立了 ATMB 公司工作分析项目实施小组,分配了进行工作分析活动的责任和权限,以保证工作分析顺利高效地完成。本次工作分析项目实施小组由民航管理干部学院人力资源专家作为顾问指导,成员包括人力资源部门有关人员,以及机关、运行部门抽调的几位对各部门工作流程较熟悉的有关人员。

3. 确定工作分析对象与内容

工作分析小组根据工作分析的目的并结合人力资源管理工作的需要,选定本次工作分析的对象。本次工作分析的职位涵盖了 ATMB 公司本部行政机构机关处室的工作岗位和部分运行部门的工作岗位。涉及的部门有:办公室、人事劳动教育处、财务处、计划法规处、基建处、空中交通管制处、通信导航处、空中交通管制中心、通信导航总站、气象中心、航行情报中心与培训中心。

工作分析小组根据上述工作分析的目的,确立本次工作分析的内容。最终包含的具体内容如下:(1)工作的基本信息:包括工作名称、所在部门、直接上级、所辖人员及职位

6

性质、定员人数等。(2)工作概要:包括工作目标。(3)工作职责。(4)工作关系:包括工作的内外部联系、工作流程关系等。(5)工作环境:在机场内还是在机场外。(6)常用工具设备。(7)任职资格:包括对学历经验、教育培训的要求等。

4. 明确工作分析实施细则

为了保证工作分析的系统性、完整性、准确性,必须事先确定工作分析信息的来源。结合 ATMB 公司的管理特点和实际情况,工作分析小组吸取其他成功进行了工作分析的企业的经验,最后确定工作分析的信息来源为现有文件、资料、任职者和任职者的直接主管。工作分析可以采用的方法很多,本着适用性、经济性的原则,结合 ATMB 公司的特点,以及工作分析的目的,工作分析小组最后选择了问卷调查法和访谈法。

ATMB 公司共有员工 1348 人,本次工作分析所涉及的职位共 100 多个,因此,工作分析小组按照"同一职位选择 2—3 人"的原则,同时综合考虑年龄、工龄、性别、学历、政治面貌、平时工作态度、从事该职位时间等因素,共选择了其中的 200 人作为问卷调查对象。经过对 ATMB 公司机关部门和部分运行部门员工素质的了解,以及对他们工作性质的分析,工作分析小组统一了认识,设计了既有开放性问题又具有一定结构化程度的《ATMB 公司工作分析调查问卷》。此外,为了向全体干部职工介绍问卷调查法的流程、注意事项等,使他们了解问卷调查的目的,从而消除顾虑并正确填写调查问卷,工作分析小组还设计了《ATMB 公司工作分析调查问卷填写说明》。

在设计访谈提纲时,为提高信息收集的质量,工作分析小组提出了"访谈项目与问卷项目互相补充、互相引证"的原则,并设计了《ATMB 公司工作分析访谈提纲》。并且,工作分析小组根据不同职位的不同特点,采取不同的访谈形式。对于机关管理职位和仅有一名任职者的职位,采取个别访谈的形式;对于人数很多的职位,选出一定数量平常表现一贯良好的员工,进行群体访谈。

(本案例节选自:王咏梅. ATMB 公司工作分析与实施[D]. 成都:四川大学,2005.)

思考题:

1. 你认为 ATMB 公司哪些部门的岗位更适合采用工作导向型分析技术?哪些部门的岗位更适合采用人员导向型工作分析技术?

2. 你对 ATMB 公司问卷调查样本以及访谈对象的选择有何评价?原因何在?

3. ATMB 公司还可以采取哪些工作分析方法,作为问卷调查与访谈的补充?

第七章 工作分析结果

学习目标

1. 掌握岗位说明书的编制原则和编制要点
2. 掌握岗位说明书的编制内容
3. 理解岗位说明书对员工和组织的作用

开篇案例

小王为什么要离职?

小王来到公司的人力资源部,"张经理,"小王说,"可能我无法适应目前的工作,我希望在这个月未试用期结束时离开公司。"张经理听了很惊讶。小王是两个月以前到公司销售部担任销售部经理助理的。在这段时间的工作中,人力资源部通过销售部经理及销售部其他同事了解小王试用期的工作情况,大家都反映很好,想不到小王会主动提出辞职。三个月以前,销售部经理提出了增加经理助理职位的需求,由于销售部将加强与国外厂商的业务联系,急需熟练使用英语口语和处理英语书面文件的员工,并希望新增加的员工具有一定的计算机水平,同时可兼顾公司对外网站的管理工作。人力资源部就所需增加的工作岗位进行分析,经过与销售部经理协商,编写了该岗位的工作说明书。其中对岗位职责的描述是:

1. 协助经理处理国外业务的联系及英文书面文件、合同;
2. 在需要的情况下可担任英文翻译;
3. 整理销售部内部业务文档;
4. 负责在网站上发布有关公司的业务信息,并进行公司网页的更新、调整由于工作岗位对语言能力方面的要求决定了应聘人员最好是英语专业的毕业生或在国外生活过的人员;而计算机网站管理又对应聘人员的计算机水平提出了较高的要求,要求能制作网页和进行数据库处理,应聘者最好是具备计算机专业学历的人员。看到这样的任职资格要求,人力资源部感到这个岗位的招聘工作难度较大。当招聘信息在人才招聘渠道发布后,应聘的人员不多。小王是华南地区某商学院毕业的学生,毕业后在广告公司做过业务工作,后来到英国留学,在国外所学的专业是计算机应用,留学回国才一个月,各方面的条件完全符合招聘岗位的要求。经过两次面试后,销售部和人力资源部都觉得小王是这个岗位的最佳人选,于是通知小王来公司报到上班。

"为什么你会觉得自己不能适应这项工作呢?"张经理问小王。小王说:"工作中业务文件处理、与客户的业务联系都没问题,内部文档也能按要求管理好,但是我不了解我们公司生产产品的技术参数和生产能力,在与客户联系的过程中,需要根据客户的需要为客户量身订制产品的技术参数并在合同中注明交货期限。"销售部要求我向客户提供技术方案和我们能为客户量身订制的产品的规格、型号,有时还要决定我们什么时候能给客户供应哪些类型的产品。这些工作需要较多技术方面的知识,何况我不是销售部经理,我也无法决定。目前我承担的工作与应聘时对我提出的工作要求完全不一样。

（本案例节选自：https://www.ppkao.com/tiku/shiti/6b578b49f45f497481fad6fa8bafe299.html 有改动。）

第一节　岗位说明书的编制原则和要点

一、岗位说明书的概念

作为工作分析的成果,岗位说明书被定义为"工作分析结果的书面记录"。工作分析与岗位说明书这两个概念必须区分开。前者指包括访谈、观察、问卷调查在内的一系列流程,后者指这一系列流程的产物。

作为组织正式规范的重要构成要素,岗位说明书主要包括岗位的工作关系、工作职责、工作权限、绩效标准、工作条件、任职资格等内容。在一个组织中,若每个岗位都具有合适的岗位说明书,该组织必将在诸多方面受益。在人力资源规划、招聘与录用、员工培训与人力资源开发、绩效管理与薪酬管理等方面,岗位说明书都能提供较为明确的、可操作的标准和依据。此外,岗位说明书还能从人力资源管理的角度出发,为进行工作再设计、组织结构再设计等组织变革活动提供参考,促成组织战略目标的实现。

二、岗位说明书的编制原则

（一）具体原则

和企业员工手册不同,岗位说明书具有很强的岗位针对性。在编写时,要使用具体、凝练的语言,在描述岗位的某个属性时,要注意该属性在不同岗位之间应有足够的区分效度。例如,企业内几乎每个岗位在任职资格方面,都对人际关系能力有一定的要求。但是,在编制岗位说明书的时候,尽可能避免使用"拥有良好的人际能力"这样笼统的语言,而应该将对于人际能力的要求按照岗位的特征进行尽可能地细化。再如,对于总经理职位,此种表述可以是"能够充分利用现有资源,建立人际网络,为实现组织目标提供帮助";对于普通行政岗位,此种表述可以是"能够通过倾听与表达,成功协调横向以及纵向的人际关系"。总之,岗位说明书的语言应该能准确具体地反映出岗位的特征。

（二）实用原则

岗位说明书不仅能够帮助上岗人员了解自己的职权职责,还为招聘录用、绩效考核等提供依据,有时甚至还是企业进行战略决策（例如人力资源规划）时的重要参考资料。因此,岗位说明书具有极强的实用性,岗位说明书的编制也必须服务于实践。

在文字表述方面,岗位说明书必须具有很强的可读性,避免使用花哨、晦涩的言辞。任职人员阅读后,无须其他帮助就能够明白其工作职责,任职期望与考核标准等。对于某些技术性较强的岗位,若涉及专业性的词语,也应该用通俗的语言进行阐述。在格式方面,岗位说明书应该清晰、整齐。在编写时,可以参考典型岗位的格式样本,但应结合企业实际情况加以调整、删减、补充,切忌照搬照抄。此外,一个企业各岗位的说明书应做到格式统一,还需要结合劳动市场环境变化与企业所处的发展阶段进行定期更新。

（三）兼容原则

一份具体的岗位说明书虽然具有很强的组织印记和岗位印记,但这并不代表岗位说明书的编制不需要考虑其普适性。一份成功的岗位说明书应做到横向兼容、纵向兼容以及内外兼容。

横向兼容是指若两个不同岗位在组织内具有横向协作的关系,那么岗位说明书中必须体现出这种协作关系。例如,人力资源部经理的岗位说明书中,关于工作职责的表述中提到"按照公司的薪酬预算,负责审批基本工资、绩效工资、津贴福利,从而有效地激励员工",那么,在财务部经理的岗位说明书中,也应该提到"参与编制薪酬预算""设计科学合理的工资福利发放形式"等内容。这样,有助于将组织的分工机制成文化、明确化。

纵向兼容是指若两个不同岗位在组织内具有直接的上下级关系,那么岗位说明书中必须体现出这种等级关系。例如,岗位说明书中提到人力资源部经理的权限包括"有权对人力资源管理中出现的突发情况,在分管副总经理的审批下,使用专门预算",那么,在分管人力资源的副总经理的岗位说明书中,也应该提到"根据实际情况,审批人力资源经理使用专门预算的请求"。如此,组织的等级体系将会更加有效。

内外兼容是指在设计岗位说明书时,要考虑到与组织可能有竞争、合作关系的其他组织的相关岗位的说明书的特性。一方面,组织的部分岗位常常需要与外部组织发生联系,例如人力资源部的部分岗位有可能要与人社局对接。在岗位说明书中体现人社局相关岗位的相应内容,有助于新上岗员工更好地了解自己的工作活动。另一方面,组织有时候需要从其他组织中获取人才,一份具有良好兼容性的岗位说明书,可以使人才引进后的适应过程更加平顺。

（四）合规原则

岗位说明书作为正式文本,必须具有合规性。此处的合规,不仅指符合正式制度的要求（例如法律、法规等）,也指应符合非正式制度的要求（例如道德规范、文化传统等）。在合规方面存在漏洞的岗位说明书,将对组织的人力资源管理产生负面作用,甚至埋下很深的隐患。

《中华人民共和国劳动合同法》的出台,标志着我国在立法上向弱势的劳动者一方倾斜。按照《劳动合同法》相关条款,企业必须高度重视岗位说明书在招聘录用、绩效管理、工作环境等方面陈述的合规性,以确保公司的人力资源管理体系与公司所在环境的法律框架高度相容。

例如,根据《劳动合同法》,在试用期结束之后,除劳动者严重违规失职、被追究刑事责任等特殊原因之外,企业解除劳动合同的依据只能是"不能胜任工作"。按照劳动部的规定,"不能胜任工作"是指劳动者不能按要求完成劳动合同中约定的任务或者同工种、同岗位的人员的工作量。在具体的实践中,胜任与否就涉及是否满足绩效考核的要求。根据《劳动合同法》,绩效考核的标准要明确、合法。"不能胜任工作"的标准应是绩效考核不通过,而不可以仅仅是业绩排名靠后。岗位说明书中有关绩效考核的部分,不应该出现类似于"末位淘汰"的内容。

三、岗位说明书的编制要点

(一)岗位标签

岗位标签,即岗位的基本资料,包括岗位的名称、岗位的编码、所属的部门、岗位的等级、直接上级与直接下级、定员人数与所辖人数等信息。此外,还包括岗位说明书的编写日期,承担工作分析的责任者、撰写岗位说明书的责任者与岗位说明书的审核者。

(二)工作概要

工作概要通常只有一两句话,它是对工作主要内容和工作目的的简要描述。工作概要能够使岗位说明书的使用者在最短时间内形成对于该工作的具象认知,并且将该工作与其他工作区分开来。

工作概要中需要有少数几个最关键的动词来描述最主要的工作任务,也可以包括目的状语来表述该工作的初步绩效预期。例如"制订企业的销售计划,指导营销部门的各项活动,保证销售活动的顺利开展""在总经理的领导下负责本企业的日常接待工作""保持门店地面清洁干燥"等。至于该岗位更具体的绩效预期、权责利等细节,则无须囊括。

(三)工作关系

该部分主要描述岗位在组织权力结构中的位置,有时还包括该岗位与其他组织与人员的协作关系。例如该岗位所在的部门、对接的直接上级与直接下级、对接的本组织的其他岗位、对接的其他组织(人员)等。

(四)工作职责

此部分是岗位说明书中最重要的一部分。和工作概要相比,此部分对于岗位责任的罗列更加全面,并且对于每一项责任拥有更详细的描述。每项责任之间,也应具有一定的关联性与逻辑性。

(五)工作权限

工作权限主要包括对组织内其他人产生影响的权限(人权),有关预算和经费的权限(财权)以及决策的权限(事权)。岗位说明书的相关内容,应当体现责任与权限的统一。权限和责任是相辅相成的,一定的工作权限是承担工作职责的前提和基础。

(六)绩效标准

绩效标准衡量了一个组织成员对于各项工作职责的完成程度。此部分与工作职责部分紧密相关绩效标准是在明确界定工作职责的基础上确定的。

(七)工作条件

工作条件主要指该岗位的工作地点、工作时间、工作环境以及面对这些环境企业能为劳动者提供的便利等。

(八)任职资格

此部分主要用来解决"什么样的人能从事这项工作"的问题,主要包括对于任职者的教育程度、工作经验、知识技能、性格品质、身体条件等方面的要求。

第二节 岗位说明书的编制内容

7

一、岗位标签的编写

此部分需要简明扼要地传递有关岗位名称、岗位编号、所属部门、岗位的等级、直接上下级、定员人数与所辖人数等信息。这些信息加在一起应当能够准确地标识出一份工作。此部分的编写也需要结合企业使用工作说明书的实际需要,使用一套统一的岗位标签系统。以下就主要子项目进行说明。

(一)岗位名称

一般而言,我们通过工作的主要职责与主要活动确定岗位名称。岗位名称的确定应注意两点:其一,标准性。对于典型的岗位,应该尽量采用与社会通用标准统一的名称,例如"电话接线员""人力资源经理"等。其二,简洁性。岗位名称应该有一定的抽象程度,不宜过长。总之,好的岗位名称既具有明确的区分性,又能准确高效地概括出岗位的内容。

（二）岗位编码

岗位编码由字母、数字和连接符号（例如短划线）构成，目的在于适应组织的信息化管理需要，快速查找职位。若一个组织采用了一套岗位编码系统，则每个岗位都具有唯一的编码。结合编码手册，岗位说明书的使用者能从岗位编码中推断出岗位的等级与所在部门等信息。

制定岗位编码需要一套科学合理的编码规则。岗位编码应符合计算机处理的需要，因此最好不要使用除了英文字母、数字与特定连接符号以外的字符。此外，岗位编码需要有固定的长度。例如，人力资源部中，分管员工招聘与录用的副经理的岗位编码可以是 HR-10-002-001，其中 HR 代表所属部门，10 代表岗位等级，002 代表该岗位在该部门中所属的小组，001 是该岗位在小组中的编号顺序。

（三）所属部门

指该岗位所在的组织中的正式部门。例如财务部、人力资源部、市场部、公关部、客户服务部等。需要注意的是，不同的部门也可能有相同性质的岗位（例如在高等院校中，每个学院都有辅导员这个岗位，每个系都有行政秘书这个岗位）。在编制岗位说明书中，对于这些性质类似的岗位，通过标识"所属部门"，我们可以增强岗位说明书指向的明确性。

（四）直接上下级

指该岗位的直接上级主管的岗位名称，以及直接下属的岗位名称。这些名称必须和对应主管/下属岗位的说明书中的名称相对应。直接上级指明了此岗位对谁负责，由谁监督管理，向谁汇报，同时也暗示着该岗位可能的晋升路径。直接下属指明了此岗位管理的对象，某种意义上也表明了此岗位的部分工作权限。

（五）定员人数与所辖人数

定员人数指组织中有多少个与该岗位完全一致的岗位。所辖人数指该岗位的直接下级的人数。

（六）其他信息

此部分主要包括编写时间、工作分析者、岗位说明书编写者、审核者等。编写时间可以帮助岗位说明书的使用者了解该说明书的时效性，也可以提醒企业定期更新岗位说明书。工作分析者、编写者、审核者的信息有助于明确责任。以下是某企业人力资源部分管招聘的副总经理的岗位说明书的岗位标签部分：

表7-1　人力资源部分管招聘副总经理的岗位标签

岗位名称	人力资源部副总经理	岗位编码	HR-10-002-001
所属部门	人力资源部	岗位等级	10级
直接上级	人力资源部总经理	直接下级	招聘专员
定员人数	1人	所辖人数	7人
工作分析者	×××	编写者	×××
审核者	×××	日期	二〇××年×月×日

二、工作概要的编写

工作概要是对工作内容与工作目的的最简单的概括。工作概要需要让岗位说明书的使用者在最短时间内建立起对于此工作的初步印象,并且能够将此工作与其他工作区分开。在岗位说明书的编写要点部分已经提到,工作概要主要包含设计此工作的主要目的、对于此工作的主要期望,以及为了实现期望,此工作所需要完成的主要活动。表7-2展示了工作概要的几个典型例子。

表7-2　几个典型岗位的工作概要

岗位名称	工作概要
办公室主任	在总经理的领导下,协调各部门的关系,传达各项指令,保障公司平稳运行
财务部总经理	全面负责公司的财务预算与财务收支管理,保障公司资金安全高效地循环
销售部总经理	全面负责公司的销售活动,制订并实施销售计划,以完成企业的销售目标
人力资源部总经理	全面负责公司的人力资源规划、招聘与录用、开发与培训、绩效考核等工作,为公司成长提供人才基础
培训主管	在人力资源部经理的领导下,负责公司的人员培训,提升员工的工作技能,充实公司的人力资本

三、工作关系的编写

工作关系指组织中一个岗位与其他岗位在工作中发生的联系。在编写此部分内容时,需要考虑两个岗位之间产生联系的原因、联系的频率、发生联系的方式等。工作关系可作如下分类。

按照组织的边界分类,工作关系可分为内部关系与外部关系。内部关系指与组织内部岗位发生的联系,外部关系指与组织外部岗位发生的联系。

按照层级关系分类,工作关系又可分为纵向关系与横向关系。横向关系指与组织内其他平行部门岗位或组织外岗位发生的联系,纵向关系指与组织等级链中直接上级岗位与直接下级岗位发生的联系。

在确定工作关系时,需要遵循重要性原则。无关紧要的工作关系不必出现在岗位说明书中。重要的工作关系并不一定意味着两个岗位间高频率的联系,而是指可能对组织成效产生重大影响的联系。因此,在频率之外,还需要综合考虑联系的起因、方式、内容。

在岗位说明书中,通过工作关系相关的内容,可以了解本岗位在组织中的层级和作用。工作内部关系与外部关系的相关内容,可以帮助组织成员了解工作关系的复杂性与处理工作关系的难易程度。工作的纵向关系可以显示本岗位员工可能的晋升路线,工作的横向关系可以显示本岗位与其他岗位进行工作轮换的可能性。以下是销售部总经理岗位说明书的工作关系部分。

表 7 - 3　销售部总经理工作关系

分类			内容
内部关系	纵向关系	直接上级	分管销售的公司副总经理
		直接下级	销售部副总经理
	横向关系		财务部、办公室相关岗位
外部关系			广告公司、策划公司、各类媒体

四、工作职责的编写

工作概要部分已经包含了有关工作职责的初步内容,此部分在此基础上阐释有关工作职责的进一步内容。在编写时,我们需要按照一定的顺序,全面罗列并详细阐述本工作的所有活动。此外,还要描述各项活动的主次关系、对于各项活动的具体期望以及这些具体期望与组织目标之间的具体联系。

工作职责部分的最主要内容是工作活动,因此,在描述工作职责时,需要按照"不重、不漏"的原则确定工作活动。也就是说,既要涵盖所有工作活动,又不能对于同一工作活动有重复的表述。在排列各项职责之间的顺序时,若该岗位涉及一系列具体的流程(通常是对于典型的业务层岗位,例如银行的柜员),则职责排列的顺序可以与流程的顺序相同;若该岗位的职责是高度板块化的,与具体的流程无关(通常是对于典型的管理层岗位,例如总经理),则职责的排列顺序可以按照重要性由主到次排列。

工作活动主要通过一系列动词来表述,具体如表 7 - 4 所示。

表 7 - 4　美国工作分析常用动词库

adapt	采用	design	设计	locate	定位、查找	receive	接受、接待
administrate	管理、执行	determine	决定	maintain	保持	recommend	推荐、建议、介绍
analyze	分析	develop	开发、发展	make	制作	reject	拒绝
arrange	安排、协商	direct	指导	manage	管理、设法完成、执行	repair	修理、修正、修订
assist	帮助、协助	discuss	讨论	modify	修改	report	报告

（续表）

attend	参加	dispute	争论、辩论	monitor	监督、检测、监控	resale	转售
authorize	批准	ensure	保证	negotiate	商议、谈判	research	研究、调查
build	建造	enter	进入、输入	observe	遵守	resolve	解决
calibrate	校准	establish	建立	operate	操作	review	评论
cash	取现	evaluate	评价	organize	组织	rotate	旋转
check	检查、核对	examine	检查	oversee	监视	route	（按某路线）发送
collect	收集	file	处理文件	participate	参加	schedule	制订计划
compare	比较	forecast	预测、预报	patrol	巡逻	study	研究
compose	组成	formulate	阐明	pay	支付	submit	提交
conceptualize	概念化	gain	获得	perform	执行	supervise	监督、主管
conduct	引导、传导	greet	问候	permit	批准	support	支持
confer	赠与	handle	处理、处置	plan	计划	take charge	主持、负责
connect	联络	identify	确认	post	张贴、布置、邮寄	test	测试
construct	建造、创立	identify	识别	predict	预测	undertake	从事、承担
control	控制	inspect	检查	prepare	准备	use	应用
cooperate	合作、协作	interpret	解释	prevent	防止	verify	核对
coordinate	协调、调整	interview	面谈	produce	生产	work with	与…共同工作
count	计算	keep	保持、维持	provide	提供	write	写、起草、执笔
delete	删除	lead	带领	read	读		

　　动词的选择，常常以工作活动的对象为依据。例如，对于数据、资料，常用的动词为"收集""分析""总结"等；对于政策、规章、制度，常用的动词为"起草""制定""下发"等；对于计划、方案、请示，常用的动词为"评估""审核""批准""否决"等。动词的选择还应体现出岗位在组织中的层级。对于管理层岗位，典型的动词包括"主持""指导""监督"等；对于业务层岗位，典型的动词包括"执行""反馈""接待""制作""请示""提交"等。

　　在描述完工作活动之后，有时还应描述工作活动所要实现的成果，以及这些成果与组织目标之间的联系。在岗位说明书的"绩效标准"部分中，对于工作成果的阐述具有详细的标准，而且往往是数量化的。此处对于工作成果的描述不应拘泥于具体的指标，而应关注成果的实现与工作活动开展方式、开展手段的契合性。例如，销售部总经理岗位说明书的工作职责部分，无需包含市场份额上升的具体百分比，而应包含成功获得大量新客户所需的具体工作活动。以下是岗位说明书中工作职责部分的两个示例。

7

表7-5 销售部总经理工作职责

职责板块	具体内容
制订销售计划	1. 关注销售市场的总体形势,及时上报有关重大情况;分析市场状况,正确地做出市场预测 2. 根据上级下达的销售指标(市场份额、销售量、回款情况、销售费用等),分解指标,制订、调整详细的销售计划
执行销售计划	1. 每周定期组织例会,并参加与企业有关销售业务的会议 2. 根据先前制订的销售计划,开拓完善销售网络 3. 随同业务人员拜访客户,在必要时参加相关的接待与宴请活动 4. 在短时间内灵活及时地处理,相应销售业务员有关销售权限的请示 5. 制定销售队伍的行为规范,并监督实施,避免销售队伍出现严重的行为失当 6. 负责销售合同(以及与销售相关的其他具有法律效力的文件)的审批 7. 监督销售合同的执行,包括款项回收、产品转移以及相关的登记工作 8. 向上反馈与售后相关的信息 9. 组织与销售有关的文件(例如广告、标书)的制作与整理工作 10. 负责销售费用的监管,控制销售成本,优化销售成本结构 11. 监督、指导下级销售指标的完成情况
部门内事务	1. 负责销售队伍的建设,培育新一代销售人才,使销售队伍适应不断变化的市场形势 2. 为部门内员工提供良好的工作保障 3. 负责销售工作程序(例如接待客户、合同与标书管理等)的培训工作 4. 建立指标体系(例如该销售的数量与金额、该销售的毛利率与回款情况、该销售对于客户关系重构的影响、该销售对于公司市场地位的影响),确定合同的质量,以考核、激励销售队伍 5. 妥善处理部门内发生的意外事件

表7-6 财务部会计工作职责

职责板块	具体内容
登记责任	1. 对于本单位每日发生的各项经济业务,根据原始凭证填写记账凭证 2. 整理收集每日的记账凭证,并对其进行记账工作 3. 定期汇总登记总账
审核责任	1. 审核原始凭证的合法性、完整性、合理性,尤其是相关经办人、审批人签章是否齐全;特别是在应当索取增值税专用发票的情况下,是否按规定索取了有效的增值税专用发票 2. 审核记账凭证和所附原始凭证内容是否一致、金额是否相符、张数是否正确 3. 审核记账凭证所用科目是否合理、方向是否正确 4. 核实记账、更正、结账、注销是否符合相应会计规范 5. 核实总账是否与明细账相符,报表是否与总账相符 6. 对于固定资产及原材料、库存商品等,定期进行实地盘点,判断会计账簿中的折旧、减值、盘盈、盘亏处理是否符合实际,并进行相应调整,做到账实相符 7. 核对本单位与其他单位的往来账项,并对未达账项进行会计处理
保管责任	1. 保管本岗位有关的印章 2. 按照相应的会计规范,安全地保管记账凭证与原始凭证,分门别类地保管分类账及总账,以备今后的查证需要

需要注意的是,即使在工作分析与编写岗位说明书上花费了足够精力,也不可能穷尽所有的工作活动。组织的运行具有高度不确定性,时常会出现一些临时性的、无法归责于某个具体岗位的工作任务。在中国情境下,岗位说明书中常常有如下一句话:完成领导安

排的其他工作。从理论上看,这种表述违背了编写岗位说明书的基本原则。按照这种逻辑,所有岗位说明书的工作职责部分,完全可以用"完成领导交办的任务"来替代。但在实际工作中,此种表述的存在也有其独特的现实意义。因此在编写工作职责部分时,应结合实际情况,灵活对待。

五、工作权限的编写

工作权限指为了保证职责的履行,一个岗位由组织赋予的能够施加影响的层级、范围及程度。工作职责与工作权限是高度统一的。若工作权限设定过大,会导致对于权力的滥用;若工作权限设定过小,会阻碍工作职责的承担。因此,对工作权限进行恰当的、清晰的界定,有助于合理分配有限的组织资源,激励组织成员主动担当履责,保障工作的顺利开展,进而实现组织目标。

按照职权的对象分,工作权限可分为人权(对组织内其他人产生影响的权限)、财权(有关预算和经费的权限)及事权(决策的权限)。按照职权的行为方式分,工作权限可分为知情权、建议权、参与权、审批权、否决权、使用权、执行权、控制权、考核权等。具体如下表 7-7 所示。

表 7-7 常见工作权限的分类

工作权限	主要内容
知情权	对组织内与工作责任相关的、且有一定保密需求的信息的获取权
建议权	对组织内的计划、方案、制度提出建议和意见的权力
参与权	参与组织内正式活动(如会议等)的权力
审批权	同意组织内计划、方案、制度的实施的权力
否决权	阻止组织内计划、方案、制度的实施的权力
使用权	调用组织内有限的资源(例如信息技术设备、公务用车等)以保证职责实施的权力
执行权	将组织内的计划、方案、制度付诸实践的权力
控制权	监督组织内计划、方案、制度的实施,并在其偏离预期结果时,对其运行进行调整的权力
考核权	对组织内计划、方案、制度的实施结果进行评价,并依据评价结果对下属进行考核、实施奖惩的权力

六、绩效标准的编写

绩效标准的制定需遵循 SMART(specific, measurable, attainable, relevant, time-based,即 SMART)原则。具体原则表明,绩效标准不能抽象,不能泛泛而谈。例如,销售部销售员的绩效标准中,"与客户的联系紧密程度"就不是一个具体的绩效标准。更加具体的表述应为"拜访客户的次数"。可衡量原则表明,必须有一套标准,能够客观合理地测量绩效的好坏。例如打字员每分钟打字的数量与准确率都是可衡量的绩效标准。可达到原则表明,若制定的标准过高,员工难以完成,就会丧失对于实现标准的信心。因此,企业要根据实际情况,制定员工通过一定程度的努力可以达到的绩效标准。相关原则表明,绩效标准必须与组织的目标高度相关。截止期限原则表明,应该根据任务的权重、事情的轻重缓急,拟定出完成目标的截止期限,并将其纳入绩效标准中。

以下小故事有助于进一步了解绩效标准的编写原则。美国加利福尼亚大学的学者做了这样一个实验:把6只猴子分别关在3间空房子里,每间两只,房子里分别放着一定数量的食物,但放的位置高度不一样。第一间房子食物就放在地上,第二间房子食物分别从易到难悬挂在不同高度的适当位置上,第三间房子食物悬挂在房顶。数日后,学者发现第一间房子的猴子一死一伤,伤的缺了耳朵断了腿,奄奄一息。第三间房子的猴子都死了。只有第二间房子的猴子活得好好的。

究其原因,第一间房子的两只猴子一进房间就看到了地上的食物,于是,为了争夺唾手可得的食物而大动干戈,结果伤的伤,死的死。第三间房子的猴子虽做了努力,但因食物太高,难度过大,够不着,被活活饿死了。只有第二间房子的两只猴子先是各自凭着自己的本能蹦跳取食,最后,随着悬挂食物高度的增加,难度增大,两只猴子只有协作才能取得食物,于是,一只猴子托起另一只猴子跳起取食。这样,每天都能取得够吃的食物,很好地活了下来。故事虽是猴子取食的实验,但也在一定程度上说明了人才与岗位的关系。

绩效标准设定过低,体现不出能力与水平的差异,选拔不出人才,反倒成了内耗式的位置争斗甚至残杀,其结果无异于第一间房子里的两只猴子。绩效标准设定过高,虽努力而不能及,甚至埋没、抹杀了人才,犹如第三间房子里的两只猴子的命运。因此,绩效标准设定应适当,循序渐进,如同第二间房子的食物。这样才能真正体现出能力与水平,发挥人的能动性和智慧。同时,相互间的依存关系使人才间相互协作,共渡难关。

七、工作条件的编写

工作条件主要包括工作时间、工作地点、工作环境,以及组织能够给成员提供的必要便利等。

在编写工作时间时,应包含上下班时间、休假制度以及工作时间的不确定性。对于工作时间不确定性较低的岗位,在一个工作周期内,工作量几乎没有太大的变化,例如银行的柜员、高等学校的行政人员等。对于工作时间有一定不确定性的岗位,在一个工作周期内,工作量有一定波动,从而出现"忙闲不均"的情况,例如公交驾驶员。对于工作时间高度不确定的岗位,在一个工作周期内,工作量会出现强烈的反差对比,例如销售部负责市场推广的部分岗位会在投标活动开始前工作量很大,会计师事务所的部分岗位会在年报披露前工作非常紧张等。

在编写工作地点时,除了固定的工作地点外,若工作包含大量出差活动,也应该注明相关信息。例如,常见的出差地点,出差时间所占工作时间的比重,常用的交通方式等。

在编写工作环境时,需要考虑物理环境(温度、湿度、海拔、噪音、震动、毒性、粉尘、辐射等)以及社会环境(风俗、文化、制度等)。对于部分业务层岗位,在详细描述物理环境之外,还应描述不利物理环境所带来的安全性问题,例如可能发生的事故,事故发生的频率及严重性,常见的职业病、患病率及危害程度等。

在描述完工作时间、工作地点与工作环境后,还应描述面对这些工作条件(主要指不利条件），组织能给成员提供的便利。例如，对于危险性较强的岗位，可以包括为员工提供的安全帽、防护服的信息。这样，岗位说明书就不再片面强调工作条件不利的一面，而能够让其使用者对其工作条件有更全面、更客观的了解。

八、任职资格的编写

任职资格又称工作规范，是岗位说明书的重要组成部分。它描述了为了满足该岗位的要求，任职者所必须具备的基本资格和条件。主要包括年龄、性别、身体特征、教育情况、专业技术职务、职业资格证书、工作经验、工作能力与人格特质等。任职资格的编写需要遵守以下原则。

（1）合法原则。岗位说明书与公司所在地区法律法规相违背，很多情况下是因为任职资格部分的叙述触碰了红线。在很多国家和地区，如无特殊情况，任职资格部分都不能包含基于地域、种族、民族、性别、年龄以及身体残疾状况的歧视。例如，在美国，《美国残疾人法案》就要求雇主必须提供非常多的证据，表明某项工作职能对于企业极其重要，必须雇佣一定身体条件的人才能完成该职能，残疾人确实不能完成该项工作。如此才能在任职资格中对身体残疾状况进行一定的限定。在这之前，雇主还需要尝试提供"一定的条件"，使得残疾人能够完成该工作，除非能够拿出证据证明这不可行。在中国，2008 年开始实施、2015 年修订的《中华人民共和国就业促进法》也明确规定，"用人单位招用人员、职业中介机构从事职业中介活动，应当向劳动者提供平等的就业机会和公平的就业条件，不得实施就业歧视""国家保障妇女享有与男子平等的劳动权利。用人单位招用人员，除国家规定的不适合妇女的工种或者岗位外，不得以性别为由拒绝录用妇女或者提高对妇女的录用标准""国家保障残疾人的劳动权利。各级人民政府应当对残疾人就业统筹规划，为残疾人创造就业条件。用人单位招用人员，不得歧视残疾人""用人单位招用人员，不得以是传染病病原携带者为由拒绝录用""农村劳动者进城就业享有与城镇劳动者平等的劳动权利，不得对农村劳动者进城就业设置歧视性限制"。由此看来，企业必须有充足的理由证明任职资格与实现工作职责的高度相关性，才能在性别、身体条件等敏感议题上对任职资格做出要求。随着法律法规的不断完善、就业者维权意识的不断增强，若企业对任职资格设定的合法性没有足够的认识，将会留下很深的法律隐患。

（2）职位原则。在中国语境下，可以理解为"对事不对人"。也就是说，任职资格的切入点必须是岗位本身，而非任职者。要以工作为依据，对任职资格做出切实可行的叙述，任何任职资格的限定都必须与工作高度相关。例如，应该将打字员的任职资格描述为"平均每分钟输入 40 个以上汉字"，而不是"手指很灵巧"。

（3）最低标准原则。有一种现象是，一些岗位说明书采取"适度偏高"的原则，即在必备的任职条件下适度上浮，列出能够以出色业绩胜任本岗位的、高度理想化的资格，试图为任职者的职业生涯发展提供指引。但是，在本章开头已经论述到，岗位说明书必须具有一定的普适性，一味地"就高"会严重损害这一特性。因此，一般而言，任职资格应该是履行该岗位职责的最低要求，即能被雇佣的最低标准。

前面已经提到，年龄、性别、身体特征等方面的任职资格界定较为敏感，并涉及具体法

7

律法规。以下,将着重从教育情况、专业技术职务、职业资格证书、工作经验、工作能力与人格特质等方面对任职资格的编写进行详细叙述。

（一）教育情况

教育情况指任职者接受的各级各类教育的状况,主要包括学历、学位和专业三方面的内容。

学历,从字面意思看,是指一个人在教育机构中学习科学文化知识的经历。一般来说,这种经历和一个人的文化程度高度相关。一个人在一定层次的教育机构中学习,就通常能够受到一定层次的训练,从而具有相应层次的学历。虽然从广义上说,任何一段学习经历都可以称为学历,但是一般来说,任职资格中所要求的学历,都是正式学历,即经过所在国家相关行政部门（例如中华人民共和国教育部）批准的、有国家认可的文凭颁发权力的机构所颁发的学历。因此,不同国家的学历体系在有可比性的同时,也有一定的差别。在我国,学历可分为小学、初中、高中、职高、中专、大学专科、大学本科、硕士研究生与博士研究生等,此外,历史上还有大学普通班。

学位,是一种标志着被授予者的学术水平达到一定标准的学术称号。在大部分国家和地区,按照等级排列,分为学士学位、硕士学位和博士学位三种,在有的地方还设有副学士。按照学术的不同领域分,通常还可分为理学、工学、文学、历史学、哲学、法学、医学、建筑学、艺术学、农学、经济学与管理学学位。学历和学位之间有一定程度的匹配关系,但学历不等于学位,"有学历无学位"和"有学位无学历"这两种情况均有可能出现。大学专科及以下的学历通常不授予学位。若学术水平未能达到一定条件,大学本科、硕士研究生、博士研究生学历也不一定能给学习者带来学士、硕士、博士学位,这便是"有学历无学位"的情况。此外,若学习者参加了一些非全日制的项目,例如工商管理硕士（MBA）与工商管理博士（DBA）等,虽然能够取得硕士或博士学位,但是不具有相应的硕士研究生或博士研究生学历,这便是"有学位无学历"的情况。在任职资格中,有关学历与学位的要求,通常是指一个人拥有的最高层次的学历或学位。

专业,是指一个人在正式学习经历中所聚焦的领域。一些专业特征非常明显的岗位通常会对专业提出要求,例如财务人员应是会计、财务管理或审计相关专业,药师应是药学相关专业。有些岗位则对专业没有具体要求,例如产品经理、销售等。

（二）专业技术职务

在我国,有一套专业技术职务体系。专业技术职务体系下的岗位,通常在党政机关、事业单位中,最耳熟能详的莫过于"大学教授""中学高级教师""主任医师""高级记者"等。事实上,我国目前有30大类专业技术职务,它们是根据实际工作需要设置的,有明确职责、任职条件和任期,并需要具备专门的业务知识和技术水平才能担负的工作岗位。专业技术职务需要经过定期考核,而不是一次获得后终身拥有。

一般而言,个人如果选择了专业技术职务体系内的职业,会随着年龄、资历与专业水平的增长,由其所在的单位提名,报上级部门批准,获得更高的专业技术职务。但是,在党政机关、事业单位体系中的人有时也会做出"跳槽"选择,有时候事业单位也需要从外部延揽人才,例如,高等院校在教师招聘方面,除了招聘刚毕业的博士、刚出站的博士后之外,有时也会以较优厚的条件,直接聘任已经拥有一定专业技术职务名称的人员。这时候,岗位说明书中任职资格部分有关"专业技术职务"方面的叙述,就会发挥作用。

（三）职业资格证书

职业资格对是某特定职业所需的学识、技术和能力的基本要求,反映劳动者需要而运用特定的知识、技术和技能的能力。学历主要反应一个人在教育机构中学习科学文化知识的经历,是文化理论知识水平的证明;而职业资格与职业劳动的具体要求密切结合,从而能够更准确直接地反映特定职业的实际工作需要,以及申请职业资格者若从事该职业所表现出的实际能力。职业资格证书制度是就业制度的一项重要内容,也是一种特殊国家考试。它是指按照国家制定的职业技能标准或任职资格条件,通过政府认定的考核鉴定机构,对劳动者的技能水平或职业资格进行客观公正、科学规范的评价和鉴定,对合格者授予相应的国家职业资格证书。

我国从 1994 年开始推行国家职业资格证书制度,由人社部会同国务院有关主管部门设置。然而,随着职业资格种类越来越繁多,交叉、重复、浪费的现象较为严重,一些职业资格含金量较低,培训和鉴定的过程有时未起到实际效果。因此,从 2013 年开始,为促进劳动要素自由流动,减少不必要的就业门槛,大量职业资格被取消。截至 2019 年初,人社部公布的职业资格共 139 项,其中专业技术人员职业资格 58 项,技能人员职业资格 81 项。

（四）工作经验

通常,组织都更倾向于招募有一定工作经验的员工,以便其能更快地适应工作角色。在岗位说明书的任职资格部分,工作经验主要可以从三个维度进行描述:社会工作经验、专业经验和管理经验。社会工作经验指劳动者走出学校,进入职场的所有经验,包括了任职者所有的工作经历。管理经验指劳动者从事管理职位的工作经验。专业经验指劳动者从事过相同或类似岗位的工作经验。

例如,某人本科毕业之后,在 A 会计师事务所工作 8 年。随后,又进入 B 会计师事务所工作 5 年,其中有 3 年担任项目主管。最后,进入某银行管理岗位工作,截至目前共工作 3 年。那么,此人共拥有 16 年的社会工作经验,6 年的管理经验以及 13 年的审计行业专业经验。

（五）工作能力

工作能力指任职者为完成工作职责所必须具备的素质条件。工作能力具体可以分为以下六大类。

（1）语言文字能力。指在演讲、授课、宣传方面具备的口头表达能力,以及在起草文件报告、编写计划、记录业务、说明情况、撰写文章论著等方面具备的书面表达能力。

（2）理解分析能力。指对于有关目标任务、文件指示、方针政策、理论等的认识与领

7

会能力,以及运用上述内容对本岗位工作中各种抽象或具体问题进行归纳、整合、分解、判断的能力。

(3)组织协调能力。组织本单位(部门)人员开展工作,以及协调其他单位(部门)人员配合工作的能力。

(4)社会活动能力。指为开展工作,进行社会交往、拓展社会联系、处理整合各方面社会资源的能力。

(5)执行能力。在执行具体工作的过程中,既能从计划出发,对方向性、全局性的问题进行决断,在重大问题上坚持原则;又能从实际出发,灵活应对,妥善地、有艺术性地处理复杂多变情况的能力。

(6)创新能力。指通过对某一领域的研究,发现新规律、创造新事物、提出新思路、找到新方法的能力。

(六)人格特质

人格特质指在一个人面对现实世界时,其行为方式中持久的、稳定的、一致的心理特征。它不同于情感,也不同于态度与认知。只有这些行为中的心理特征在不同情况下出现的频率足够高、并且在不同情况下具有稳定性时,才成为人格特质。常见的人格特质分类有卡特尔的16种人格特质、大五人格等。在人格特质与职业特征结合方面,美国约翰·霍普金斯大学的心理学教授霍兰德以其从事职业咨询的经验为基础,通过对本人职业生涯和他人职业道路的深入研究,首次提出了职业选择理论,阐述了个性与环境类型相匹配的思想,他的分析框架也被广泛接受。

表7-8 霍兰德人格类型与职业范例

类型	人格特点	职业范例
现实型(Realistic)偏好:需要技能、力量、协调性	害羞、真诚、持久、稳定、顺从、实际。该类型的人具备机械操作能力或一定的体力,适合与机械、工具、动植物等具体事物打交道;相适应的职业主要是熟练的手工工作和技术工作,运用手工工具或机器进行工作	机械师、钻井操作工、装配线工人
研究型(Investigative)偏好:需要思考、组织和理解	分析、创造、好奇、独立。该类型的人具备从事调查观察、评价、推理等方面活动的能力;相匹配的职业类型主要是指科学研究和实验工作,研究自然界和人类社会的构成和变化	生物学家、经济学家、数学家、新闻记者
社会性(Social)偏好:擅长理解他人、帮助他人、提高他人	社会、友好、合作、理解。这种类型的人人际技能高,喜欢从事与人打交道的活动,人道主义,避免过分理性地解决问题;社交型职业即指为人办事的工作,通过说服、教育、培训、咨询等方式来帮助人、服务人、教育人	社会工作者、教师、临床心理医生

类型	人格特点	职业范例
企业型（Entrepreneurial） 偏好：能够说服他人、影响他人、获得权力	自信、进取、精力充沛、盛气凌人。该类型的人具备劝说、管理、监督、组织和领导等能力，并以此来获得政治、经济和社会利益；经营型职业是指那些劝说、指派他人去做事情的各级各类管理者和组织领导者	律师、房地产经纪人、公共关系专家
艺术型（Artistic） 偏好：擅长模糊的、无规律可循的创造性表达	富于想象力、无序、杂乱、理想、情绪化、不实际。属于艺术型的人具备艺术性的、独创性的表达和直觉能力，不喜欢结构性强的活动，富于情绪性；适合于从事艺术创作	画家、音乐家、作家、室内装饰设计师
传统型（Conventional） 偏好：喜爱规范、秩序、清晰明了的事务	服从、高效、实际、缺乏想象力、缺乏灵活性。属于事务型的人注重细节、讲求精确性，具备记录和归档能力；适合从事办公室工作和一般事务性工作	会计、业务经理、银行出纳员、档案管理员

第三节　岗位说明书的作用

作为人力资源管理的基础性文件，岗位说明书表明了岗位的主要工作职责和活动、工作权限与工作关系、绩效考核标准与任职资格。一方面，在员工到岗前，岗位说明书为招聘工作的选拔测试过程提供了客观依据；另一方面，在员工到岗后，借助岗位说明书，可以了解员工素质与要求之间的差距，以便开展有针对性的在职培训和开发。岗位说明书确定了工作职责、明确了职责范围、提供了绩效标准，可在此基础上进一步细化为详细的绩效考核方案，以此判断员工的表现是否达到甚至超过岗位的期望，并进行相应的任职、免职、提拔、降级、嘉奖、批评等。总之，岗位说明书为人力资源管理的各项活动提供了可操作的指导与依据。

岗位说明书是工作分析的成果。从广义上说，岗位说明书的作用也是工作分析的作用。在此节中，我们主要讨论岗位说明书的直接作用，并且仅仅进行概述性的讨论。至于涉及企业人力资源战略、职业生涯管理等全局性的、宏观性的内容，将在下一节深入讨论。

一、岗位说明书对员工的作用

（一）为具体工作提供指导

岗位说明书可以为应聘者提供有关工作的介绍，即使事先不熟悉该份工作，也能通过岗位说明书很快地了解这份工作，从而确定自己是否感兴趣，自己是否能够胜任，自己该做出何种努力使得自己胜任，自己若进入该岗位所需的注意事项等等。

一份合格的岗位说明书，也是该岗位的典型员工留下的一份操作备忘录，当新员工进入组织,借助岗位说明书,可以更快地熟悉岗位规则与操作流程,并随时检查自己的行为是否与规范相符。在工作职责、工作权限部分,一份详细的岗位说明书已经界定了责权范围,以及其与工作的基本目标之间的联系,包括谁向谁报告、谁向谁负责等。这些有助于员工理顺组织内部关系,进而更顺利地进行内部合作。

(二)建立和谐的劳动关系

保证工作安全、工作卫生,减少工作危害往往是组织高度重视的。岗位说明书的工作条件部分,将危险和有害的工作条件标识出来,并且制定了相应的应对方案。这有利于员工提升安全意识,采取防护措施,从而减少事故以及人身伤害事件发生的概率。此外,在协调劳动关系方面,岗位说明书事实上是员工与组织契约的一部分。一份合格的岗位说明书,有助于员工对工作职责、工作条件、待遇以及考核标准、晋升路径形成较为清晰的认识,减少进入组织后由于信息不对称、期望与现实不符而产生的负面情绪与消极心态,并且以岗位说明书为参照,对自己的职业生涯进行科学合理的规划。

二、岗位说明书对组织的作用

(一)为组织结构设计与工作设计提供建议

岗位说明书能为组织的结构设计提供有效的指导。一份较为完备的岗位说明书,能够帮助组织进行结构方面的变革重组。有关工作职责、工作权限、工作关系的内容,有助于组织认清责权分配是否有重复或者遗漏。随着社会经济的发展,组织的形态、结构与层次也不得不随之改变。一些工作活动、工作职责变得愈发重要,另一些的重要性则慢慢衰退,组织功能也在不断重构。岗位说明书中有关工作概要、工作职责的描述,能够帮助组织变革的统筹策划者,快速梳理出组织目前岗位的所有活动与职责,从而高效地制定出最佳变革方案。岗位说明书中有关工作关系的描述,有助于重新定岗定员、重新设计管理幅度与管理层次。

在工作设计与工作再设计方面,岗位说明书也能发挥作用。工作设计的主要内容是设计员工的工作职责、内容、方式等,以使企业人力资源得到优化配置,为员工创造更好地发挥自身能力、提高工作效率的管理环境,从而保证人事相宜、人尽其才。随着组织职能的拓宽与深化,工作中新技术的不断采用,员工对组织的要求不断提高,组织往往需要对工作进行再设计。通过分析岗位说明书的工作概要、工作职责、工作关系、绩效标准方面的内容,能够了解到当前工作设计的不足,从而在角色分派、工作流程、考核标准等方面对于岗位进行变革与改造。通过分析任职资格部分的内容,能够在工作再设计中,使得工作更加契合任职者的技能、能力与特质,从而达到开发员工潜力、提高组织绩效的目标。

(二)为组织人力资源规划提供信息

岗位说明书有助于组织进行人力资源规划。人力资源规划的核心过程,是对现有人力资源进行盘点,对人员在组织内部和流入、流出组织的行为进行预测和相应准备的过程。利用合格的岗位说明书，可以对组织内部各个岗位的工作量、工作方式进行科学合理的判断，从而为岗位的增减提供必要的信息。此外，在人力资源规划方面，岗位说明书的任职资格部分，有助于组织了解目前的人员配备是否达到要求、组织的人员结构应做出怎样的调整、人员增减的趋势、后备人才的情况等方面的内容。任职资格部分与工作关系部分相结合，还有助于决定职位空缺的填补方式是外部劳动力市场补充还是内部调动。

（三）为招聘、录用与培训提供参考

岗位说明书可以用于人员招募、筛选、雇佣、配置等员工就业的各个方面。组织中负责招聘的人员，可以根据岗位说明书的任职资格部分中对于技能、能力与工作经历、职业资格等方面的要求，确定面试与测试的方式、方法和具体内容。这些信息同样有助于录用后员工的配置工作。

岗位说明书还能为培训提供参考。岗位说明书本身就可以作为入职培训的教材。一份详尽的岗位说明书涵盖了工作所需的知识、技能、能力、态度和行为，以及与高工作绩效紧密相关的关键工作行为，这些都能为培训需求的确定提供重要依据。由于知识、技能、能力、态度和行为的不足，导致员工实际绩效水平与预期绩效水平间存在差距，尤其是在关键工作绩效范围中的差距，能够为企业在是否培训、何时培训、怎样培训、培训什么等方面的决策，提供科学合理的依据。

（四）为绩效评估、工作评价与薪酬管理提供依据

岗位说明书在帮助组织进行绩效评估、工作评价与薪酬管理方面至关重要。岗位说明书在绩效评估中的应用，最直接的是绩效标准的确认。通过岗位说明书，组织可以知道任职者是否完成了岗位规定的工作内容，是否达到了应达到的标准。负责考核的管理者可以更多地依赖工作输出的信息，而不是个人的主观判断。在绩效反馈、绩效指导中，岗位说明书也是开展这些活动的依据。岗位说明书提供的信息还是工作评价与薪酬管理的重要依据。薪酬体系的制定需要对工作进行分类、比较职位间的相对价值，并与典型劳动力市场中这些职位的平均工资进行对比，从而保证组织薪酬体系的外部公平与内部公平。在进行工作评价时，我们必须从不同岗位间抽象出有一定可比性的要素作为工作评价的依据。而岗位说明书就提供了有关这些可比要素的信息。因此，我们认为，岗位说明书也有助于开展工作评价。

（五）帮助组织对员工进行职业生涯管理

一个负责任的组织，还会利用岗位说明书对员工进行职业生涯管理。从浅层次来看，前面已经提到，岗位说明书作为组织与员工间契约的一部分，有助于帮助员工更好地认识岗位，形成合理的预期，有助于形成和谐的劳动关系，避免不必要的纠纷。从深层次看，员工的调动、升迁是一个需要预期和计划的过程。组织在计划过程中必须考虑到，从基层岗位到更高层级岗位转变中对于技能、能力、资质要求的变化。组织可以根据岗位说明书的任职资格部分，提炼出不同层级的岗位在教育水平、工作经验、资格资质、能力素养等方面

的相似性与差异性,从而制定出科学合理、切实可行的职业发展路线,并为选拔提供依据,使得基层员工对未来有期望,提高组织承诺。此外,若组织聘请外部人员与机构帮助设计员工职业生涯,岗位说明书也有助于他们快速了解情况并形成有效方案。

本章小结

作为人力资源管理的基础性文件,岗位说明书对于个人与组织都有重大的意义,一套合适的岗位说明书体系必将使组织受益。本章主要讨论岗位说明书的编写原则与要点、岗位说明书各要点编写的详细步骤,以及岗位说明书对于员工和组织的作用。一份完整的岗位说明书通常包括岗位标签、工作概要、工作关系、工作职责、工作权限、绩效标准、工作条件、任职资格这八个部分。在编写时,需要坚持实用性导向,在合法合规的基础上,详细描述该岗位的所有信息,既要体现岗位的独特性,也要保持一定的普适性。

复习与思考

1. 岗位说明书八个部分的叙述中,容易给组织带来法律风险的有哪些?请举例说明。

2. 在岗位说明书的编写中,如何体现工作职责与工作权限的关系?

3. 在我国,专业技术职务与职业资格的区别和联系有哪些?哪些组织、哪些岗位的岗位说明书中,需要在这两方面提出任职资格要求?

应用案例分析

岗位说明书在中国情境下的适应性

岗位说明书是人力资源管理的基础性文件,具有极高的重要性。然而,在某些中国情境下的人力资源实践中,传统意义上的岗位说明书似乎变得形同虚设。人力资源部为了制定岗位说明书,所进行的一系列访谈、问卷调查工作常常得不到应有的配合,制定出的岗位说明书也常常无法得到各部门的一致认同,有时甚至也无法得到原本支持岗位说明书编制的高层管理者的认同。因此,岗位说明书往往无法发挥其真正效力。问题在于何处?答案在于,传统的岗位说明书的有效性以西方主流人力资源管理理论为基础。要想解决岗位说明书在某些中国情境下失去其实际意义的问题,必须深入分析我国企业管理实践的独特性。

一、中西管理实践文化背景的差异

岗位说明书之所以能成为人力资源管理的基础性文件,就在于其有足够的制度权威。

员工基于对制度的高度信任与敬畏,导致其"趋利避害"地去做制度推崇、有可能带来奖励的事,而不去做制度否定、有可能带来惩罚的事。当然,为了维护岗位说明书的权威,直线经理必须严格按照岗位说明书给下属安排工作,而不是将所有的任务分配都归因于"实际需求"。这样,员工也能够自觉按照岗位说明书履行职责。

在我国的传统文化中,在用人方面很强调"情理"的因素。要想留住人、让人才发挥作用,就必须在"情理"方面下功夫,在具体的实践中,就指直线经理利用其职权将有限的资源(报酬、职位提升的空间)有差别地分配给下属。人才作为回报,就必须做到忠诚。孔子的提出"君使臣以礼,臣事君以忠"。这种用人之道就意味着,"情理"的重要性高于正式制度。

我国企业大部分的岗位说明书往往是人力资源部制作的。人力资源部在组织中的地位,往往是一个辅助部门,不被员工认为具有很高的权威性。员工更倾向于服从直线经理的权威。再加上直线经理有时不按照岗位说明书布置工作,所以员工也不会严格按照岗位说明书履行职责。这样,制度上写的和实际上做的变成了"两张皮",进行工作分析与编制岗位说明书就变成了浪费资源的人力资源部的"自娱自乐",变成了形式主义。

二、中西岗位分类思路的差异

在西方,企业管理重视制度性安排,组织结构上具有明确的等级链和指挥层次,分工明确,不重不漏,责任清楚,讲究用规范加以控制,对常规流程的处理都有明文规定。大多数企业都有对其工作岗位所设置的"岗位要求矩阵",详细描述每个岗位对于素质、知识、技巧、能力等方面的具体要求。

在岗位分类上,西方社会经历了工业革命与科学管理的洗礼,倾向于细致精确地分工思维。例如,世界上被广泛接受的加拿大《职业岗位分类词典》把国民经济中主要行业的职业划分为23个大类,分别为A管理行政相关职业;B自然科学工程与数学相关职业;C社会科学及有关领域的职业;D宗教方面的职业;E教学有关职业;F医疗和保健方面的职业;G艺术、文学、表演及有关的职业;H体育及娱乐方面的职业;I文书事务性工作及有关职业;J销售职业;K服务职业;L农业、园艺和畜牧职业;M渔业、捕捉及有关职业;N林业和采伐职业;O采矿和采石职业;P加工职业;Q机械加工及有关职业;R产品制造、组装和修理职业;S土建行业的职业;T运输设备操作职业;U材料搬运及有关职业;V其他手工工艺和设备操作职业;W未归他类的职业。在这23个大类中,有81个中类、489个小类、7 200多个职业。

相比之下,在国内的人力资源管理实践中,岗位分类倾向于"统筹"而非"细分",寻找"共性"而非"独特性"。《中华人民共和国职业分类大典》将我国职业分为如下8大类:一、国家机关、党群组织、企业、事业单位负责人;二、专业技术人员;三、办事人员和有关人员;四、商业、服务业人员;五、农林牧渔及水利业生产人员;六、生产运输设备操作人员及有关人员;七、军人;八、不便分类的其他从业人员。在这些大类下,有66个中类、413个小类、1 838个职业。由此可以看出,我国岗位分类的思路与西方并不同。体现在具体工作中,就是公司岗位体系设置不够精细,岗位角色较多,工作分配弹性强等。在这种情形下强行使用传统意义上的岗位说明书,有可能导致工作分配混乱、跨部门工作推进困难、推卸责任等问题。

三、中西外部环境变化剧烈程度的差异

岗位说明书中,有关职位职责与任职者资格要求的内容至关重要。如果这些内容与实际不匹配,那么岗位说明书将会成为没有权威性的一纸空文。如果这些内容发生变动,并且岗位说明书没有及时跟上这种变动,那么岗位说明书很快就会成为与公司发展不匹配的历史知识。如果公司严格执行过时的岗位说明书,岗位说明书反而会成为公司发展的障碍。

改革开放以来,无论是制度、经济、生活还是思想,中国社会都经历着翻天覆地的变化。我们用四十多年的时间,走完了西方国家数百年走完的路,这意味着中国社会环境的变化速度与剧烈程度远高于西方。因此,企业必须要迅速调整内部的各项管理实践。这些管理实践,最终都必将落脚到组织最小的细胞单元——职位上。按照之前的叙述,如果职责与任职者资格要求变动频繁,工作分析与岗位说明书的编制就会陷入一个两难的境地:如果岗位说明书未能及时跟上,那过时的岗位说明书就成了一纸空文;如果频繁变更岗位说明书,这种动态更新的工作量显然超出了可接受的范围。对一个一千人左右的组织而言,从启动工作分析访谈到整套岗位说明书的出台,一般需要2~3个月的时间,而目前岗位职责与任职者资格要求的变化周期,甚至可能小于2~3个月,从而出现岗位说明书从推出的第一天起,就和组织运作的实际情况不相符合的情况。因此,保证岗位说明书与岗位实际情况实时匹配,是人力资源部力所不能及的事。

(本案例节选自:赵志泉,王根芳.中国式思维视域下人力资源管理理论与案例研究[M].中国纺织出版社,2018.有改动。)

思考题:

1. 你赞成上述内容的分析角度吗?即是否应该将人力资源管理中理论与实践的冲突归因于中西文化的差异?如果是,那么你认为随着时间的推移,人力资源管理理论与实践的冲突会加深还是减弱?

2. 对于岗位说明书在中国情境下的应用,你有何建议?

第八章　工作分析应用

学习目标

1. 理解并掌握工作分析在绩效管理过程中的意义和方法
2. 理解并掌握工作分析在人力资源规划中的意义和方法
3. 理解工作分析与员工招聘、培训的关系,并掌握相应的应用方法
4. 理解并掌握工作分析在职业生涯管理中的意义和应用方法

开篇案例

毫无"存在感"的工作分析

M公司是一家房地产开发企业。近些年来,借助着房地产行业的良好发展势头,公司开发的房产销路良好,公司有了飞速的发展,规模持续扩大,成为一家区域知名的中型地产公司。随着公司员工人数大幅增加,一系列组织设计及人力资源管理问题逐渐浮现出来。

首先,在员工的招聘、配置与考核、晋升方面,该企业似乎陷入了困局。对于招聘,业务部门给人力资源部门提供的招聘标准往往含糊不清。人力资源部门的招聘主管往往无法准确地理解,因此招进来的人员的知识、能力、态度与价值观,与理想的人选相去甚远。同时,目前许多岗位不能做到人岗匹配,员工的能力得不到充分的发挥,严重挫伤了士气、降低了工作的绩效。公司员工的晋升决策,以前由总经理直接做出。现在随着规模的增大、人员的增多,总经理没有时间和每一个员工打交道,更谈不上对他们有深层次的了解。所以,基层员工与基层管理者的晋升只能根据部门经理的意见来做出。因此,在晋升中,上级和下属之间的私人关系成了决定性的因素,有才干的人往往无法获得提拔。因此,许多优秀的员工由于看不到自己的前途,而选择跳槽。在激励机制方面,公司缺乏科学的绩效考核和薪酬制度,考核中的主观性与随意性非常严重,员工的报酬不能体现其价值与能力,人力资源部经常可以听到大家对薪酬的抱怨和不满,这也是人才流失的重要原因。

其次,公司现有的组织架构,是基于公司初创时的框架,随着业务扩张的需要逐渐扩充而形成的,因此有些混乱。在日常运营过程中,组织与业务上的矛盾日益凸显:各个部门之间、各个岗位之间的责任与权限缺乏明确界定,推诿、扯皮的现象经常发生。有的部

8

门抱怨任务太重、人手不够,任务不能按时保质保量地完成。而有的部门,却被其他部门认为冗员太多、人浮于事、效率低下。

面对这样严峻的形势,人力资源部开始着手进行人力资源管理体系的改革。此次改革首先从进行工作分析、岗位评价开始。工作分析、岗位评价究竟如何开展,如何抓住工作分析、岗位评价过程中的关键之处并为公司此次人力资源管理体系改革提供真实的信息,是摆在 M 公司人力资源部面前的重要议题。因此,M 公司人力资源部的成员开始寻找进行工作分析的工具与技术。在阅读了市面上流行的基本工作分析的书籍之后,他们从中选取了一份工作分析的问卷作为收集岗位信息的工具。之后,人力资源部将问卷发放到了各个部门经理的手中,同时他们还在公司的内部网上也上发了一份关于开展问卷调查的通知,要求各部门配合人力资源部的问卷调查。

据反映,问卷在下发到各部门之后,却一直搁置在各部门经理手中,而没有发下去。很多部门是直到人力资源部开始催收时才把问卷发放到每个人手中,同时,由于大家本身的工作任务都不少,很多人在拿到问卷之后,都没有时间仔细思考,草草填写完事。还有很多人在外地出差,或者任务缠身,由同事代笔而并非亲自填写。此外,据一些较为重视这次调查的员工反映,大家对于这次问卷调查的意图都不甚了解,也不理解问卷中那些生疏的治理术语,例如工作职责、工作关系等。很多人想就疑难问题向人力资源部进行询问,可是也不知道具体该找谁。因此,在回答问卷时无法把握填写的规范和标准,而是仅凭个人的理解来填写。一个星期之后,人力资源部收回了问卷。但他们发现,问卷填写的效果不大理想,有一部分问卷填写不全,一部分问卷答非所问,还有一部分问卷根本没有收上来,辛辛苦苦的问卷选择、调整、发放、回收过程,却似乎没有发挥它应有的价值。

按照传统工作分析方法的指导,人力资源部也着手选取一些岗位进行访谈。然而,在试着对几个岗位进行访谈之后,发现效果也不好。因为在人力资源部,"有资格"对部门经理访谈的人似乎只有人力资源部经理一人,主管和一般员工都无法与其他部门经理进行沟通。同时,由于经理们都很忙,能够把双方凑在一块,实在不容易。因此,两个星期过去之后,只访谈了两个部门经理。

人力资源部的几位主管负责对经理级以下的人员进行访谈,但在访谈中,得到了出乎意料的答案。大部分时间都是被访谈的人在发牢骚,指责公司的管理问题,抱怨自己没有从公司得到应有的待遇。而在谈到与工作分析相关的内容时,被访谈人往往又言辞闪烁,顾左右而言他,似乎对人力资源部这次访谈不太信任。结束访谈之后,访谈人都反映,对该岗位的认知还是停留在模糊的阶段。访谈持续了两个星期,访谈了大概三分之一的岗位。人力资源部经理认为时间不能拖延下去了,因此决定开始进入项目的下一个阶段,即编写岗位说明书。

在信息收集不完全、不充分的情况下,人力资源部从其他公司收集了许多岗位说明书,试图以此作为参照,结合问卷和访谈收集到的一些信息来编写岗位说明书。在编写阶段,人力资源部还成立了几个小组,每个小组专门负责起草某一部门的岗位说明,并且还要求在两个星期内完成任务,因此岗位说明书完成的质量不高。

人力资源部将成稿的岗位说明书下发到了各部门,同时,还下发了一份文件,要求各部门按照新的岗位说明书来界定工作范围,并按照其中规定的任职条件来进行人员的招聘、选拔和任用。但这却引起了其他部门的强烈反对,很多直线部门的治理人员甚至公开指责人力资源部,说人力资源部的岗位说明书完全不符合实际情况。于是,人力资源部专门与相关部门召开了一次会议来推动岗位说明书的应用。人力资源部经理本来想通过这次会议来说服各部门支持这次项目。但结果却恰恰相反,在会上,人力资源部遭到了各部门的一致批评。同时,人力资源部由于对其他部门不了解,对于其他部门所提的很多问题,也无法进行解释和反驳,因此,会议的最终结论是,让人力资源部重新编写岗位说明书。后来,经过多次重写与修改,岗位说明书始终无法令人满意。最后,工作分析项目不了了之。

人力资源部的员工在经历了这次失败的项目后,对工作分析彻底丧失了信心。他们开始认为,工作分析只不过是形式重于实质的东西,说起来挺好,实际上却没有什么大用。

(本案例节选自:赵志泉,王根芳.中国式思维视域下人力资源管理理论与案例研究[M].中国纺织出版社,2018.有改动。)

第一节　工作分析在绩效管理中的应用

一、绩效管理的含义与作用

(一)绩效管理的含义

"绩效"一词在韦氏词典中被定义为"完成的或执行的行为,完成的某种任务或达到的某个目标,通常是有功能性的或者有效能的"。从管理学的角度来看,绩效是组织期望的结果,是组织为实现其目标而展现在不同层面上的有效输出。它包括组织绩效与个人绩效两方面。组织绩效建立在个人绩效实现的基础上,但个人绩效的实现并不等同于组织绩效的实现。当且仅当组织的战略目标正确时,且组织的绩效完整、精确、有逻辑、切实地层层分解到每一个工作岗位以及每个成员时,个人绩效的实现才能带来组织绩效的实现。

虽然个人绩效与组织绩效并不完全等同,但由于人力资源管理的主要对象是组织的每个成员,绩效管理也侧重通过对员工绩效的管理来达到组织的目标,所以本部分主要讨论个人层面的绩效。因此,我们将绩效管理定义为:从员工层面出发,为了更有效地实现组织目标,通过科学的、系统的人力资源管理理论、技术与方法,持续改进组织绩效的过程。

从以上定义可以看出,绩效管理并不仅限于绩效考核。绩效考核是从组织目标出发,根据组织成员在日常工作中所表现出的能力、态度和业绩,进行以事实为依据的评价的过程。绩效管理充分考虑员工个人的发展需要,注重员工个人素质能力的全面提升,注重绩效主管与员工双向的沟通与互动,是一个更加完整的、循环往复进行的过程,能在绩效主管与员工间建立一种合作伙伴关系。

绩效管理还包括绩效计划、绩效反馈两个环节。绩效考核只不过是绩效管理的一个较为关键的环节。在绩效计划与绩效反馈环节中,只有绩效主管的权威是不够的,还需要绩效主管与员工间的共同努力,最终目标是找出影响绩效的障碍、改善员工工作绩效,从而实现组织目标。从时间顺序来看,绩效考核位于绩效计划与绩效反馈的中间,起到承前启后的作用。绩效管理的成功不仅取决于绩效考核的成功,也取决于绩效计划与绩效反馈的成功。因此,不能以绩效考核来简单代替绩效管理。

（二）绩效管理的作用

绩效管理基于传统意义上的绩效考核,又不局限于绩效考核,它是现代人力资源管理观念的重要体现,成功的绩效管理对组织有着诸多积极意义。其作用主要有以下几个方面。

1. 人事决策的依据

上层管理者需要经常做出发放工资、奖金、福利、提拔、降级等决策。如果没有有效的绩效管理,管理者便难以科学合理地做出上述决策。事实上,在泰罗的科学管理理论被广泛应用之前,很多管理者依靠对被管理者的简单印象甚至是私人关系做出决策。这样的决策很容易使员工产生不公平感。因此,一个有效的绩效系统,至少能够让员工对于组织的决策程序感到公平。依据绩效管理做出的决策,还有助于引导员工把自己的努力与组织希望的目标结合起来,让员工明白哪些行为是组织希望的、哪些行为是组织不希望的,从而鼓励员工采取与组织目标相一致的行动。

2. 人力资源开发的参考

前面已经提到,在绩效考核之外,绩效管理还包括绩效计划、绩效反馈两个过程。这两个方面尤其注重绩效主管与员工的协商、沟通。通过这两个过程,组织不仅了解到不尽如人意的绩效,还能了解问题所在之处。绩效的不足,是环境的原因还是组织的原因？是个人动机的原因还是个人技能的原因？如果是组织的原因,可以在组织变革方面加以研究讨论;如果是个人技能的原因,可以为员工提供相应的培训与指导;如果是动机的原因,可以改进目前的激励手段,根据工作特征模型重新设计工作;此外,还可以探讨员工的职业生涯管理。如果说绩效考核部分更多地与传统的人事管理相关,那么绩效沟通与绩效反馈则更多地与人力资源管理相关。

二、工作分析在绩效计划中的应用

绩效计划是制定组织对于员工的具体绩效期望、并得到员工对此认可的过程。绩效计划的表述必须足够简洁明了,员工要能清楚认识到自己需要达到的标准。绩效计划的制订需要高层管理者、人力资源部门与各职能部门的参与,也应该得到员工的参与。一旦参与其中,员工就更容易接受绩效计划,并主动将个人绩效与组织绩效结合起来。绩效计划制订分为确立绩效管理原则、绩效管理事前沟通、绩效指标选择三个步骤。确立绩效管理原则,主要是明确绩效标准制定的大方向。此步骤需要问三个问题:企业的战略目标是什么？哪些战略目标能够通过绩效管理落地？绩效管理如何才能与这些能落地的战略目标相关？由此可见，绩效计划主要涉及宏观层面，与工作分析的联系并不紧密。因此，以下将主要讨论工作分析对绩效管理事前沟通与建立绩效指标选择的作用。

（一）工作分析与绩效管理事前沟通

绩效计划中需要坚持的原则就是员工参与。社会心理学的研究表明，当一个人参与了某项决策的制定过程时，他在之后一般会倾向于坚持立场，即使有外部力量的作用，也不会轻易改变立场。因此，在绩效标准建立之前与员工进行沟通，让员工参与制定过程，并就契约上的内容与管理者达成一致，对于整个绩效管理都具有积极意义。

工作分析与绩效管理事前沟通紧密联系。从工作分析的过程来看，工作分析往往需要经历访谈、问卷调查、观察等过程。在访谈、问卷调查时，可以融入绩效管理事前沟通的元素，为下一次绩效标准的制定做准备。在工作分析中进行绩效管理事前沟通有着一定好处，因为沟通者往往并不是在考核的情境下展开对话的，氛围较为轻松，也较能够了解员工的真实想法，获得更多有价值的信息。从工作分析的结果来看，岗位说明书的工作关系部分，指明了哪些人应当承担与员工沟通的责任。当然，绩效管理事前沟通，并不意味着管理者要在绩效事宜上完全遵照员工的想法。沟通的实施者需要严格按照岗位说明书上的职责和对于组织战略的了解，来把握沟通的方向。

（二）工作分析与绩效指标选择

绩效指标有多种分类方法。一方面，可分为定量指标与定性指标。定量指标以数字为基础，例如利润率、次品率等。定性指标常常需要通过人的主观评价得出，例如工作态度、责任心等。另一方面，还可分为结果指标与行为指标。结果指标更关心工作结果，例如销售额提升的百分比、成本降低的百分比。行为指标更关心工作过程，例如拜访客户的次数、新引进专家的数量等。

岗位说明书中的工作职责部分，是绩效指标选择的重要依据。为了便于绩效考核，应优先选择定量指标。若职责的表述中，需要体现职责完成度的数量方面，例如"经常拜访客户"，此时就应选择定量指标进行考核，如"拜访客户的次数"。结果指标与行为指标，没有优劣之分，而一些组织恰恰是由于过度重视结果指标的考核而失败的。例如，2007年，索尼公司前常务董事天外伺朗在其著作《绩效主义毁了索尼》中指出，过度重视结果指标导致了员工与部门之间的不团结，使得员工工作激情消退，企业文化传承丧失。在岗位说明书的岗位标签及工作关系部分，我们可以了解每个岗位在企业中的层次，一般来说，越往高层，行为指标占的比重越大，而基层则以结果指标为主。

三、工作分析在绩效考核中的应用

虽然绩效考核不是绩效管理的全部，但它仍是绩效管理中最核心的环节。绩效考核主要涉及评定者选择与考核方法的选择。评定者选择回答了"谁来考核"的问题，考核方法的选择回答了"怎样考核"的问题。工作分析对于回答这两个问题都有一定的作用。

（一）工作分析与评定者选择

绩效评定者可分为主管、同事与员工本人三类。主管评定是绩效考核最主要的手段，因为对于主管而言，评估作为一种管理的手段，为他们提供了一种引导和监督员工行为的方法。同事评定往往作为主管评定的补充，因为同事们可以站在不同的角度看待工作绩效，帮助消除主管评定的偏见。自我评分相比以上两者，做出的评定更有利于自己，因此有效性可能较低。通常，自我评分并不用来单独作为绩效考核的依据，而是与主管评分、同事评分结合起来，发现不一致之处，从而进行有建设性的绩效管理。

工作分析得到的工作关系为评定者选择提供了相关信息。纵向关系指明了该岗位若选择主管评定，评定者会是谁；以及若该岗位对其下级进行评定，其可能对哪些下级岗位进行评定。横向关系往往暗示着合适的同事评分者。一个员工是否真正尽责，从领导的角度看也许有些局限，有些对工作不够认真的员工，可能慑于领导的权威，尽可能在领导面前展示其尽责的一面，而在与其等级相同却有合作关系的同事面前却不够尽责。此时，选择这些同事进行评定，就能够较为客观地反映其绩效水平。

（二）工作分析与考核方法选择

绩效考核的方法，主要有两种不同的分类。一方面，按照考核的相对性或绝对性分，可以分为相对评估法和绝对评估法。相对评估法包括简单排序法、配对比较法和强制分布法。绝对评估法包括自我报告法、业绩评定表法、因素考核法和360°考核法等。另一方面，按照绩效指标的类型选择来分，可以分为结果导向考核法与行为导向考核法。结果导向考核法分为产量衡量法和目标管理法。行为导向考核法包括行为锚定法和行为观察法。一个组织选定的某种评估方法，往往是这两方面分类标准的组合。例如，在对日组装量排序的基础上对组装员进行考核，就是简单排序法与产量衡量法的结合。

工作分析的结果能为考核方法的选择提供参考。岗位说明书中的岗位标签部分，能够帮助确定采用相对评估法还是绝对评估法。定员人数是岗位标签的一部分。若组织中有数十个同类型的岗位，则适合采用相对评估法。若组织中只有一两个同类型岗位，则适合采用绝对评估法。岗位说明书的绩效标准部分决定了是否适合采用结果导向的考核方法。若绩效标准中有明确的定量描述，则事实上岗位说明书建立了组织与员工之间的绩效契约，为基于结果的考核提供了依据。

工作分析的过程也为某些考核方法提供了有价值的信息，例如行为锚定法。该方法是传统业绩评定与关键事件法的结合。开发行为锚定考核量表的过程就始于工作分析。在工作分析中，我们需要根据关键事件得出一系列有效和无效的工作行为，在此基础上开发行为锚定量表。行为观察法的原理是，将观察到的员工行为与期望行为（期望员工工作中出现的比较好的行为）进行对照，观察期望行为出现的频率或完成的程度如何（从"几乎没有"到"几乎总是"），而期望行为也是在工作分析中得到的。

四、工作分析在绩效反馈中的应用

绩效反馈是绩效管理的最后一个环节。它主要通过考核者向被考核者传递信息,就被考核者在考核周期内的绩效情况进行反馈,在肯定成绩的同时,找出不足并加以改进,进而实现绩效管理的目标。

(一)工作分析与绩效奖惩

奖惩是绩效反馈中最直接、最传统的方式。包括货币性奖惩(增加或降低工资、奖金、福利)以及非货币性奖惩(提拔、表扬、降级、批评)。此部分与薪酬管理中的激励工资管理高度相关。几乎工作分析结果的所有部分都对此有作用。例如,岗位标签中有关岗位级别相关信息能决定奖惩的方式与幅度,工作关系的有关信息能决定奖惩的决策者。此外,既然岗位说明书事实上是企业与员工间契约的一部分,因此任何基于奖惩的绩效反馈都必须与岗位说明书兼容。

(二)工作分析与绩效面谈

绩效面谈作为绩效反馈中的一种正式沟通方法,是绩效反馈的另一种重要形式。通过这种方法,可以让被考核者了解自身绩效,保持优势并改进不足;同时也能传递企业战略目标、企业文化与企业价值观。通过绩效面谈,企业能够进一步提高绩效管理的透明度,突出以人为本的管理理念,增强员工的自我管理意识。此外,绩效面谈在考核者与被考核者之间架起了一座沟通的桥梁,赋予了被考核者一定的知情权与发言权,有时候还包含程序化的绩效申诉,减少了考核过程中可能出现的不公平、不公正现象,在考核者与被考核者的权利之间找到了平衡点,减少了组织中可能出现的不和谐因素,进而激励个体,朝着组织目标的方向努力。

工作分析对绩效面谈有如下作用。首先,岗位说明书的工作关系部分,由于指明了上下级关系,所以表明了面谈的实施者。其次,绩效面谈由于是上级对下级进行的,下级难免在过程中有一些抵触、恐慌等情绪,因此,面谈实施者应该掌握一定的沟通技巧,既要坚持原则,讲明问题;又要尊重员工,平等沟通。若面谈实施者参考岗位说明书的任职资格部分,就能对员工的教育程度、性格特征等方面有一定的了解,从而确定谈话的方式方法,使面谈更顺利地进行。最后,面谈实施者可以携带岗位说明书,作为在面谈时说理的依据,这样能够防止面谈偏题,使面谈进行得更有效率,也能使员工对于面谈实施者提出的批评建议以及改进措施更加信服。

第二节　工作分析在人力资源规划、招聘和培训中的应用

一、工作分析在人力资源规划中的应用

（一）人力资源规划的概念与意义

人力资源作为组织中的一种关键资源，需要得到系统的规划，从而使其在数量、质量、结构等方面都符合组织的需求，促进组织目标的实现，以及组织的长远发展。人力资源规划在此处被定义为：从组织的目标以及当前的战略规划出发，结合内外部环境对人员的供给与需求状况进行预测，并制订计划使得组织人力资源供需平衡的过程。不难看出，人力资源规划的目的——维持人力资源供需平衡，不仅仅是指数量方面的平衡，还包括质量与结构方面的平衡。

人力资源规划对于组织有着非常重要的意义。首先，人力资源规划有助于组织战略目标的实现。在任何一种对"组织"这一概念的定义中，都包括了"人"与"目标"这两个元素。预测人力资源供需，有助于组织在复杂多变的环境下，制定与组织长远利益一致的人力资源政策，使得人力资源战略与组织整体战略相协调，从而充分发挥人力资源管理活动在组织运行中的重要作用，不断提高成员的工作绩效，有助于组织长期目标的实现。其次，人力资源规划是组织进行各项人力资源管理活动的前提。通过人力资源规划，组织的各项人力资源活动，例如招聘、培训、考核等就有了较为明确的"大方向"。在制定了人力资源规划的基础上开展这些活动，就不会犯方向性、原则性的错误。最后，人力资源规划能够提高组织人力资源管理的效率。人力资源在给组织带来收益的同时，也带来各种各样的成本，包括获取、维护、开发与运用方面的成本。合理的人力资源规划，能够减少不合理的招募和录用造成的多余的获取成本，不必要的教育培训造成的多余的开发成本，从而能够减少在人力资源方面投资的浪费，进一步提升组织在人力资源管理方面的效率。

（二）人力资源规划的分类与内容

按照期限分，人力资源规划可分为短期规划、中期规划与长期规划。短期规划通常指一年以内的规划，长期规划通常指五年以上的规划，而中期规划则介于两者之间。企业人力资源规划期限的选择，主要取决于企业对人力资源特性的要求以及企业外部环境的变化速度。对于劳动密集型岗位，企业对人力资源没有较为特殊的要求。如果外部环境是较为简单和稳定的，则企业在此方面的人力资源规划以短期规划为主。对于一些技术含量较高的岗位，以及一些管理层岗位，企业对人力资源有较为特殊的要求。如果外部环境复杂而多变，则企业应该在此方面做出长期的人力资源规划。

人力资源规划的内容，主要包括总体规划与专项业务规划。总体规划是有关计划期限内人力资源管理的总目标、总政策和总预算的安排，与企业的战略直接相关，是企业战

8

略目标实现的人力资源保证,也是制定各专项业务规划的依据。专项业务规划主要包括人员补充规划、人员使用规划、人才接替及提升规划、教育培训规划、薪酬福利规划、劳动关系规划、人员流出规划等。专项业务规划是总体规划的展开和具体化,用于保证企业人力资源总体规划的目标的实现。每一项专项业务规划都由目标、政策及预算组成。具体内容见表8-1。

表8-1　人力资源规划的内容

规划类别	目标	政策	预算
总规划	总目标(公司整体绩效、人力资源总量、人力资源素质、员工满意度)	基本政策(如扩大、收缩、改革、稳定等)	人力资源预算总额
人员补充规划	合适的人力资源类型与数量、对人力资源结构及其绩效的改善	人员标准、人员来源、起步薪酬	招募费用(广告费、场地费、招募人工成本、中介费),筛选费用(筛选人工成本、进行面试与测试的成本)
人员使用规划	岗位及编制体系的优化、人力资源结构的优化、绩效的改善、职务轮换幅度的提高	任职条件、职务轮换计划	按使用规模、类别及人员状况决定的工资、奖金、福利预算
人才接替及提升规划	合适的后备人才适量、优化人才结构、绩效的改善	选拔标准与资格、试用期、提升比例、未提升资深人员安置	职务职级变动引起的工资、奖金、福利预算的变动
教育培训规划	人员素质的提高、绩效的改善、培训的数量与质量、提供新人力资源、态度与作风的转变	培训项目的选择、培训成效考评的标准	培训活动的总费用、离岗培训的损失
薪酬福利规划	人员素质的提高、绩效的改善、人才流失率的降低、士气水平的提升	工资政策、奖金政策、福利政策、奖惩标准	工资、奖金、福利
劳动关系规划	非期望离职率的降低、有关劳动纠纷的仲裁诉讼的减少、企业雇主形象的提升	劳资纠纷解决渠道、管理与沟通方案	劳动相关法律诉讼、仲裁的费用
人员流出规划	人均生产率的提高、劳务成本的降低	解聘程序、退休政策	安置费、人员重置费用

以上七个专项业务规划与工作分析都有紧密联系。工作分析对于劳动关系规划的作用较为简单。严格按照法律法规以及社会期望编写的岗位说明书,自然能够为理顺劳动关系提供帮助。有助于减少非期望的离职,降低企业与劳动相关的法律风险,避免企业在雇佣方面负面形象的出现。工作分析对薪酬福利规划的作用,已在本章第一节讨论过。工作分析对于教育培训规划作用的内容,将在本节第三部分讨论。工作分析对人员补充、流出规划的作用,以及工作分析对人员使用规划、人才接替及提升规划的作用,将在本部分的以下小标题中讨论。

(三)工作分析与人员补充、流出规划

在进行人力资源补充、流出规划时,企业需要考虑劳动力市场中的人力资源供给与企业内部人力资源需求两个因素。人力资源需求,是由企业战略与人力资源存量决定的。与工作分析紧密相关的是人力资源存量分析,具体包括工作流分析与岗位配置分析。

工作流分析,适用于典型的制造型企业,对于其他企业也有一定的适用性。企业的生产经营活动是一个相互联系、相互依赖、前后衔接的整体,企业的各项活动由各道工序(各个部门)组成。如果不能对人员进行合适的配置,就会出现有些工序(部门)人手紧张,有些工序(部门)人员无事可做的现象。总之,每个工序(部门)的人力资源配置都应该与其承担的工作量相适应。在工作分析中,我们能够找出各个岗位间的合作关系,岗位说明书的工作关系部分也有对此的呈现,因此,工作分析能够为工作流分析提供帮助。

岗位配置分析,就是对岗位及其人员分类,用矩阵表列出企业现有人力资源及其使用情况的过程,由此得出企业人力资源的实际使用状况以及使用效果。

表8-2 岗位配置分析矩阵

使用人数 资源类别		非熟练工	熟练工	技工	职员	工程师	专业管理员	管理员	待分配
类别 人数		100	570	210	100	30	79	35	1
非熟练工	50	50	/	/	/	/	/	/	/
熟练工	600	50	550	/	/	/	/	/	/
技工	200	/	10	190	/	/	/	/	/
职员	100	/	/	/	100	/	/	/	/
工程师	60	/	10	20	/	30	/	/	/
专业管理员	80	/	/	/	/	/	79	/	1
管理员	35	/	/	/	/	/	/	35	/

从以上的岗位配置分析矩阵可以看到,该部门存在着较严重的岗位错配现象,有50名熟练工在做非熟练工的工作;10名技工正在做熟练工的工作;工程技术人员中,10人在做熟练工的工作,20人在做技工的工作;还有1名专业管理人员处于待岗的状态。通过工作分析,我们能够编写岗位标签(表7-1)与工作概要(表7-2),从而得知该岗位的名称、定员信息与大致描述。这些都可以用于编写岗位配置分析矩阵,从而判断人员的利用

情况。在进行工作分析时，也可以直接利用访谈、问卷发放环节收集编写岗位配置分析矩阵所需的信息，直接完成岗位配置分析矩阵。

利用工作流分析与岗位配置分析，我们可以对企业人力资源存量进行有效盘点，加上对于企业总体战略的把握，确定企业对于人力资源的需求。至于劳动力市场中人力资源的供给，更多地涉及人口经济学的内容。有就业需求的人员主要包括各层次学校的毕业生、复员转业军人、失业待业人员、新流入本地区的人口。影响有就业需求者择业的因素主要包括国家与所在地区的就业政策、各层次学校对于就业的支持、同类型用人单位的竞争、就业者个人的心理等。人力资源的供给多少，并不简单地取决于外部环境，也与企业的内在特征相关。若当年毕业生数量较多、就业政策较好、同类型用人单位竞争较小，企业也并不一定拥有较充足的人力资源供给。这就涉及工作分析的成果，岗位说明书中的任职资格部分。企业只有通过各个岗位的工作分析，才能判定出自身的人力资源需求，并结合外部环境，判断人力资源的供给情况。

综上，企业需要考虑劳动力市场中的人力资源供给，与企业内部人力资源需求两个因素来制定人员补充、流出规划。工作分析过程中的信息，以及岗位说明书提供的信息，都有助于对需求和供给做出良好预测，从而为人员补充、流出规划提供依据。

（四）工作分析与人员使用规划、人才接替及提升规划

企业录用的员工在性格特质、态度、价值观、技能、能力、资质、经验方面有较大的差异，同时，企业的不同岗位在对于人员的要求方面也有较大区别。一般来说，企业会按照不同岗位的需求分别进行招聘。然而，在招聘过程中，根据岗位进行的分类，其细致程度不可能与岗位本身完全一致；并且，之后员工也有可能轮换或者提拔到与初始岗位差异较大的岗位，这就涉及人员的使用规划。企业的高层管理者至关重要，内部晋升是企业获取高层管理者的最主要渠道，这就涉及人才接替与提升规划。

彼得·德鲁克曾说过："没有其他的决策的后果会（像人员提拔与人员配备那样）持续作用那么久或那么难做出。但是总体来说，经理们所做的提升和职员配备决策并不理想，按照一般的说法，平均成功率不大于三分之一。"为了避免这种现象，人力资源规划就必须深入了解员工的技能结构与年龄结构。这两者分别与人员的使用规划、人才接替及提升规划相对应。

技能结构，主要指企业员工中掌握不同知识技能的人员之间的比例关系。企业的运营需要多方面的人才，包括操作人员、工程技术人员、管理人员等。前面已经提到了工作流分析和岗位配置矩阵两种方法。事实上，它们不仅可以用于人力资源流入、流出规划，也可以用于人员使用规划。利用工作分析的成果，我们可以将任职资格内容进行汇总，得出理想状态下不同知识技能的人员之间的比例关系，从而据此对员工进行重新配置。此外，在工作分析中，我们还能够对企业内每种工作的特征有大致的了解，例如技能多样性、任务完整性、任务重要性、自主性和反馈。依据这些特征，结合对员工整体技能结构以及员工个体的个性特质与技能的了解，进行职务轮换，或者对工作进行重新设计，从而达到人尽其才的效果。

8

年龄结构,指企业中不同年龄段人员之间的比例关系。年龄结构对于企业的发展非常重要。一方面,对于某些岗位而言,特定年龄段的员工具有独特的优势和作用;另一方面,企业永续经营的假设意味着员工的新老更替必须顺利进行,企业也有必要培养从基层干起的高层管理者。由于工作分析需要按照合法的原则进行,工作分析的结果也必须以合法的方式呈现。因此,其内容中甚少有关于年龄的部分。但是,在人才接替及提升规划方面,工作分析也有其独特的作用。岗位说明书的工作关系中,纵向的工作关系暗示着人才的接替与提升路线。企业有必要把岗位说明书的任职资格、工作关系部分的信息与现有人力资源盘点的结果结合起来,作为制定人才接替及规划方案的参考。

二、工作分析在招聘中的应用

(一)招聘概述

招聘是指将具备任职资格的人吸引到组织空缺岗位上的过程。招聘包括两个相对独立又相互依赖的过程:招募和筛选。招募主要指为了达到吸引人应征的目的而进行的宣传过程,而筛选则是指按照一定标准、使用特定方法在应征者中选择合适的员工的过程。招聘的最终目的是实现个人与岗位的匹配。为了让最合适的人在最恰当的实践中处于最合适的位置,为组织做出最大的贡献,企业必须对整个招聘过程高度重视。

招聘活动与工作分析有着非常密切的联系。从浅层次看,负责招聘工作开展的员工,通常位于人力资源部的某个特定岗位上,此特定的岗位说明书的工作职责部分为招聘活动提供了指导。从更深层次看,有较多空缺、需要招聘新员工的岗位,其岗位说明书的工作职责、绩效标准、工作条件、任职资格部分,也为招聘所需的材料的编写、招聘中与潜在应聘者的沟通提供了相应信息,促使上述过程更顺利地进行。以下将从招募与筛选两个方面讨论工作分析在招聘中的作用。

(二)工作分析在招募中的应用

招募是企业招聘活动的第一步,一般由人力资源部承办。在招募任务较重、招募活动较简单且重复性高的情况下,也有可能由企业外部专门的机构承办。业务部门在招募方面的责任是根据实际需求,提出增补雇员计划,并对所需人员的能力与素质提出方向性的要求。在招募过程中,岗位说明书能够为其他部门的增补雇员计划、所需雇员能力与素质上的要求提供指导。

人力资源部门在招募方面的责任是整体性的,它通过组织、执行招募活动,满足企业整体对人力资源的需求。招募活动中一个相当重要的文件是招聘简章。它既具有宣传性,又具有实用性。招聘简章一般包括以下内容:① 单位概况;② 工作介绍(涵盖岗位名称、工作概要、工作职责、薪酬待遇等方面的全部或部分内容);③ 名额、对象、条件和地区范围;④ 报名时间、地点、证件、费用;⑤ 测试时间、地点;⑥ 试用期、合同期以及录取后的各种待遇。

工作分析的成果，即岗位说明书，往往对岗位有着相当客观的描述。在制定招聘简章时，企业可以根据岗位说明书的内容，采用一定的陈述技巧，在保障真实性的前提下尽可能引起潜在应聘者对于招募活动的注意、兴趣和申请工作的意愿，鼓励潜在应聘者积极采取行动。同时，也需要严格按照岗位说明书的内容，尽可能避免片面性的陈述，使得潜在应聘者对于岗位有着合理的预期，从而避免进入组织后产生不满，导致较高的人员流动率。对于岗位合理化的描述，也可以过滤掉一部分期望值过高的求职者，减少企业在后续筛选环节的工作量。

在将工作分析成果转化为招聘简章时，还需要遵循重要性原则。岗位说明书对于工作职责、绩效标准的描述往往非常具体，若全部写入招聘简章，则略显烦琐。因此，要按照"二八法则"将工作分析成果转化为招聘简章。此处的二八法则可理解为，20%的工作职责创造80%的岗位价值，20%的评价指标决定80%的绩效考核结果，20%的岗位说明书中的信息涵盖了80%的岗位独有特征。因此，我们应该将那些能够真实反映该岗位最重要、最具有代表性的职责及其考核标准纳入招聘简章，而不是所有内容。

（三）工作分析在筛选中的应用

筛选，指从合格的应聘者中，选择能够胜任岗位的人员的过程。人力资源规划与前面所说的招募过程，都是进行筛选活动的前提条件。筛选过程可分为两个阶段：资料审查阶段与测试阶段。

在资料审查阶段，组织主要是对应聘者的申请表和履历表进行审查（有时，两份文件是合并的，这种情况下，履历表作为申请表的一部分）。申请表，全称为工作申请表或入职申请表，是企业为收集申请人与应聘岗位有关的全部信息，专门设计的一种规范化表格。从申请表中，可以了解申请人的年龄、性别、籍贯、教育水平等信息。履历表，又称简历，包含了申请者的详细教育经历，职业经历等内容。它是一个人过去经历的写照，也可看作申请者的自我宣传广告。

测试阶段主要包括面试与心理测试。面试是应聘者与雇主代表进行交流的过程，用于确定申请者的能力、性格等是否与其所申请的岗位相匹配。按照呈现类型，可分为情景式面试、行为描述式面试与综合式面试。按照结构化程度，可分为结构化面试、半结构化面试与非结构化面试。按照目的，可分为鉴定型面试和压力型面试。心理测试指使用心理学中较为成熟的测量手段，依照一定的分析方法，从个体的少数有代表性的活动中推断出其能力、性格、动机、兴趣、态度、价值观的过程。心理测试主要包括能力倾向测试和人格测试。能力倾向测试用来测量一个人在掌握某方面工作技能上的潜力，例如语言推理、数字推理、抽象推理、空间关系、文书速度与准确度等。人格测试的目的，是了解申请者的人格特质，主要包括自陈法和投射法。

在资料审查阶段，组织可以将工作分析成果中有关任职资格部分的要求、与申请表中有关申请者的相应描述进行比对。前面已经提到，任职资格部分的描述遵循的是最低标准原则，因此，若申请表中的相应描述低于任职资格部分的要求，则可以舍弃该份申请表。若申请表中的相应描述等于或高于任职资格部分的要求，则招聘者需要审核此描述的真

8

实性,若描述是真实的,则该申请者可以进入筛选的下一环节。

需要注意的是,在资料审查阶段,招聘者一定不能被应聘者在申请表与履历表中所描述的过于优秀的条件所吸引,进而在后续的筛选过程中不顾程序的公平性,显示出偏好。因为高于岗位要求的员工,对于报酬的要求较为特殊,不利于薪酬制度的一致性;同时他们的工作成就感会很快得到满足,最终很容易因为厌倦而离开。这样的结果无论对于组织还是个人,都会造成较大的损失。因此,无论是在资料审查阶段,还是在筛选过程中的其他阶段,都要以"筛选出合适的人"为原则,而不是"筛选出最优秀的人"。总之,应该按照事前指定的程序,严格按照工作分析的成果去筛选。

在测试阶段,为了保障测试的有效性,需根据工作分析的不同方面来挑选合适的测试方法。例如,对于工作分析中得到的任职资格的相对表层的部分,例如身体条件、知识掌握等,可以通过结构化面试直接获得,有时甚至在资料审查中就可以获得。任职资格中略深层次的人际沟通能力、团队合作能力等方面,可以通过角色扮演、无领导小组讨论等面试方法获得。人格特质、心理特征等方面,则需要借助心理测试手段。

(四)工作分析与非典型招聘方式

企业的招聘方式事实上不局限于招募+筛选的典型招聘方式。除此之外,还有招聘外包、猎头招聘、员工推荐等方式。但是,即使采用这些非典型的方式,工作分析也与招聘活动有着密切的联系。

1. 工作分析与招聘外包

招聘外包是指让第三方承担原本应由人力资源部承担的一系列招聘活动的一种招聘方式。换句话说,在这种招聘方式下,用人单位将全部或部分招募与筛选工作委托给第三方承担。这种方式可以使得人力资源部专注于人力资源管理的其他职能,增强招聘活动的专业性,以规模优势降低招聘成本,提高招聘效率。然而,招聘外包也有一定的不足,例如企业的机密信息有可能一定程度被第三方机构掌握,在委托与受托的过程中也存在着信息不对称的问题。招聘外包通常用于需要招募大量同类员工的情形,例如劳动密集型产业的招聘。

若企业采用招聘外包,则工作分析需要以更加严格、更加细致的方式进行。因为,在此种情形下,岗位说明书不仅仅是企业与劳动者契约的一部分,也是企业与第三方招聘机构契约的一部分。在必要的时候,企业可以在做好保密工作的前提下,让第三方招聘机构参与工作分析的部分环节,以制定出更加科学合理的岗位说明书。

2. 工作分析与猎头招聘

猎头公司往往具有较广泛的关系网络,能够主动出击、定向精准地寻找到企业所需要的人才。通常,猎头公司与一些受雇于知名组织的高层次人才保持着经常性的联系,从而能够帮助企业快速接触到高层次的潜在受雇者。由于猎头招聘主要用于招募高管(或核心技术人才),因此在企业内,猎头招聘的具体对接者一般是高管甚至是最高管理者。猎头招聘的优点在于精准、迅速、高质量,缺点在于费用高,以及可能带来潜在的法律风险。

由于猎头招聘的对象往往是高层管理者,并且企业在招聘前很可能已经圈定了大致的人选范围,因此,成文的任职资格与猎头招聘的联系并不是很大。然而,工作分析中有关绩效标准的描述,有可能影响到该人选的年薪,而猎头招聘的费用往往是年薪的一个比例。因此,企业在此方面需要多加注意。

3. 工作分析与员工推荐

员工推荐是非典型招聘方式中运用的相对广泛的一种,对于一些专业性极强的岗位的招聘,以及一些中小型企业的招聘应用较多。当然,一些大公司也在采用这种招聘方式,例如腾讯、英特尔等。若采用这种方式招聘,企业需要把空缺岗位的有关信息告诉员工,让他们推荐合适的申请人,成功之后推荐者也通常能得到一些报酬。这种招聘方式有着诸多优点。首先,由于无需和中介公司、外包公司以及猎头合作,也无需刊登广告,这种方式成本较低。其次,推荐者与被推荐者通常拥有一定的联系,例如有可能是亲戚、朋友、同学等,这事实上形成了一种过滤网,能使得应聘者的素质得到一定的保证,并且在态度、价值观方面与组织更为契合。最后,一旦被推荐者被成功录用,其与推荐者事先形成的关系,有助于其快速融入组织、快速了解岗位,从而不会有太高的流动率。员工推荐方式的弊端是,有可能形成裙带关系,不利于员工多样化发展。

工作分析是需要员工参与的活动。工作分析的典型手段,例如访谈、问卷调查,都离不开员工的配合。因此,员工即使没有仔细阅读岗位说明书,在参与工作分析的过程中,多多少少都会对自身岗位有着一定的了解。被推荐者的目标岗位如果与推荐者完全相同,那么推荐者就能够推荐出较理想的人选。但是,如果员工推荐仅限于相同岗位,那么此种方法的优势就大大减少了。因此,企业可以选择公开部分岗位说明书的部分内容,在信息分享与信息保密间取得某种权衡,使得员工对企业内部更多的岗位有所了解。另一种方法是,在工作分析的实施过程中,不仅让员工成为工作分析的被试者,而且让一些员工辅助人力资源部门的工作分析活动。如此,员工也能够获得自身以外岗位的信息,更好地推荐潜在应聘者。

三、工作分析在培训中的应用

员工培训指为使员工在知识、技能、能力和态度方面得到提高,从而能够按照预期的标准或者更高的标准完成工作职责,通过科学的方法所进行的一系列教育活动。员工培训在如今的各类企业中显得日益重要,甚至已经成为企业战略的一个部分。员工培训有着如下积极意义:

(1)加深对于岗位的理解,提高员工的履职能力;

(2)拓展员工的知识储备,提高员工的专业技术水平;

(3)减轻管理者指导下属的负担;

(4)使得员工更加认同组织文化,更加了解组织目标;

(5)作为报酬的一部分激励员工,提高积极性,增强归属感与组织承诺。

然而,员工培训也有一定的消极意义。员工培训本身具有成本,为了培训而造成的脱产也会带来成本。员工培训若与岗位实践脱节、并且是强制性的时候,往往会成为一种形式主义。因此,在开展培训前,有必要确定培训需求、制订详细的培训计划。培训后,还应评估培训的效果,作为下一次培训决策的参考。

（一）工作分析与培训需求确定

有培训需求是开展培训的前提。只有正确把握和了解培训的需求状况,才能够有效地进行培训。培训需求分析通常分为三个部分:组织需求分析、员工需求分析和工作任务需求分析。

组织需求分析与组织的战略目标高度相关,通常涉及较为宏观层次的培训需求。例如企业文化、价值观、企业再造相关的培训等,与工作分析这一操作层面的人力资源管理活动相关性并不大。

员工需求分析,从个人角度出发,来确定谁该接受培训,需要怎么样的培训,从而避免不需要的人参加不需要的培训,防止培训成为形式主义。进行员工的需求分析,可以采取两种方法:调查法和绩效评估法。调查法就是通过发放问卷、访谈等途径,了解个体的培训需求。这两种途径也用于工作分析中,因此,可以把员工的培训需求分析融入工作分析。绩效评估法,就是通过查阅员工的绩效来确定培训需求,通常会选择两种人进行培训:一种是工作绩效有待改善的人,另一种是工作绩效突出、有更多潜力能够开发的人,而这些又与岗位说明书中的绩效标准部分相关。

工作任务需求分析,从各个岗位的任务要求、能力要求等方面确定培训需求。对工作任务的需求分析,能使培训的组织者了解到一个岗位的最低要求与理想要求。在组织运行中,有时会出现人员无法匹配岗位,但又不得不使其上岗的现象。这种情况下,就必须通过培训解决上述难题。可以看出,由工作任务需求导致的培训,通常是强制性的培训。各个岗位的任务要求、能力要求事实上就包括在岗位说明书的任职资格部分。因此,工作任务的需求分析事实上不需要单独进行,工作分析的结果已经包含了相应的信息。

可以看出,工作分析在培训需求确定中通过多个路径发挥作用。培训需求确定所用到的诸多信息,工作分析都可以提供。严格按照流程进行的高质量的工作分析,其"副产品"就是培训需求分析。

（二）工作分析与培训计划制订

培训的目的是使员工在知识、技能、能力和态度方面得到提高,这些知识、技能、能力与态度方面的需求也是因岗位而异的。工作分析需要相应岗位人员的参与,从而提供与岗位最相关、最真实的一手资料。所以,工作分析的结果——岗位说明书,是对于一个特定岗位信息的全面、真实的汇总。因此,工作分析的结果,是设计和编制相应培训计划、培训资料的重要来源。

此外,工作分析结果中的工作概要、工作职责部分,为培训的实施方案提供了依据。例如,某些岗位(例如医护人员)的工作时间较为特殊,工作重要性极高,那么在确定培训时间段、时间长度上就需要多加考虑。工作分析也能比较组织所有岗位之间的相对重要性，这也可以为分配有限的培训预算提供参考。

（三）工作分析与培训效果评估

培训消耗了企业的资源，因此必须要能给企业带来价值。为了确定培训给企业带来的价值，就必须对其效果进行评价与考核。培训效果的评价手段主要有员工主观评估、基于测试的评估与绩效改善评估三种。以下将分别分析工作分析与这些评价手段的关系。

1. 工作分析与员工主观反馈评估

这种手段实际上是测量被培训者对于该培训项目的满意度，关注的是被培训者的主观感受。如果员工的反馈总体上是积极的，那么说明员工喜欢这次培训体验，有可能进一步努力学习相应知识，以及将培训知识与实际工作融合起来。如果员工的反馈总体上是消极的，那么说明这次培训事实上浪费了员工的时间。相关信息主要通过问卷进行收集。若工作分析进行的时点与培训结束的时点相近（这样的概率并不小，因为企业的组织架构与岗位体系是多变的，工作分析需要经常进行），则相关信息可以合并收集。此外，即使时点相差较远，在收集工作分析有关的信息时，也可以询问员工对于前几次培训的总体反馈，以及对企业培训体系的感知等。

2. 工作分析与基于测试的评估

这种手段通过笔试、口试等方法，评估员工对于培训内容的掌握和吸收程度。其结果有时候用作员工绩效考核的一部分，也用来为后续的培训提供指导。前面已经提到，工作分析的结果是设计和编制相应培训计划与培训资料的重要来源。因此，在编制测试内容时，需要紧密结合岗位说明书中有关工作职责、任职资格等部分的内容，以保证测试的合理性与有效性。

3. 工作分析与绩效改善评估

绩效改善与组织的利益最相关，也是进行员工培训活动的根本目的所在。培训带来的绩效的改善包括组织整体的绩效改善与个人的绩效改善。岗位说明书中的绩效标准部分与评估个人绩效改善高度相关。需要注意的是，组织不能拘泥于原有的、细节化的绩效标准去评估培训后的绩效。工作分析的诸多过程（例如观察、访谈）也可以让培训效果评估者参与，带着对组织长远、整体战略目标的把握，用体验式方法，在一手资料的基础上评估培训对于组织绩效的改善作用。

8

第三节　工作分析在职业生涯管理中的应用

一、职业生涯管理的定义与分类

职业生涯管理指为了使个人在整个职业历程中的工作更有成效,从而更好地实现个人目标,对整个职业历程进行计划、实施、评估,并根据外部环境变化和自身状况变化对实施过程进行不断调整的过程。

职业生涯管理可分为个人职业生涯管理与组织职业生涯管理。前者指个人从自身情况出发,对自身职业生涯实施的管理。后者指组织为了实现其目标,主动对其成员职业生涯实施的管理。个人职业生涯管理与组织职业生涯管理不是对立的。当个人目标与组织目标一致时,两者可以相互配合、相互促进,进而实现个人与组织的双赢。

二、工作分析在个人职业生涯管理中的应用

个人职业生涯管理涵盖的方面非常广泛,有些甚至超出了管理学的范畴,涉及哲学、教育学等领域。一般而言,其包含四个方面,按照时间顺序分别为职业生涯决策、职业选择、求职与职业适应。

职业生涯决策指决策者依据自身特性,并参照外在环境的变化与发展,通过理性分析,在自身价值观的指导下确定自己的受教育规划与职业选择总体方向的过程。职业生涯决策相当宏观,并不过多涉及某个具体岗位。职业选择是个人对自己工作岗位类别的比较、挑选和确定的过程,它是职业生涯决策在一定人生阶段落地。相比职业生涯决策,职业选择"现实得多",它假定个人的职业竞争力(例如教育水平、知识与技能、执业资质、性格特质等)已经固定,且短期内无法改变。若即将做出职业选择的人能够了解到一个岗位的岗位说明书,他将能够在职业选择中获取极大优势。求职是个人试图获得目标职位的过程,在前一节已讨论过工作分析在招聘中的应用,求职者采用换位思考的方法,就能够推论出工作分析在求职中的应用。职业适应是个人主动采取的,通过调节自身,从而在能力、心理、人际关系等方面更加契合岗位的过程,工作分析的结果包含了岗位的大部分特征,能为职业适应提供指导。因此,以下着重讨论工作分析在职业选择与职业适应中的应用。

(一)工作分析与个人职业选择

职业选择是个人在一定的人生阶段,将自身的职业生涯规划落地的过程,包括自己工作岗位类别的比较、挑选和确定。有两个因素会影响个人的职业选择,分别是职业能力与职业意向。

职业能力,从狭义上讲,是完成一定职业活动的本领及必须具备的心理特征。从广义上讲,它是个人在择业时竞争力的总和,包括教育经历,知识、技能与能力,执业资质,性

8

格、态度与价值观等。职业能力的获取主要有两个途径：先天获取与后天获取，其中后天获取还包括接受教育与职业实践两种主要手段。职业意向指个人对社会职业的评价与选择偏好，个人通常由于职业社会影响、报酬、个人兴趣与才能的发挥、工作强度与环境等方面而形成对某种职业的偏好。

工作分析的结果，能够为职业选择提供参考。虽然工作分析是针对某个具体岗位而言的，但只要我们选取某个职业的典型岗位，就能从其说明书中有效推断出有关该职业的信息。岗位说明书中的工作概要部分，能大致提供有关该典型岗位的价值大小与社会影响的信息；工作条件部分，说明了该典型岗位的工作强度和环境；任职资格部分，体现了该典型岗位对于个人职业能力的期望，以及对于个人性格特质与兴趣的偏好。

因此，个人可以结合自己的职业意向，基于对典型岗位的判断，对不符合要求的职业进行排除；也可以结合自身的职业能力，比照典型岗位说明书中的要求，进行自我提升。需要注意的是，岗位说明书的任职资格部分是按照最低标准原则编写的，因此，达到该条件并不意味着一定能够在竞争者中脱颖而出获得岗位，也不意味着被录用后能够很好地适应岗位、获得好的绩效并得到好的报酬。因此，岗位说明书中相关的信息，应该成为求职者努力方向的指导，而不是求职者努力的天花板。已经有过职业经历的求职者，可以利用自己曾经或目前所在岗位的岗位说明书，作为今后选取更理想职位的指导。未有过任何职业经历的求职者（例如高校毕业生）接触到真实而翔实的岗位说明书的可能性较小，因此可以借助自身的社会网络，主动向已经有职业经历的人寻求真实的岗位说明书。

（二）工作分析与个人职业适应

一旦选择了某个职业，首先面临的是进行角色转换，从而适应这个职业的问题。职业适应的成功与否，直接关系到职业发展的成败。职业适应，包括生理适应与心理适应两方面。

为了具有良好的生理适应能力，入职前，个人应该仔细阅读岗位说明书中有关工作条件的部分。这部分说明了该岗位的工作时间、劳动强度、有可能的不利环境条件及组织能够提供的解决方案。在正式入职前，应对照此部分内容，调整自己的作息时间，进行适当的体育锻炼等。对于某些在不利环境下进行的工作，应主动向组织咨询应对不利环境的解决方案，并查阅相关法规与国家标准，确认在该保护条件下工作的安全性。总之，个人应该对岗位施加的生理压力有着充分的认识与心理准备，调整自身以满足该要求并留有冗余，为自己漫长的职业生涯提供健康保证。

在进入某种职业角色的初期，个人难免产生一定程度的心理问题。新的交际圈子尚未产生，有可能产生孤独感；工作挑战多，职业经验少，有可能产生自卑感；自身的努力尚未被认可，晋升遥遥无期，有可能产生不公平感。应对孤独感，个人可以从岗位说明书中的工作关系出发，在日常业务活动中建立良好的同级关系与一定程度的上下级关系。应对自卑与不公平感，个人应该仔细阅读岗位说明书中的工作职责与绩效标准部分，分析产生心理落差的原因，将负面的心理情绪转化为对于增强努力程度、优化努力方向的动力。岗位说明书中工作关系部分的内容也可以使个人建立对于未来晋升的期待，从而缓解当

8

下的负面情绪。

三、工作分析在组织职业生涯管理中的应用

组织职业生涯管理和人力资源管理的各方面都有紧密的联系。事实上,组织就是在各种人力资源管理活动(例如人力资源规划、绩效管理与薪酬管理、员工培训等)中对员工进行职业生涯管理的。为了使讨论更加翔实,以下将根据组织职业生涯管理的对象的不同,分别探讨工作分析在组织对管理人员、技术人员的职业生涯管理中的应用。

(一)工作分析与管理人员职业生涯管理

管理活动是在组织内实施的计划、组织、领导、控制活动,管理者是这些活动的实施者。管理活动与具体的操作性的劳动活动不同,其过程往往是无形的,没有固定的流程与步骤,难以精确测量、考核和评价。管理者对于工作自主性的要求也比较高,一般要求一定的活动范围、一定的工作权限以及弹性的工作方式。对于部分管理者而言,工作不仅仅意味着劳动报酬的来源,更是一种获取社会认可、实现自我价值的方式。

组织对于管理人员的职业生涯管理并不容易,主要是管理者的晋升渠道较为单一,通常是沿着基层管理者(工作组负责人、队伍负责人)——中层管理者(部门经理、区域负责人)——高层管理者(公司副总经理、总经理)的途径晋升,而组织内中高层管理岗位数量相当有限。因此,组织可以从工作分析入手,采用多元思维,拓宽职业生涯管理思路。

首先,可以基于岗位说明书中对工作职责与工作权限部分的分析,适当增大短时间内难以晋升的管理人员的权限,提高其对工作重要性的感知,达到激励的作用。其次,基于对工作关系部分的分析,设立储备干部职位以及更多的副职岗位。成功被纳入储备干部职位的员工,并不一定拥有正式的权力,却可以提前了解更高级别管理活动的全貌,锻炼自己的能力。新设立的副职岗位,有助于减轻正职的工作压力,也有助于被培养的员工了解并适应更高层次岗位的工作要求。

(二)工作分析与技术人员职业生涯管理

技术人员一般都接受过系统的教育,在自身的领域内有其专长,属于知识型员工,是企业知识资本的载体,因而成为企业不可或缺的一部分。技术人员具有较强的流动倾向,其流失往往会使企业的运行遭受重创。由于技术人员从事的工作专业性强、见效所需时间较长,对技术人员进行绩效考核的难度也较大。技术人员追求专业知识的获取与运用,往往有较强的学习意愿;同时也对来自组织的认同、组织中竞争的公平性有较高的要求。

技术人员的晋升道路主要有两种:技术专家道路与行政道路。大多数技术人员会按照第一种路径进行晋升。和管理岗位相比,高级别技术岗位的数量相对多一些,随着进入组织年限的增长与资历的提升,相当一部分技术人员能够晋升到高级别的技术岗位。同时,也有一部分技术人员沿着行政道路晋升,成为有技术背景的管理者。

企业有必要将工作分析与技术人员职业生涯管理结合起来。首先,企业可以使技术人员参与到工作分析的实施中来。工作分析涉及访谈、问卷调查、观察等多个环节,对于

某些与技术紧密结合的岗位,技术人员能为工作分析的有效开展提供更专业的指导,从而得到更科学的岗位说明书。

其次,部分技术人员也有着走向管理岗位的职业期待。组织可以排查现有管理岗位的说明书,梳理出在任职资格部分对技术方面有一定要求的岗位。并通过对工作关系的分析,调整或者新设一些能够在技术部门与行政部门间协调的管理岗位,为技术人员沿行政路线发展提供可能。

最后,技术人员对于专业知识的需求较大,企业应该根据岗位说明书中有关任职资格部分的内容,在与技术人员协商并签订相关协议之后,利用企业的资源,为技术人员设计合理的培训体系,帮助部分技术人员获取更高的职业资格。一方面增加了组织的人力资本,另一方面增加了技术人员的组织承诺、减少了可能的人才流失。

本章小结

工作分析在人力资源管理的各项活动中都有重要作用,包括绩效管理、人力资源规划、招聘、员工培训与职业生涯管理等。工作分析发挥作用的途径主要有两种。第一种,工作分析在其进行的过程中,为以上活动的顺利进行提供帮助,这些过程虽然没有体现在工作分析的最终结果中,却能帮助以上活动节省大量的资源耗费。第二种,是工作分析的结果——岗位说明书的各方面内容为以上活动提供了信息支持。由此可见,科学、严谨、高质量的工作分析能够达到事半功倍的效果。

复习与思考

1. 请简要概述工作分析在人力资源管理各活动中发挥作用的途径。

2. 工作分析在人力资源管理各活动中的应用有无边界条件? 新型组织架构,例如扁平化组织、柔性化组织的出现,如何影响工作分析的应用?

3. 结合本章所述内容,探讨工作分析的基本原则如何保障工作分析在人力资源管理各活动中应用的有效性。

8

应用案例分析

人用对了,其他就几乎都对了——腾讯的人才招聘与培养

与传统企业相比,腾讯的业务特点有所不同。腾讯的产出相对无形,产品需要在使用过程中不断去体验,衡量的是有效性,体现的是一种用户体验。在这一过程中,人的作用最重要,这也是许多互联网公司的特点。因此,腾讯的人力资源管理的核心政策是"以人

为本",以人为本也是人力资源所有工作的基础。对腾讯而言,业务和资金都不是最重要的,业务可以拓展和更换,资金可以吸引和调配,唯有人才是不可轻易替代的,人才是腾讯最宝贵的财富。

腾讯的人力资源政策与公司业务紧密结合,去中心化,扁平化管理,层层迭代,保证每位员工都能得到充分的尊重和授权,以保障信息流通的透明和畅通。在此基础之上,腾讯在选拔人、培养人、使用人、激励人等方面都有独特的做法。

在人才招募方面,腾讯的面试流程非常严谨和专业。当应聘者面试时,直接领导、工作伙伴甚至跨事业群合作的人员都会参与进来,大家相互评价,双向选择,目的是全面了解应聘者的知识结构、工作背景、思考能力、综合素质、文化适应度和潜力,以找到最合适的人选。在毕业生招聘方面,腾讯的做法与众不同,目的是找到有思想、爱学习的实力派。2014年公司推出了"产品培训生"项目。腾讯是以产品为主的公司,特别看重员工的产品思维能力、创新能力、策划能力、运营能力和客户意识等,所以腾讯在毕业生招聘这个阶段就注意挑选一些有潜力做产品经理的人才,并对其施以双导师计划和轮岗培训,让这些人尽快成长。

直到现在,腾讯所有中级干部及以上员工的面试,集团总裁刘炽平和高级人力资源副总裁奚丹都要亲自参加,这体现了一种对人才的尊重。腾讯不是为了面试而面试,而是通过面试达到相互学习的效果,腾讯也会从业界优秀人才身上获取对腾讯有启发的洞见。

腾讯也相当重视新入职员工的培训。负责腾讯培训业务的是腾讯学院。腾讯学院正式成立于2007年,目前共有一百多人,这些人支撑着整个腾讯公司在全国范围内两万多人的培训工作,包括新人培训以及领导力的培训。腾讯的新员工培训,对于毕业生而言是十天的封闭集中培训,对于社会招聘的员工是两天半的集中培训。腾讯的培训体系可以归纳出三个特点:系统性、创意性、灵活性。其中系统性表现为将培训分为三级,包括公司级、BG(事业群)级、部门级,从而形成一套完备的培训体系;创意性体现为类似于"达人访谈""新人实验站"等特色项目的设置;灵活性体现为线上移动化学习方式的引入,以迎合新员工的不同需求,防止培训成为一种形式。

腾讯的培训体系有诸多积极意义,首先,能帮助新员工很好地了解并融入企业文化,保证了腾讯的企业文化传承。其次,作为互联网企业,使得新员工具备一定的互联网方面的经验、技能及互联网思维。最后,通过新人培训,使得新入职者之间建立起人脉关系,促进各个事业群之间的相互沟通和交流。然而,腾讯的培训还存在着两方面问题。首先是培训的及时性问题。如果一个新人加入公司一个月后再进行培训,这时候很多培训内容已经失去了意义,所以每年大量新员工加入时,都必须同时进行培训,这对于培训部门造成了较大的压力。其次是参与培训的积极性问题。这主要针对老员工而言。在业务繁忙的情况下,大家参加培训的积极性不高,提高他们的参与率,同时保证一定的培训效果,也是需要深入思考的问题。

员工在被成功录用、经历了入职培训与初步考核、开始适应工作角色之后,腾讯会根据阶段不同进行相应的重点培养。腾讯发现,有一个时期,新员工特别多,管理岗位大量空缺,于是在这个年度提出"辅导年"计划。这个计划倡导每位管理者对下属承担"知人善用"的责任。公司会开发一些简易教材，从马化腾、刘炽平开始，每位管理者都要身体力行，培养新人。人力资源部门还会在半年考核时做员工满意度调查，以便检验计划的有效性。

在企业层面，对基层、中层和高层干部的后备培养，腾讯也有各自的计划。中层干部后备计划叫"飞龙计划"。该计划包括视野开拓(组织他们走出去，向行业最优秀的企业学习)和岗位实践(将公司在战略、产品和管理方面最需要解决的课题交给他们)两方面，并为这些人配备优秀导师，要求他们定期汇报每个项目的完成情况，总裁参与旁听。基层干部后备计划叫"潜龙计划"，高层后备干部也有专门的培养计划。每到年底，公司会对全体干部进行盘点，并根据情况制订改进计划。2015年，腾讯推出了"新攀登计划"，该计划是针对专业技术人员晋升专家的后备培养计划，与管理人才培养形成双通道。

在整个互联网行业的竞争异常激烈、新锐公司不断涌现的情况下，作为老牌互联网公司，腾讯需要让公司所有员工(尤其是老员工)保持一定程度的工作激情，以保证公司整体的活力。事实上，这不仅是腾讯人力资源部门重点考虑的问题，也是公司核心管理层考虑的重点。腾讯的做法是，建立相应制度，为员工持续保持工作激情提供保证，具体有如下两点。

第一，创新组织架构，保证员工的战斗力。从游戏事业群(互动娱乐事业群)开始，公司采取游戏工作室的模式，事实证明这种模式对激发员工的创业热情行之有效。此种管理模式最大的特点是，三个主要角色就能形成一个闭环，闭环保证了处事方式的敏捷，员工能够被授权、被激发。在创新组织架构的同时，公司营造了一个创业环境，员工与其离职到外面创业，不如在工作室里创业。无论哪个工作室出成果，公司都会不断加以扶持，也允许试错。每个工作室都有人事权、考核权、财务权、激励权以及资源权，权限的大小跟工作室成果和盈利状态正相关。工作室就像一个一个的小公司，这种模式令员工每天都饱含创业激情，有效解决了员工工作热情不足的问题。

第二，建立内部人才市场。这是腾讯在2012年底推出的人力资源政策。当时公司发现，一些工作时间比较长的员工产生了职业倦怠，需要在公司内部创造一个优良的生态系统，因此就提出了"人才活水"概念。只要员工本人发起，又有事业群接收，其所在事业群必须在3个月之内无条件放人。微信事业群约60%的员工都是通过内部人才市场获得的，内部人才市场极大地支撑了这个事业群的快速发展。建立内部人才市场的最大成功之处在于：在整个公司内，去除了人力资源流动的壁垒，使得人力资源能够自由流动，达到"人尽其才、人事相宜"的良好效果。

(本案例节选自：陈国海，伍江平.员工招聘与配置[M].北京：清华大学出版社，2018.有改动。)

思考题：

1. 利用本章的知识，为腾讯培训中遇到的问题提供建议。

2. 腾讯的内部人才市场机制，运用了市场这一"无形的手"高效地配置人才。这是否意味着无须利用工作分析成果指导人力资源规划中的人员使用规划和人才接替及提升规划？

参考文献

[1] ANCONA D G，CALDWELL D F. Demography and design：predictors of new product team performance[J]. Organization Science，1992，3(3)：321-341.

[2] ANSOFF H I. A model for diversification[J]. Management Science，1958，4(4)：392-414.

[3] BLEEKE J，ERNST D. The way to win in cross-border alliances[J]. The McKinsey Quarterly，1992.

[4] BURNS T E，STALKER G M. The management innovation[J]. Administrative Science Quarterly，1961，8(2)：1185-1209.

[5] CHRIS ANDERSON. 创客：新工业革命[M]. 北京：中信出版社，2012.

[6] DRUCKER. 抖音 VS 快手：从产品理念来看产品的功能设计[EB/OL]. [2018-09-25]. http://www. woshipm. com/pd/1445026. html/comment-page-1.

[7] GERSHENFELD N. How to make almost everything：the digital fabrication revolution[J]. Foreign Affairs，2012，91(6)：42-57.

[8] GRANOVETTER M. Economic action and social structure：the problem of embededness[J]. American Journal of Sciology，1985，91(3)：481-510

[9] JOHN A，BYRNE. The horizontal corporation[J]. Business Week，1993，20(12)：78-79.

[10] LAWRENCE P R，LORSCH J W. Organization and environment：managing differentiation and integration[M]. Pickering & Chatto，2007.

[11] MILES R E，SNOW C C，MEYER A D，et al. Organizational strategy，structure，and process[J]. The Academy of Management Review，1978，3(3)：546-562.

[12] MILES R E，SNOW C C. The new network firm：a spherical structure built on a human investment philosophy[J]. Organizational Dynamics，1995，23(4)：5-18.

[13] MILLER D. The genesis of configuration[J]. Academy of Management Review，1987，12(4)：686-701.

[14] MINTZBERG H. The structuring of organizations[M]. Prentice Hall，1979.

[15] NELSON R C，WINTER S. An evolutionary theory of economic change[M]. Harvard University Press，Cambridge，1982.

[16] PETER L，MICHAEL. Relative absorptive capacity and inter-organizational learning [J]. Strategic Management Journal，1998，19(19)：461-477.

[17] PORTER M E. How competitive forces shape strategy[J]. Harvard Business Review，1979，57(2)：78－93.

[18] REICH，ROBERT B，MANKIN，et al. Joint ventures with Japan give away our future[J]. Proceedings of the Massachusetts Historical Society，1986，84(2)：99－109.

[19] VAPOR. 从三家教育头部公司出发,浅析在线教育行业现状[EB/OL]. [2020－04－05]. http：//www. 360doc. com/content/20/0405/04/21527599_903925092. shtml.

[20] 埃里克·普里恩. 工作分析:实用指南[M]. 北京:中国人民大学出版社,2015.

[21] 安鸿章. 工作岗位研究[M]. 北京:中国传媒大学出版社,2005.

[22] 陈国海,伍江平. 员工招聘与配置[M]. 北京:清华大学出版社,2018.

[23] 陈慧雯. 基于"社交＋电商"商业模式的价值创造研究[D]. 哈尔滨:哈尔滨商业大学,2020.

[24] 程永珍. 浅谈如何在企业人力资源管理中进行工作分析[J]. 机械管理开发,2012(01):141－142.

[25] 丛敏. 基于组织文化的组织结构研究[D]. 哈尔滨:哈尔滨工业大学,2009.

[26] 付亚和,许玉林. 绩效考核与绩效管理[M]. 北京:电子工业出版社,2009.

[27] 付亚和. 工作分析[M]. 上海:复旦大学出版社,2009.

[28] 葛明磊,张丽华,黄秋风. 产业互联网背景下多重制度逻辑与组织双元性研究——以苏宁O2O变革过程为例[J]. 管理评论,2018,30(02):242－255.

[29] 葛玉辉,荣鹏飞. 工作分析与设计[M]. 北京:清华大学出版社,2014.

[30] 龚尚猛,宋相鑫. 工作分析理论、方法及运用[M]. 上海:上海财经大学出版社,2020.

[31] 龚尚猛,周亚新. 工作分析的理论、方法及运用[M]. 上海:上海财经大学出版社,2015.

[32] 何江,闫淑敏,关娇. 共享员工到底是什么？——源起、内涵、框架与趋势[J]. 商业研究,2020,63(06):1－13.

[33] 何铮,谭劲松,陆园园. 组织环境与组织战略关系的文献综述及最新研究动态[J]. 管理世界,2006,22(11):144－151.

[34] 黄华. 当前高端装备制造企业的管理突破——基于典型案例的组织创新与技术创新匹配研究[J]. 河南社会科学,2020,28(05):56－63.

[35] 康廷虎,王耀. 工作分析方法的进展分析及启示[J]. 中国人力资源开发,2012(12):57－61＋65.

[36] 李敏. 新零售背景下基于组织变革视角的传统零售企业转型策略研究[J]. 科技创业月刊,2018,31(08):42－45.

[37] 李强. 工作分析:理论、方法及应用[M]. 北京:科学出版社,2015.

[38] 李文东,时勘. 工作分析研究的新趋势[J]. 心理科学进展,2006(03):418－425.

[39] 李文辉. 工作分析与岗位设计[M]. 北京:中国电力出版社,2014.

[40] 李湘莹. 爱彼迎创始人:3个青年的逆袭之路[EB/OL]. [2017－12－08]. https://

m. sohu. com/a/209139870_161795.

[41] 李昕. 共享员工,一种新的用工模式[J]. 中外玩具制造,2020,17(07):32 - 33.

[42] 李智超,罗家德. 透过社会网观点看本土管理理论[J]. 管理学报,2011,8(12):1737 - 1747.

[43] 刘宸希."互联网+"时代传统企业互联网化转型路径研究[J]. 技术经济与管理研究, 2020(11):56 - 60.

[44] 刘启诚,田小梦. 诺基亚贝尔章旗"回归"中国 5G 市场势在必得[J]. 通信世界,2020, 22(28):11 - 13.

[45] 马春荃. 自组织能力:传统企业的组织进化愿景[J]. 清华管理评论,2014(z2):38 - 45.

[46] 穆园园. 基于胜任力素质模型的 CK 公司业务部工作分析与岗位设计研究[D]. 兰州:陕西师范大学,2016.

[47] 年双渡. 美国百年老店彭尼百货或被亚马逊收购[N]. 中国商报,2020 - 05 - 22.

[48] 彭剑锋. 职位分析技术与方法[M]. 北京:中国人民大学出版社,2010.

[49] 斯蒂芬·罗宾斯,玛丽·库尔特. 管理学. [M]. 北京:中国人民大学出版社,2008.

[50] 王青. 工作分析—理论与应用[M]. 北京:清华大学出版社,2010.

[51] 王瑞斌. 百年租车巨头赫兹申请破产保护共享出行模式瓦解?[N] 华夏时报,2020 - 06 - 01(014).

[52] 王水莲,常联伟. 商业模式概念演进及创新途径研究综述[J]. 科技进步与对策, 2014,31(07):154 - 160.

[53] 王松涛. 无边界组织:企业及结构变革的新模式[M]. 上海:上海三联书店,2007.

[54] 王咏梅. ATMB 公司工作分析与实施[D]. 成都:四川大学,2005.

[55] 王玉峰,张志浩. 诺基亚再转型[J]. 中国工业和信息化,2020,6(05):72 - 77.

[56] 魏星. 辽宁 DY 公司组织结构改进研究[D]. 大连:大连海事大学,2017.

[57] 吴彤. 自组织方法论研究[M]. 北京:清华大学出版社,2001.

[58] 吴晓波,赵子溢. 商业模式创新的前因问题:研究综述与展望[J]. 外国经济与管理, 2017,39(01):114 - 127.

[59] 萧鸣政. 工作分析的方法与技术[M]. 北京:中国人民大学出版社,2008.

[60] 邢彩霞. 虚拟社区创客知识共享影响因素研究[D]. 太原:中北大学,2017.

[61] 徐思彦,李正风. 公众参与创新的社会网络:创客运动与创客空间[J]. 科学学研究, 2014,32(12):1789 - 1796.

[62] 亚历山大·奥斯特瓦德,伊夫·皮尼厄著. 商业模式新生代[M]. 北京:机械工业出版社,2016.

[63] 杨杰,方俐洛. 工作分析的定义、理论和工具探析[J]. 自然辩证法通讯,2003(03):50 - 59+110.

[64] 杨明海,薛靖,李贞. 工作分析与岗位评价[M]. 北京:电子工业出版社,2014.

[65] 姚裕群. 职业生涯管理[M]. 大连:东北财经大学出版社,2009.

［66］一生生活馆.收藏级冰裂杯,非遗传承人手作,百年瓷坊出品［EB/OL］.［2020-10-05］.https://mp.weixin.qq.com/s/YOEX88AjZh-C9H6xxw-3PA.

［67］佚名.从搜索功能看产品定位:抖音 VS 快手［EB/OL］.［2018-12-03］.http://www.woshipm.com/evaluating/1645607.html.

［68］英媒:美国禁令致华为收入增长放缓［J］.中国商界,2020,26(11):103.

［69］俞蕾.基于胜任力模型的管理层员工的工作分析［J］.企业改革与管理,2016(02):56.

［70］袁小秋.iFanr,TechShop:创新产品的发源地［EB/OL］.［2012-06-20］.http://www.ifanr.com/102035.

［71］约翰・伯纳丁,彭纪生.人力资源管理实践的方法［M］.南京:南京大学出版社,2014.

［72］张驰,王丹.分享经济下的组织变革和员工角色定位——基于海尔车小微的案例研究［J］.中国人力资源开发,2016(06):12-19.

［73］张广科,包宇睿,刘雅琪.突发公共卫生事件中"共享员工"应急模式及其完善策略［J］.决策咨询,2020,31(03):36-39+46.

［74］张海涛,龙立荣.中国企业组织战略与组织创新气氛的关系研究［J］.华东经济管理,2013,27(10):102-108.

［75］张平.工作分析在人力资源开发与管理中的作用探析［J］.中国市场,2019(26):98-99.

［76］张延陶.华为迎来"至暗时刻"谁在哭? 谁在笑? ［J］.英才,2020,24(Z5):44-46.

［77］赵曙明,张正堂,程德俊.人力资源管理与开发［M］.北京:高等教育出版社,2018.

［78］赵志泉,王根芳.中国式思维视域下人力资源管理理论与案例研究［M］.北京:中国纺织出版社,2018.

［79］郑惠莉,李希.基于企业战略的组织结构调整——以国外电信运营商为例［J］.南京邮电大学学报(社会科学版),2014,16(04):39-45.

［80］吱吱.疫情的大考新东方、好未来交出答卷［EB/OL］.［2020-07-31］.https://mp.weixin.qq.com/s/FKJ8HiTCvzPRra2opbEIRw.

［81］中国人民大学劳动人事学院编写组.人员测评与选拔［M］.上海:复旦大学出版社,2010.

［82］周三多,陈传明等.管理学原理.［M］.南京:南京大学出版社,2009.

［83］周文,刘立明,黄江瑛.工作分析与工作设计［M］.长沙:湖南科学技术出版社,2005.

［84］周亚新,龚尚猛.工作分析的理论、方法及运用［M］.上海:上海财经大学出版社,2007.

［85］朱勇国.工作分析与职位管理体系设计［M］.北京:对外经济贸易大学出版社,2010.